랭체인과 **RAG**로 배우는
실전 LLM
애플리케이션 개발
멀티모달 · GraphRAG · ReAct 에이전트 · sLLM
완벽 실무 가이드

랭체인과 **RAG**로 배우는

실전 LLM
애플리케이션 개발

멀티모달 · GraphRAG · ReAct 에이전트 · sLLM
완벽 실무 가이드

지은이 양기빈, 조국일, 장지선, 조수현

펴낸이 박찬규 엮은이 김연지, 전이주 디자인 북누리 표지디자인 Arowa & Arowana

펴낸곳 위키북스 전화 031-955-3658, 3659 팩스 031-955-3660

주소 경기도 파주시 문발로 115 세종출판벤처타운 311호

가격 28,000 페이지 300 책규격 175 x 235mm

초판 발행 2025년 04월 10일
ISBN 979-11-5839-598-8 (93000)

등록번호 제406-2006-000036호 등록일자 2006년 05월 19일
홈페이지 wikibook.co.kr 전자우편 wikibook@wikibook.co.kr

랭체인과 RAG로 배우는
실전 LLM
애플리케이션 개발

멀티모달 · GraphRAG · ReAct 에이전트 · sLLM
완벽 실무 가이드

양기빈, 조국일, 장지선, 조수현 지음

위키북스

서문

책을 펴내며

대규모 언어 모델(Large Language Model, LLM)은 현대 소프트웨어 개발 환경에 중요한 변화를 가져왔습니다. 단순한 텍스트 생성을 넘어 다양한 산업 분야에서 복잡한 문제 해결을 위한 도구로 진화하고 있습니다.

그러나 LLM을 실전에서 효과적으로 활용하기 위해서는 여러 도전 과제를 해결해야 합니다. 언어 모델의 기능을 확장하고, 외부 데이터를 연결하며, 복잡한 워크플로를 관리하는 방법이 필요합니다. 이러한 요구에 부응하여 등장한 것이 바로 RAG(Retrieval-Augmented Generation) 기술입니다.

RAG 기술은 LLM의 환각(hallucination) 문제를 개선하고, 최신 정보나 특정 도메인 지식을 반영할 수 있게 해주는 혁신적인 방법론입니다. 이 기술은 검색(Retrieval)과 생성(Generation)을 결합해 언어 모델이 외부 데이터 소스에서 관련 정보를 검색하고 이를 바탕으로 더 정확하고 유용한 응답을 생성할 수 있게 합니다.

랭체인은 LLM 기반 애플리케이션 개발을 위한 강력한 프레임워크로, 단순한 텍스트 생성을 넘어 실시간 정보 검색, 외부 데이터 통합, 복잡한 작업 자동화 등을 가능하게 합니다. 이 프레임워크는 개발자가 LLM의 응용 범위를 확장하고, 사용자 요구에 맞는 맞춤형 애플리케이션을 손쉽게 구축할 수 있도록 돕습니다.

이 책에서는 랭체인 기반 RAG 기술을 활용한 실전 LLM 애플리케이션 개발 방법을 체계적으로 다룹니다. 각 장의 주요 내용은 다음과 같습니다:

1장: 랭체인(LangChain)

랭체인의 기본 개념과 구성 요소를 소개합니다. 랭체인을 위한 준비사항, 코랩 환경 설정, LLM API 키 발급 방법, 허깅페이스 활용법 등 실습 환경 구축에 필요한 기초 지식을 다룹니다. 또한 체인, 프롬프트, 메모리, 인덱스, 콜백 및 평가 등 랭체인의 핵심 구성 요소를 상세히 설명합니다.

2장: RAG(Retrieval-Augmented Generation)

RAG의 배경과 중요성을 설명하고, 랭체인을 이용한 RAG 구현 방법을 실습합니다. 문서 로드, 청킹, 벡터 스토어 구축, 리트리버 및 프롬프트 설정 등 RAG 시스템의 기본 구성 요소를 다룹니다. 또한 리랭커, HyDE, 쿼리 확장, 멀티 쿼리 등 Advanced RAG 기법을 통해 검색 품질을 향상시키는 방법을 소개합니다.

3장: 멀티모달 RAG

텍스트를 넘어 이미지, 표, 그래프 등 다양한 형태의 데이터를 처리할 수 있는 멀티모달 RAG 시스템에 대해 알아봅니다. 멀티모달 인코더, 지식 검색 기술, 디코더, 융합 기술, 모델 학습과 파인튜닝 등 멀티모달 RAG의 주요 모델과 기술을 설명하고, 실제 구현 방법을 실습합니다.

4장: GraphRAG

그래프 데이터 구조를 활용한 GraphRAG의 개념과 기존 RAG와의 차이점을 살펴봅니다. Neo4j를 활용한 GraphRAG 환경 설정 방법을 배우고, 자연어 쿼리를 통한 그래프 데이터 조회 및 조작, LLM 기반 지식 그래프 구축, GraphRAG 기반 Q&A 챗봇 구현 등 실전 응용 사례를 실습합니다.

5장: ReAct

Reasoning과 Acting을 결합한 ReAct 프레임워크를 소개합니다. LLM이 단순히 응답을 생성하는 것을 넘어 사고 과정을 추적하고 적절한 도구를 활용해 복잡한 문제를 해결하는 방법을 다룹니다. 도구 사용(tool-using) 에이전트 구현, 다단계 추론 체인 구성, 자기 성찰(self-reflection) 기법 등을 실습하면서 더욱 정교하고 신뢰할 수 있는 AI 시스템을 구축하는 방법을 배웁니다.

6장: sLLM

소형 언어 모델(Small Large Language Model, sLLM)의 개념과 이를 활용하는 이유를 설명합니다. sLLM은 일반적인 LLM보다 작은 규모(수백만에서 수억 개의 파라미터)로 특정 도메인이나 작업에 최적화된 모델입니다. 허깅페이스를 통해 사전 학습된 sLLM을 활용하는 방법, 효율적인 토크나이저 활용법, 모델 양자화 기법 등을 실습합니다. 특히 한국어 특화 모델을 활용한 RAG 시스템 구현과 최적화 방법을 다루며, 제한된 컴퓨팅 자원에서도 효과적으로 작동하는 LLM 애플리케이션 개발 방법을 제시합니다.

이 책의 각 장은 이론적 배경과 함께 실습 코드와 예제를 포함하고 있어 독자들이 직접 실습 경험을 통해 개념을 이해하고 적용할 수 있도록 구성했습니다. 코랩 환경에서 실행 가능한 코드와 단계별 설명을 통해 초보자도 쉽게 따라할 수 있게 했으며, 실제 프로젝트에 적용할 수 있는 실용적인 기술과 팁도 함께 제공합니다.

하루가 다르게 AI 기술이 빠르게 발전하는 시대에, 이 책이 개발자와 연구자들에게 LLM 애플리케이션 개발을 위한 통찰력 있는 가이드가 되기를 바랍니다.

예제 코드 파일 다운로드

이 책의 예제 코드와 관련 자료는 아래 사이트에서 내려받을 수 있습니다.

- 홈페이지: https://wikibook.co.kr/langchain-rag/
- 예제코드: https://github.com/wikibook/langchain-rag

추천사

memo

01

랭체인
(LangChain)

언어 모델 기반 애플리케이션 개발은 점차 복잡하고 다양해지고 있으며, 이에 따라 언어 모델의 기능을 확장하고 워크플로를 관리할 수 있는 도구들이 필요합니다. 그중에서도 랭체인은 이러한 요구에 부응하여, 다양한 작업을 효과적으로 처리할 수 있게 도와주는 중요한 프레임워크로 자리 잡았습니다. 랭체인을 통해 개발자는 단순한 자연어 처리 응답 생성뿐만 아니라, 실시간 정보 검색, 외부 데이터 결합 등 더욱 복잡한 작업을 자동화하고 관리할수 있습니다. 이를 통해 개발자는 언어 모델의 응용 범위를 더욱 넓힐 수 있으며, 사용자 요구에 맞춘 맞춤형 애플리케이션을 손쉽게 구축할 수 있습니다.

랭체인은 언어 모델이 단순히 텍스트를 생성하는 것에서 벗어나, 다양한 데이터를 활용하여 맥락에 맞는 응답을 제공할 수 있는 환경을 제공합니다. 특히 복잡한 작업과 여러 단계를 포함하는 워크플로를 효과적으로 구성할 수 있어, 사용자 맞춤형 애플리케이션을 개발하는 데 매우 유용합니다.

1.1 _ 랭체인을 위한 준비사항

RAG(Retrieval-Augmented Generation) 기술을 기반으로 다양한 언어 모델 애플리케이션을 구축하는 데 필수적인 툴인 랭체인에 대해 살펴보겠습니다. 랭체인은 언어 모델이 단순한 질의 응답을 넘어서 더욱 복잡한 워크플로나 애플리케이션을 지원할 수 있게 도와주는 프레임워크입니다. 이를 통해 개발자는 언어 모델에 다양한 외부 데이터를 결합하거나 대규모 데이터를 처리하는 복잡한 프로세스를 관리할 수 있게 됩니다.

랭체인을 이해하기 위해서는 몇 가지 기본 개념과 도구들에 대한 이해가 필요합니다. 먼저, 랭체인을 사용하는 이유와 주요 기능을 알아보겠습니다.

1.1.1 체인을 사용하는 이유

랭체인은 자연어 처리(NLP) 모델을 더 효율적으로 사용하기 위해 개발된 프레임워크입니다. 언어 모델을 단순한 텍스트 생성 도구로 사용하는 것을 넘어, 외부 데이터 소스(예: 데이터베이스, API, 문서 등)와 결합해 사용하고 싶을 때 유용합니다. 특히 랭체인은 RAG 기반 애플리케이션 구축에 매우 적합한데, RAG는 검색(Augmented Retrieval)과 생성

(Generation)의 두 가지 주요 요소를 결합해 더 정확하고 맥락에 맞는 응답을 생성할 수 있게 도와줍니다.

예를 들어 언어 모델은 단순한 질문에 답할 뿐만 아니라, 필요한 경우 외부 데이터에서 실시간 정보를 검색한 후 그 데이터를 바탕으로 보다 정확하고 유용한 응답을 생성할 수 있습니다. 이러한 방식은 대형 언어 모델의 한계를 보완하고 최신 정보를 반영한 응답을 제공한다는 큰 장점이 있습니다.

랭체인은 특히 작업 파이프라인을 구축하거나 검색 엔진과 결합된 챗봇과 같은 복잡한 시스템을 만들 때 매우 유용합니다. 이를 통해 각 작업을 관리하고 최적화하는 데 도움을 줄 뿐만 아니라, 모델이 여러 단계의 복잡한 작업을 처리할 수 있게 설계할 수 있습니다.

그림 1.1에서 보여주는 각 구성 요소인 LLM, RAG, 프롬프트, 문서, 에이전트들은 단독으로도 중요한 기능을 제공하지만, 랭체인을 통해 서로 긴밀히 연결될 때 더 강력한 응용 프로그램을 만들 수 있습니다. 예를 들어, LLM과 RAG를 결합해 실시간 정보 검색 및 응답 생성 시스템을 구축하거나 에이전트를 사용해 복잡한 비즈니스 로직을 자동화할 수 있습니다.

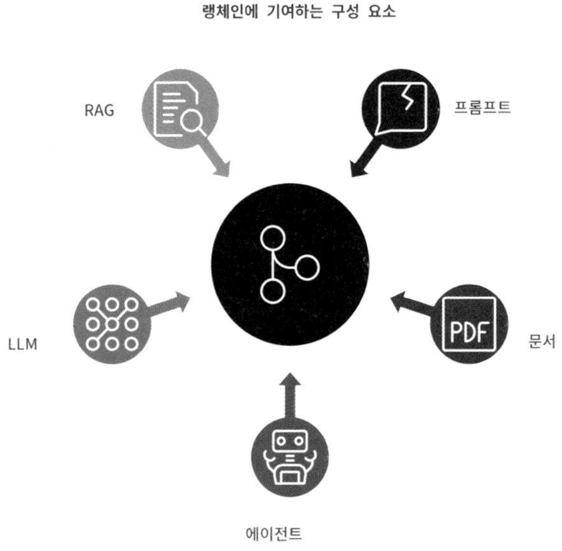

그림 1.1 랭체인의 기능

랭체인의 핵심 구성 요소

그림 1.2는 랭체인의 핵심 구성 요소를 보여줍니다. 이 핵심 구성 요소들은 언어 모델을 더욱 유연하게 활용할 수 있도록 지원하며, 복잡한 자연어 처리 워크플로를 구축하는 데 필수적입니다. 랭체인의 주요 구성 요소를 간단하게 설명하겠습니다.

- **LLM 인터페이스**

  랭체인은 대규모 언어 모델(LLM)과 상호작용할 수 있는 API를 제공합니다. 개발자는 챗GPT(ChatGPT), Gemini, PaLM과 같은 언어 모델을 랭체인을 통해 간단한 API 호출로 연결하고 쿼리할 수 있습니다. 이 API는 복잡한 코드를 작성하지 않고도 다양한 모델을 활용할 수 있게 도와줍니다.

- **프롬프트 템플릿(Prompt Templates)**

  프롬프트 템플릿은 언어 모델에 입력될 명령어 또는 쿼리를 구조화하는 미리 정의된 틀입니다. 이를 통해 일관성 있는 질의 응답 처리가 가능하며, 프롬프트 템플릿은 다양한 애플리케이션에서 재사용될 수 있습니다. 그 결과 텍스트 생성, 요약, 번역 등 특정 작업에 최적화된 프롬프트를 쉽게 만들 수 있습니다.

- **에이전트(Agents)**

  에이전트는 복잡한 작업을 자동화할 수 있는 구성 요소로, 여러 단계에 걸쳐 실행될 작업 흐름을 관리합니다. 에이전트는 언어 모델이 주어진 쿼리에 대해 최적의 작업 순서를 결정할 수 있게 하며, 외부 데이터 소스나 도구들과 상호작용하여 원하는 결과를 얻을 수 있습니다. 예를 들어, 에이전트는 외부 API에서 데이터를 가져와 그 데이터를 처리하고, 언어 모델에 전달하여 최종 결과를 생성할 수 있습니다.

- **검색 모듈(Retrieval Modules)**

  랭체인은 검색 증강 생성(RAG)을 위한 다양한 도구를 제공하여 언어 모델이 새로운 데이터에 접근하고 이를 기반으로 응답을 생성할 수 있게 해줍니다. 특히, 벡터 데이터베이스와 결합하여 정보의 의미적 표현을 생성하고 이를 효율적으로 검색하는 기능을 지원합니다.

- **메모리(Memory)**

  메모리 기능을 통해 이전 대화나 상호작용의 맥락을 기억하고, 이를 기반으로 다음 응답에 활용할 수 있습니다. 단순한 대화 응답 기억부터 복잡한 대화 기록 분석에 이르기까지, 다양한 방식으로 메모리를 활용할 수 있습니다. 이는 사용자와의 연속적인 대화를 처리하는 데 있어 매우 유용합니다.

- 콜백(Callbacks)

  콜백은 랭체인 작업 중 발생하는 이벤트를 추적하고 모니터링하는 데 사용됩니다. 예를 들어, 체인의 호출 시점, 오류 발생 시점 등을 기록하고, 이를 실시간으로 스트리밍하거나 분석할 수 있습니다. 이를 통해 개발자는 모델 성능을 모니터링하고, 문제를 신속하게 해결할 수 있습니다.

그림 1.2와 같은 랭체인의 핵심 구성 요소는 언어 모델 기반 애플리케이션을 더욱 유연하고 효율적으로 개발할 수 있게 지원합니다.

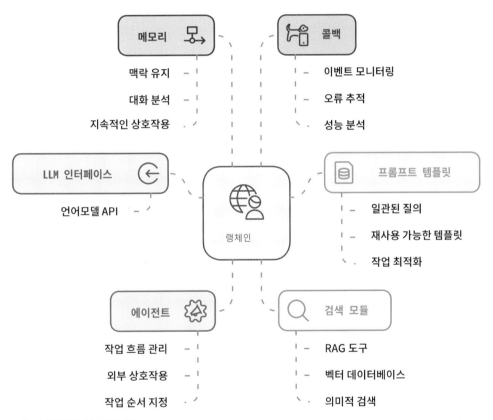

그림 1.2 랭체인의 핵심 구성 요소

1.2 _ 코랩(Google Colaboratory) 환경

이번 섹션에서는 코랩 환경을 소개하고, 실행 환경을 설정하는 방법부터 GPU 설정, 구글 드라이브와 연동하는 방법까지 알아보겠습니다. 코랩은 구글(Google)이 제공하는 클라우드 기반의 주피터(Jupyter) 노트북 환경으로, 파이썬을 활용한 데이터 분석, 머신러닝, 인공지능 작업을 쉽게 수행할 수 있게 도와줍니다. 특히, 코랩은 무료로 제공되며, 추가 비용 없이 GPU와 TPU 같은 고성능 하드웨어를 사용할 수 있다는 점이 큰 장점입니다.

1.2.1 코랩 실행 환경 설정

코랩을 사용하기 위해서는 구글 계정이 있어야 합니다. 구글 계정은 www.google.com에서 가입 가능한데, 여기서는 회원가입 방법은 생략하고 넘어가겠습니다. 다음은 코랩 환경을 설정하고 시작하는 간단한 과정입니다.

코랩 설치하기

구글 홈페이지에 접속한 후 그림 1.3과 같이 페이지 오른쪽의 ❶[구글] 앱 버튼을 클릭한 후 ❷[드라이브]를 클릭합니다. 그러면 구글 드라이브 화면으로 이동합니다.

그림 1.3 구글 드라이브 접속

그림 1.4는 구글 드라이브 페이지에 접속한 화면입니다. 접속 후 왼쪽의 ❶[+ 신규] 버튼을 클릭하여 옵션을 확인합니다. 옵션 중 ❷[더보기]를 클릭한 후 ❸[연결할 앱 더보기]를 클릭하여 'Google Workspace Marketplace' 창을 엽니다. 해당 창은 앱을 검색하고 설치하여 작업을 자동화하고 구글 앱을 더 효율적으로 사용할 수 있도록 다양한 앱을 지원합니다.

그림 1.4 코랩에 연결할 앱 설정

그림 1.5는 'Google Workspace Marketplace' 창을 보여줍니다. 여기서 ❶검색 칸을 클릭하여 'Colaboratory'를 검색합니다. 검색 결과로 나온 여러 앱 중에서 ❷[Colaboratory]를 클릭하여 코랩 설치를 위한 화면으로 이동합니다.

그림 1.5 코랩 검색

코랩 설치를 위해 화면에서 파란색 ❶[설치] 버튼을 클릭합니다.

그림 1.6 코랩 설치

그림 1.7의 왼쪽 하단에 코랩 설치를 위한 권한 설정 창이 나오면 파란색의 ❶[계속] 버튼을 클릭합니다.

그림 1.7 코랩 설치 권한

그다음 가입된 구글 계정을 선택하고 연속해서 [진행] 버튼을 클릭한 후 마지막으로 그림 1.8에서 보는 ❶[확인] 버튼을 클릭하여 코랩 설치를 완료합니다.

그림 1.8 구글 드라이브 연동

코랩 실행하기

여기까지 따라왔다면 코랩을 실행하기 위한 환경 설정이 정상적으로 완료된 것입니다. 이제 코랩을 실행해 보겠습니다.

코랩 설치를 완료한 후 다시 구글 드라이브의 [내 드라이브]로 이동합니다. 그림 1.9와 같이 내 드라이브 공간에서 마우스 오른쪽 버튼을 클릭하여 메뉴창이 나타나면 ❶[더보기]를 클릭합니다. 설치 전에는 없던 [Google Colaboratory] 버튼이 생성된 것을 볼 수 있습니다. ❷[Google Colaboratory]를 클릭하여 코랩을 실행합니다.

그림 1.9 코랩 실행

코랩은 주피터와 같은 실행 환경을 제공하며 자주 사용되는 파이썬 패키지가 이미 설치되어 있습니다. 추가로 필요한 패키지가 있는 경우에는 '!pip install 패키지명'을 통해 설치할 수 있습니다. 해당 작업을 통해 실행된 코드는 구글 드라이브의 코랩 실행 위치에 저장됩니다.

코랩 실행을 위한 자세한 실행 방법은 주피터와 같으니 생략하고 CPU와 GPU 설정 방법을 알아보겠습니다.

그림 1.10은 코랩에서 sLLM을 실행하기 위해 런타임 유형을 GPU로 바꾸기 위한 설정입니다. 런타임을 변경하기 위해 ❶[런타임]을 클릭한 후 ❷[런타임 유형 변경]을 클릭하면 '런타임 유형 변경' 창이 나옵니다. 여기서 ❸[T4 GPU]를 클릭한 후 ❹[저장] 버튼을 클릭하여 런타임 유형을 GPU 환경으로 변경할 수 있습니다. 계정별로 컴퓨팅 제한이 있어 GPU가 필요하지 않은 경우에는 CPU 환경으로 실습을 진행하는 것을 추천합니다.

그림 1.10 코랩 런타임 설정

1.3 _ LLM API 키

언어 모델 기반 애플리케이션을 개발하거나 활용하려면 많은 컴퓨팅 자원이 필요합니다. 이를 언어 모델을 사용하기 위한 API 키를 발급받아 해결합니다. 언어 모델을 사용하기 위한 API 키는 언어 모델에 대한 접근 권한을 제공하는 중요한 요소로, 이를 통해 개발자는 언어 모델의 강력한 기능을 다양한 애플리케이션에 사용할 수 있습니다. 특히 챗GPT와 제미나이(Gemini)와 같은 최신 대형 언어 모델을 활용하기 위해서는 각 플랫폼에서 제공하는 API 키를 발급받아야 하며, 이를 통해 데이터를 송수신하고 모델을 실시간으로 활용할 수 있습니다.

API는 애플리케이션과 언어 모델 간의 통신을 가능하게 하는 인터페이스 역할을 하며, 이 인터페이스를 통해 사용자는 특정 요청을 보내고 언어 모델로부터 생성된 응답을 받을 수 있습니다. LLM API 키는 다음과 같은 이유로 매우 중요합니다:

첫째, 언어 모델 접근입니다. 대형 언어 모델의 기능을 사용하기 위해서는 플랫폼에서 발급한 API 키가 필요합니다. 이 키는 사용자가 인증된 사용자임을 증명하며, 권한이 부여된 요청에 대해서만 응답이 제공됩니다. 둘째, 확장성과 성능입니다. API를 사용하면 개발자는 서버 리소스 관리나 모델 업데이트를 신경 쓰지 않고도 높은 성능을 유지할 수 있습니다. API 키를 발급받아 연결하면 사용자는 모델의 최신 성능과 기능을 자동으로 활용할 수 있습니다.

이어서 챗GPT와 제미나이 API 키를 발급받는 방법을 설명하고, 이러한 API를 통해 언어 모델을 어떻게 활용할 수 있는지 단계별로 안내하겠습니다.

1.3.1 GPT API 키

챗GPT는 OpenAI에서 개발한 언어 모델로, GPT(Generative Pre-trained Transformer) 계열의 대표적인 모델입니다. 이 모델은 자연어 처리(NLP) 기술을 바탕으로 인간처럼 텍스트를 이해하고 생성할 수 있는 능력을 가지고 있습니다. 챗GPT는 단순한 텍스트 생성뿐만 아니라 다양한 애플리케이션에서 사용될 수 있으며, 이를 위한 여러 기능을 제공하는 API가 있습니다.

챗GPT의 주요 기능들

OpenAI는 GPT-4o를 포함한 다양한 모델을 API를 통해 제공합니다. 각 모델은 특정 목적에 맞게 최적화되어 있으며, 주로 다음과 같은 작업을 지원합니다:

- LLM(Large Language Model): 대규모 데이터를 학습한 언어 모델로, 텍스트 생성, 번역, 요약, 질의 응답 등 다양한 작업을 수행할 수 있습니다. LLM은 방대한 데이터 학습을 통해 자연스러운 텍스트 생성과 복잡한 언어 작업을 처리하는 데 매우 효과적입니다.

- 임베딩 모델(Embeddings): 텍스트를 고차원 벡터로 변환하는 모델입니다. 이를 통해 유사한 의미를 가진 텍스트를 수치적으로 표현할 수 있으며, 검색 엔진 최적화, 문서 분류, 추천 시스템 등에 활용됩니다. 임베딩 모델은 언어 간 비교나 의미 유사도 측정 등 다양한 응용 분야에서 매우 유용합니다.

- 파인튜닝(Fine-tuning): OpenAI의 기본 모델을 사용자가 원하는 특정 작업이나 데이터에 맞게 추가 학습시켜 최적화하는 방법입니다. 이를 통해 더 정교한 응답을 생성하거나 특정 도메인에 맞는 언어 모델을 만들 수 있습니다. 예를 들어, 법률, 의료 등 특정 분야에 특화된 언어 모델을 구축할 수 있습니다.

이 외에도 챗GPT API는 실시간 대화형 응답, 문서 요약, 코드 생성, 번역, 감정 분석 등의 다양한 작업에 사용될 수 있습니다. 이러한 기능을 API를 통해 접근하려면 API 키를 발급 받아야 하며, 이 키를 통해 챗GPT 모델을 쉽게 사용할 수 있습니다.

챗GPT API 키를 발급받기 위해 https://platform.openai.com/docs/overview에 접속하 면 그림 1.11과 같이 OpenAI 플랫폼에 접속할 수 있습니다. 화면 오른쪽 상단의 ❶[Log in]을 클릭하여 로그인을 진행합니다. 여러 가지 로그인 방법이 있는데, '1.2. 코랩(Google Colaboratory) 환경'에서 사용한 구글 계정으로도 로그인할 수 있습니다.

그림 1.11 OpenAI 플랫폼 화면

정상적으로 로그인됐다면 그림 1.12에서와 같이 페이지 오른쪽 상단에서 계정 아이콘을 볼 수 있습니다. ❶계정 아이콘을 클릭한 후 API 키 발급 설정을 위해 ❷[Your profile]을 클 릭합니다.

그림 1.12 계정 설정으로 이동하기

챗GPT는 API 사용을 위해 결제를 위한 카드를 등록해야 합니다. 카드 등록을 위해 그림 1.13과 같이 페이지의 왼쪽에서 ❶[Billing]을 클릭한 후 화면 중앙의 초록색 버튼인 ❷ [Add payment details]를 클릭합니다. 이때 선택창이 나오면 ❸[Individual]을 클릭하 고 [Add payment details] 창에서 카드 정보를 기입하여 등록하면 됩니다.

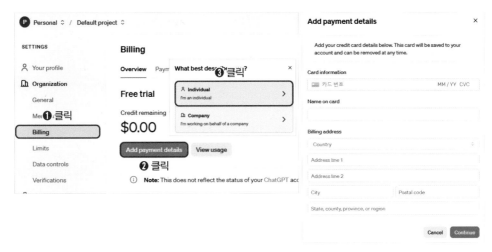

그림 1.13 챗GPT 결제 방식 설정

정상적으로 카드 등록이 완료되면 그림 1.14와 같은 화면을 확인할 수 있습니다. 화면 중앙의 [Add to credit balance]를 통해 추가 결제를 할 수 있고, 오른쪽 하단의 'Usage limits'를 클릭하여 API를 너무 많이 사용하는 것을 방지하기 위해 사용량 제한을 설정할 수도 있습니다.

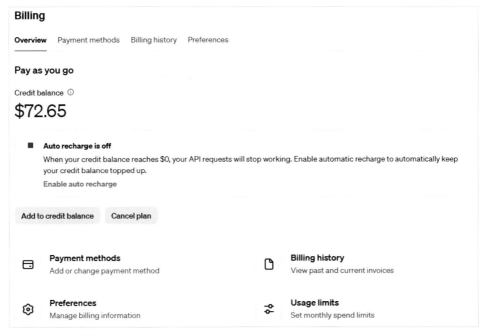

그림 1.14 챗GPT 결제 관리

정상적으로 카드가 등록되었으면, 정상적인 카드인지 확인하기 위하여 5달러가 결제될 수 있습니다. 해당 결제는 10일 정도 지나면 결제가 취소되어 환불됩니다.

그림 1.13을 따라 카드를 등록하고 크레딧을 결제했다면 API 키를 발급받기 위해 이동하겠습니다. API 키를 만들기 위한 페이지로 이동한 후 먼저 프로젝트를 생성하겠습니다. 먼저 상단의 ❶[Dashboard]를 클릭한 후 ❷[API keys]를 클릭합니다. API 키를 만들기 전에 프로젝트를 생성하겠습니다. 왼쪽 상단의 ❸[Select…] 버튼을 클릭한 후에 ❹[+ Create project]를 클릭하면 프로젝트를 생성하기 위한 'Create a new project' 창이 나옵니다. 이 창에서 ❺[Name] 박스에 프로젝트 명을 입력합니다. 여기서는 'Default project'를 입력하여 만들겠습니다. 프로젝트 명을 입력한 후 ❻[Create] 버튼을 클릭하면 프로젝트가 생성됩니다.

그림 1.15 **프로젝트 생성**

이제 그림 1.16에서 보는 바와 같이 API 키를 만들기 위해 ❶[+ Create new secret key]를 클릭합니다. 그러면 'Create new secret key' 창이 나옵니다. ❷[Name] 박스를 클릭하여 생성하고 싶은 API 키의 이름을 입력합니다. 그리고 하단의 [Project]에는 바로 앞에서 생성한 프로젝트의 이름(여기서는 'Default project')을 입력합니다. 그리고 나서 오른쪽 하단의 ❸[Create secret key]를 클릭하여 API 키를 생성합니다. 그러면 'Save your key' 창이 생성되고, 거기서 생성된 API 키를 볼 수 있습니다. 해당 키는 API 사용을 위한 고유 키이며 다시 확인하는 것이 불가능하므로 복사하여 잘 저장해 둡니다. 해당 키는 결제와 관련이 있으므로 절대로 다른 사람과 공유해서는 안 됩니다.

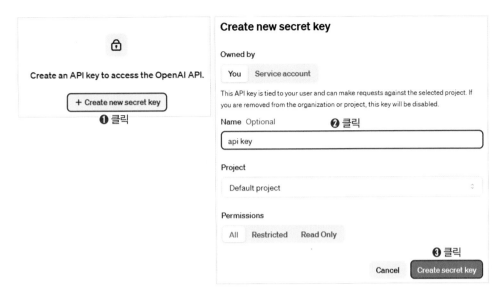

그림 1.16 API 키 생성

API 키가 정상적으로 발급됐는지 코드를 통해 확인해 보겠습니다.

예제 1.1은 OpenAI API를 사용하여 LLM 모델과 대화를 나누는 코드입니다. 먼저, API 키를 환경 변수에 설정한 후 OpenAI 클라이언트를 생성합니다. 그다음, GPT-4o-mini 모델을 사용합니다. '상담원' 역할을 설정하고, 사용자가 '서울 명소는?'이라는 질문을 보냅니다. 모델은 이를 바탕으로 응답을 생성하고, 해당 응답을 출력합니다. 이 코드를 통해 대화형 AI 모델과 간단한 상호작용을 할 수 있습니다.

예제 1.1 챗GPT API 키 테스트　　　　　　　　　　　　　　ch01/1_chatgpt_api_테스트.ipynb

```
01  from openai import OpenAI
02  import os
03
04  # OpenAI API 키를 환경 변수에 설정
05  os.environ['OPENAI_API_KEY'] = '발급받은_API_키'
06
07  # OpenAI 클라이언트를 생성
08  client = OpenAI()
09
10  completion = client.chat.completions.create(
```

```
11      model="gpt-4o-mini",
12      messages=[
13          {"role": "system", "content": "너는 상담원이야"},
14          {
15              "role": "user",
16              "content": "서울 명소는?"
17          }
18      ]
19  )
20  # 모델의 응답을 출력
21  print(completion.choices[0].message.content)
```

다음은 GPT-4o-mini 모델을 이용하여 예제 1.1의 코드를 실행한 결과입니다.

서울에는 다양한 명소가 있습니다. 몇 가지 추천해드릴게요:

1. **경복궁**: 조선왕조의 궁궐로, 아름다운 건축물과 정원이 있는 곳입니다. 근처에 국립박물관도 있습니다.

2. **N서울타워 (남산타워)**: 서울의 랜드마크로, 전망대에서 서울 전경을 감상할 수 있습니다. 밤에 조명도 아름답습니다.

3. **북촌 한옥마을**: 전통 한옥이 잘 보존되어 있는 지역입니다. 고즈넉한 분위기 속에서 한국 전통문화를 느껴볼 수 있습니다.

4. **이태원**: 다양한 문화와 음식을 경험할 수 있는 글로벌한 분위기의 동네입니다. 바와 레스토랑이 많이 있습니다.

5. **명동**: 쇼핑과 먹거리가 풍부한 상업 중심지로, 거리 음식도 즐길 수 있습니다.

6. **홍대**: 젊은 문화와 예술의 중심지로, 다양한 공연과 아트샵, 카페가 있습니다.

7. **청계천**: 도심 속의 아름다운 하천으로, 산책과 휴식을 즐기기에 좋은 장소입니다.

각 명소마다 독특한 매력이 있으니, 일정에 맞춰 방문해보시면 좋을 것 같습니다!

실행 결과는 실행 시마다 다를 수 있으며 답변이 나오면 API 키가 정상적으로 발급된 것입니다.

1.3.2 제미나이 API 키

제미나이는 구글 클라우드에서 제공하는 LLM 중 하나로, 사용자는 이를 통해 다양한 자연어 처리 작업을 수행할 수 있습니다. 제미나이의 장점 중 하나는 무료 버전을 제공하여, 사용자가 일정량의 요청에 대해 비용 부담 없이 모델을 체험할 수 있다는 점입니다. 일부 유료 기능이 존재하지만, 무료 버전만으로도 충분히 모델의 성능을 확인하고 활용할 수 있습니다. 이러한 점에서 개발자와 연구자들에게 제미나이는 매우 유용한 도구입니다. 이 책의 프로젝트 내용을 실습할 때 챗GPT 유료 버전 사용이 부담스러울 수 있으니 제미나이 API를 발급받아 사용하는 방법을 같이 배워보겠습니다.

제미나이 API 키 발급받기

제미나이 API 키를 발급받기 위해서는 구글 계정이 있어야 합니다. 이전 실습에서 생성한 구글 계정으로 실습을 이어서 진행하겠습니다.

제미나이 API 키를 발급받기 위해 구글 계정에 로그인한 후 https://aistudio.google.com 으로 접속합니다. AI Studio에 최초로 접속하는 경우 그림 1.17과 같은 법적 고지 팝업창을 볼 수 있습니다. ❶약관 내용에 동의한다는 의미로 체크박스를 선택한 후 ❷[계속] 버튼을 클릭하여 법적 고지 팝업창을 닫습니다.

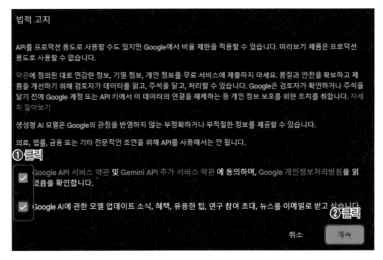

그림 1.17 AI Studio 최초 접속 시 나타나는 법적 고지 팝업

API 키를 만들기 위해 그림 1.18 왼쪽의 옵션 상자에서 ❶Get API key를 클릭하면 'API 키 가져오기' 팝업 페이지가 나옵니다. 하단의 파란색 버튼인 ❷[API 키 만들기]를 클릭하여 나온 'API 키 만들기' 팝업창에서 ❸[새 프로젝트에서 API키 만들기]를 클릭하여 API를 생성합니다.

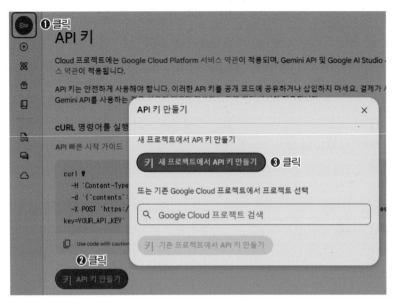

그림 1.18 Google AI Studio에서 API 키 만들기

그림 1.19는 API 키 생성 화면입니다. API 키를 생성하면 'API 키 생성됨' 팝업창과 함께 생성된 API 키를 확인할 수 있습니다. 생성된 API 키를 활용하여 제미나이를 직접 실행하여 정상적으로 사용 가능한지 확인해 보겠습니다. 구글 제미나이의 경우 무료 버전만 사용 시 별도의 카드 등록 없이 사용 가능합니다.

그림 1.19 API 키 생성 완료 화면

API 키가 정상적으로 발급되었는지 코드를 통해 확인해 보겠습니다.

예제 1.2는 구글의 제미나이 API를 사용하여 간단한 텍스트 생성 작업을 수행하는 예제입니다. 먼저 google.generativeai 라이브러리를 사용해 API 키를 설정하고, GenerativeModel 객체를 생성하여 특정 모델(Gemini 1.5-flash)에 접근할 수 있게 합니다. 이후 generate_content() 메서드를 통해 '서울 명소는?'이라는 질문에 대한 응답을 생성하고, 결과로 생성된 텍스트를 출력합니다. 이 과정을 통해 제미나이 모델이 입력된 질문에 대해 어떤 방식으로 응답하는지 쉽게 확인할 수 있습니다.

예제 1.2 제미나이 API 키 테스트　　　　　　　　　　　　ch01/2_gemini_api_테스트.ipynb

```python
01 import google.generativeai as genai
02 import os
03
04 # Google Generative AI API 키를 설정
05 genai.configure(api_key="발급받은_API_키")
06
07 # "gemini-1.5-flash" 모델을 사용해 응답을 생성
08 model = genai.GenerativeModel("gemini-1.5-flash")
09
10 # "서울 명소는?" 질문을 모델에 전달하여 응답을 생성
11 response = model.generate_content("서울 명소는?")
12
13 # 모델의 응답을 출력합니다.
14 print(response.text)
```

다음은 예제 1.2의 코드를 실행하여 출력된 결과입니다. 챗GPT API와 마찬가지로 실행 결과는 실행 시마다 다를 수 있으며, 답변이 나오면 API 키를 정상적으로 받아온 것입니다.

서울에는 너무나 많은 명소가 있어서, 어떤 종류의 명소를 찾으시는지 알려주시면 좀 더 구체적인 추천을 드릴 수 있습니다! 예를 들어,

* **역사 & 문화:** 궁궐, 종묘, 남산한옥마을, 북촌 한옥마을, 인사동, 이태원, 경복궁, 창덕궁, 덕수궁, 광화문,
* **자연 & 휴식:** 올림픽공원, 서울숲, 남산공원, 북한산, 한강공원,
* **예술 & 엔터테인먼트:** 국립중앙박물관, 삼청동, 가로수길, 코엑스, 롯데월드,
* **쇼핑:** 명동, 강남, 동대문, 이태원,
* **맛집:** 강남, 이태원, 홍대,

실습에서 사용한 모델은 Gemini-1.5-flash입니다. 그 외에 다른 모델에 대한 성능과 무료로 사용 가능한 제한 사항은 https://ai.google.dev/pricing에서 확인할 수 있습니다.

1.4 _ 허깅페이스

허깅페이스는 자연어 처리(NLP) 및 인공지능(AI) 모델을 쉽게 사용하고 개발할 수 있도록 도와주는 플랫폼입니다. 이 회사는 주로 트랜스포머(Transformers) 모델과 같은 대규모 언어 모델(LLM)을 오픈소스로 제공하여 개발자와 연구자들이 다양한 애플리케이션에 활용할 수 있게 지원합니다.

허깅페이스의 주요 기능 및 서비스입니다.

- **Transformers 라이브러리**: 허깅페이스의 대표적인 라이브러리로, BERT, GPT, T5 등과 같은 대규모 언어 모델들을 쉽게 가져다 사용할 수 있습니다. 이 라이브러리는 연구자나 개발자가 복잡한 모델을 구축하는 과정에서 많은 시간을 절약할 수 있게 돕습니다.
- **모델 허브(Model Hub)**: 허깅페이스는 방대한 모델 허브를 운영하고 있으며, 이 허브에는 수천 개의 사전 학습된 모델이 저장되어 있습니다. 이 모델들은 다양한 NLP 작업(번역, 요약, 질문−응답 등)에 사용될 수 있습니다. 사용자는 자신의 요구에 맞는 모델을 쉽게 검색하고 다운로드할 수 있습니다.
- **데이터셋 허브(Datasets Hub)**: 허깅페이스는 다양한 언어 및 작업에 맞춘 데이터셋도 제공합니다. 이를 통해 사용자는 데이터 준비 작업을 간소화할 수 있습니다.
- **Inference API**: 별도의 코드 작성 없이도 API를 통해 모델을 사용할 수 있습니다. 이를 통해 웹 애플리케이션이나 모바일 앱에서도 NLP 기능을 손쉽게 통합할 수 있습니다.
- **Spaces**: 사용자들이 직접 만든 모델을 웹 인터페이스로 시연할 수 있는 플랫폼으로, Gradio 기반의 데모 애플리케이션을 쉽게 만들고 공유할 수 있습니다.

1.4.1 허깅페이스의 모델 찾기

허깅페이스에 접속해서 다양한 사전 학습된 모델과 데이터를 둘러보고 다룰 수 있습니다. 허깅페이스에 접속하여 모델을 찾는 방법을 보여주기 위한 예시로 sLLM 모델을 찾아보겠습니다.

- **허깅페이스**: https://huggingface.co/

위 주소로 허깅페이스에 접속하면, 그림 1.20과 같이 다양한 사전 학습된 모델과 데이터를 쉽게 탐색할 수 있는 플랫폼을 만나게 됩니다. 이곳에서는 최신 AI 기술을 적용한 모델들을 구경하고, 자연어 처리(NLP) 작업에 필요한 데이터셋을 다룰 수 있습니다.

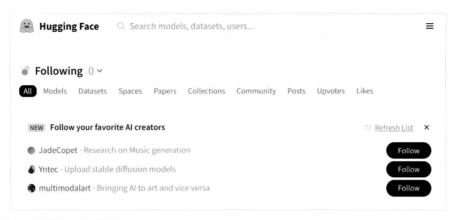

그림 1.20 허깅페이스 메인 페이지

그림 1.21의 화면 오른쪽 상단에서 ❶[Models]를 클릭합니다. Models는 허깅페이스에서 제공하는 가장 핵심적인 기능 중 하나로, 수천 개의 공개된 모델을 검색하고 필터링하여 쉽게 찾을 수 있게 돕습니다. 이 섹션에서 사용자는 다양한 용도와 언어에 맞는 사전 학습된 모델을 탐색할 수 있으며, 각 모델은 특정 작업과 언어에 맞춰 미세 조정되어 있습니다. sLLM 모델을 찾기 위해 왼쪽의 ❷[Task]를 클릭합니다. Task는 모델이 수행할 작업의 유형을 나타냅니다. 허깅페이스에서 제공하는 다양한 작업 유형 중에서 선택할 수 있으며, 이는 사용자가 원하는 응용 프로그램의 목적에 따라 다릅니다. 예를 들어, 텍스트 생성, 문서 분류, 질의 응답, 번역, 요약 등이 일반적인 작업 유형입니다. 여기서는 텍스트 생성 모델을 선택하기 위해 ❸[Text Generation]을 클릭합니다.

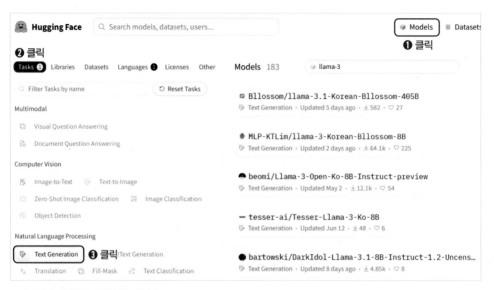

그림 1.21 허깅페이스 모델 선택 페이지

원하는 모델을 찾기 위해 그림 1.22와 같이 왼쪽 섹션의 메뉴에서 **①**[Languages]를 클릭하여 언어 설정 화면으로 이동합니다. Languages는 모델이 다룰 텍스트의 언어를 나타냅니다. 한국어 모델을 사용하기 위해 **②**[Korean]을 클릭합니다. 이렇게 설정하면 한국어 텍스트를 이해하고 생성하는 데 최적화된 모델을 볼 수 있습니다. 모델 조건을 설정한 후 오른쪽의 **③**검색창에 'Llama'라는 키워드를 입력하여 Llama 모델 중 한국어를 지원하는 모델을 찾을 수 있습니다. 여기서는 Llama 3, Llama 3.1 등 다양한 모델 중에서 코랩(Colab) 환경에서 사용하기 위해 모델 크기가 12B 이하인 모델 중 원하는 모델을 선택하겠습니다 (12B보다 큰 모델을 선택하는 경우 자원 문제로 코랩 환경에서 정상 실행이 되지 않을 수 있습니다). 모델 선택 시 다운로드 수, 좋아요 수 등을 참조할 수 있습니다.

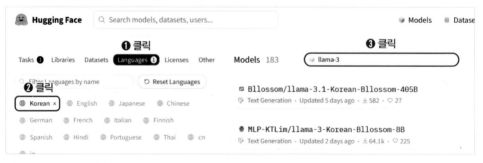

그림 1.22 허깅페이스 언어 선택 및 모델 검색

원하는 모델을 클릭하면 모델에 대한 상세 정보를 확인할 수 있으며, 특정 모델의 경우 화면 오른쪽의 Inference API를 활용해 볼 수 있게 지원합니다.

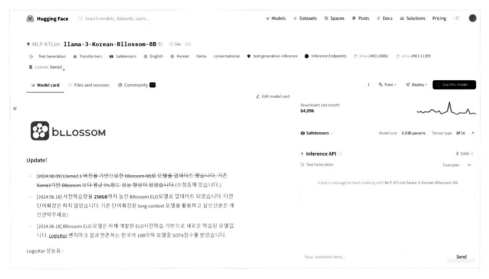

그림 1.23 허깅페이스 모델 화면

지금까지 챗GPT와 제미나이 API 사용법을 통해 LLM을 사용하는 방법을 알아보고, 허깅페이스 플랫폼에서 원하는 모델을 찾고 실행하는 방법을 배웠습니다. 허깅페이스는 sLLM 모델뿐만 아니라 RAG, 리랭킹 모델 등 다양한 모델을 지원하며, 이를 통해 여러 프로젝트에 필요한 모델을 직접 다운로드하고 활용할 수 있습니다. 이제 지금까지 배운 내용을 토대로 API와 허깅페이스의 모델을 직접 다운로드하고 실행하는 실습을 진행하겠습니다. 책의 내용을 기반으로 직접 실행해 보면서 실무에 적용할 수 있는 실습을 진행해 보겠습니다.

1.5 _ 랭체인 구성요소

랭체인은 언어 모델을 기반으로 애플리케이션을 개발하기 위한 오픈소스 프레임워크입니다. 랭체인은 사용자 쿼리에 대한 응답을 생성하고, 문서나 구조화된 데이터를 요약하거나 분석하고, 정보를 맞춤으로 가져와 정확성을 개선하는 데 활용할 수 있습니다. 또한 코드 작성과 이해, API와의 상호작용, 생성형 AI를 활용한 다양한 애플리케이션 개발이 가능합니다.

1.5.1 체인

랭체인에서 '체인'은 여러 언어 모델 작업을 연결해 일관된 워크플로를 구성하는 핵심적인 요소입니다. 체인은 개별 작업 단계를 순서대로 이어 붙여 하나의 흐름을 만들어 줍니다. 예를 들어, 먼저 질문을 분석하고 관련 정보를 검색한 후, 이를 바탕으로 응답을 생성하는 다단계 작업을 체인으로 설계할 수 있습니다.

체인은 작업의 결과를 단계별로 연결하며 각 단계에서 얻은 결과를 다음 단계로 전달하는 방식으로 작동합니다. 먼저, 사용자가 제공한 텍스트를 분석하여 질문을 이해하고 필요한 작업을 결정하는 입력 텍스트 처리 과정을 거칩니다. 이후, 필요에 따라 검색, 데이터베이스 조회, API 호출 등 외부 데이터 소스에 접근하여 실시간 정보나 특정 데이터를 가져옵니다. 마지막으로, 이렇게 얻은 데이터를 바탕으로 최종 응답을 생성하며, 이를 통해 더 정확하고 맥락에 맞는 답변을 제공합니다.

체인을 활용하면 각 작업의 결과가 순차적으로 다음 단계로 전달되며, 모델이 점진적으로 더 많은 정보를 습득하고 복합적인 질문에 대응할 수 있는 구조를 갖추게 됩니다.

OpenAI의 ChatOpenAI 함수를 사용하면 GPT-4o, GPT-4o-mini 모델을 API로 접속할 수 있습니다. 다음 예제에서는 랭체인에서 GPT-4o-mini 모델을 활용하여 LLM 모델 인스턴스를 만들고 답변을 얻는 방법을 확인해 보겠습니다.

예제 1.3 chain 실행 방법(기본)   ch01/3_Langchain_chain.ipynb

```
01  from langchain_openai import ChatOpenAI
02  llm = ChatOpenAI(model="gpt-4o-mini")
03  llm.invoke("피타고라스 정리의 공식은 무엇인가요?")
```

생성된 모델은 invoke 함수를 통해 답변을 생성할 수 있습니다.

```
AIMessage
(content='피타고라스 정리는 직각삼각형의 두 변과 빗변 사이의 관계를 설명하는 정리입니다. 공식은
다음과 같습니다:\n\n\\[ a^2 + b^2 = c^2 \\]\n\n여기서 \\( a \\)와 \\( b \\)는 직각삼각형의
직각을 이루는 두 변의 길이이고, \\( c \\)는 빗변의 길이입니다. 이 정리에 따르면, 두 직각 변의
길이를 각각 제곱한 값을 더한 것이 빗변의 길이를 제곱한 값과 같다는 것을 의미합니다.')
```

단순 생성뿐만 아니라 ChatPromptTemplate.from_template()을 통해서 문자열 형태의 템플릿을 받아 프롬프트를 입력할 수 있습니다.

다음 코드는 "초등학생이 이해할 수 있는 방식으로 답을 설명하세요.: 〈질문〉:{input}"의 형태로 수학 전문가가 초등학생에게 설명하는 형식으로 답변을 제공하라고 지시하며 {input}에서 실제 입력된 쿼리를 처리합니다.

예제 1.4 chain 실행 방법(프롬프트 지시 추가)   ch01/3_Langchain_chain.ipynb

```python
01  from langchain_openai import ChatOpenAI
02  from langchain_core.prompts import ChatPromptTemplate
03  from langchain_core.output_parsers import StrOutputParser
04
05  # 프롬프트 + 모델 + output parser
06  prompt = ChatPromptTemplate.from_template("초등학생이 이해할 수 있는 방식으로 답을
    설명하세요.: 〈질문〉: {query}")
07
08  llm = ChatOpenAI(model="gpt-4o-mini")
09  chain = prompt | llm
10  chain.invoke({"query": "피타고라스 정리의 공식은 무엇인가요?"})
```

위 코드의 실행 결과는 다음과 같습니다.

AIMessage(content='피타고라스 정리는 삼각형에 대한 특별한 규칙이에요. 이 규칙은 직각삼각형, 즉 한 각이 90도인 삼각형에만 적용돼요. \n\n피타고라스 정리의 공식은 이렇게 써요: \n\n**a² + b² = c²**\n\n여기서 a와 b는 직각삼각형의 두 짧은 변의 길이(밑변과 높이)이고, c는 가장 긴 변인 빗변의 길이예요. \n\n이 공식이 의미하는 것은, 두 짧은 변의 길이를 각각 제곱(자기 자신을 곱하는 것)한 후 더하면, 빗변의 길이를 제곱한 것과 같다는 거예요.\n\n예를 들어, 만약 한 변의 길이가 3이고 다른 변의 길이가 4라면:\n\n3²는 9, 4²는 16이에요. 이 둘을 더하면 9 + 16 = 25가 되고, 25는 5²와 같아요. 그래서 이 삼각형의 빗변의 길이는 5가 되는 거죠! \n\n이렇게 피타고라스 정리를 사용하면 직각삼각형의 변의 길이를 쉽게 알 수 있어요!')

다음은 프롬프트, LLM, 문자열 출력 파서(StrOutputParser)를 연결하여 체인을 제작한 결과입니다. 다음 코드는 GPT-4o-mini를 활용하여 생성된 "피타고라스 정리의 공식은 무엇인가요?"에 대한 답변입니다. StrOutputParser는 모델의 출력을 문자열 형태로 파싱합니다.

예제 1.5 chain 실행 방법 (output parser 추가)　　　　　ch01/3_Langchain_chain.ipynb

```
01  # chain에 이어서 output_parser 추가
02  output_parser = StrOutputParser()
03
04  # LCEL chaining
05  chain = prompt | llm | output_parser
06
07  # chain 호출
08  chain.invoke({"query": "피타고라스 정리의 공식은 무엇인가요?"})
```

출력 파서로 StrOutputParser를 받아와 문자열 형태로 출력이 이루어진 것을 확인할 수 있습니다.

피타고라스 정리는 삼각형에 대한 특별한 규칙이에요. 주로 직각삼각형에서 사용되죠. 직각삼각형은 한 각이 90도인 삼각형이에요.

피타고라스 정리에 따르면, 삼각형의 두 짧은 변의 길이를 각각 'a'와 'b'라고 하고, 가장 긴 변인 'c'를 생각해볼게요. 이때, 피타고라스 정리는 이렇게 말해요:

$a^2 + b^2 = c^2$

이 공식에서 '²'는 제곱이라는 뜻이에요. 예를 들어, '3'의 제곱은 '3 x 3'이니까 '9'가 되는 거죠.

그래서 만약 한 변의 길이가 3이고, 다른 변의 길이가 4라면, 이 둘을 제곱해보면:

- $3^2 = 9$
- $4^2 = 16$

이제 이 두 개를 더해보면:

$9 + 16 = 25$

그리고 c^2는 25가 되어야 하니까, c는 √25, 즉 5가 되는 거예요. 그러니까 직각삼각형에서 두 짧은 변의 길이를 알면, 가장 긴 변의 길이를 찾을 수 있는 방법이 바로 피타고라스 정리예요!

여러 개의 체인을 연결하거나 복합적으로 작용하도록 멀티체인 구조를 활용할 수도 있습니다.

이 예제에서는 주어진 주제에 대해 찬성 의견과 반대 의견을 각각 생성하고, 이를 결합하여 최종적인 토론 형식의 답변을 제공하는 프로세스를 구현하고 있습니다. 여러 체인을 연결하고 RunnableParallel을 사용하여 병렬로 처리함으로써 각 체인의 실행을 최적화하고 보다 빠르게 결과를 도출할 수 있습니다.

멀티 체인을 연결하는 코드를 작성하기 전에, 필수 모듈들을 먼저 불러와야 합니다. 이번 예제에서는 멀티 체인 연결을 구현하는 방법을 단계별로 살펴보며, 코드 블록별로 상세히 설명하겠습니다.

예제 1.6 멀티 체인 연결 방법   ch01/3_Langchain_chain.ipynb

```
01  from langchain_openai import ChatOpenAI
02  from langchain.prompts import ChatPromptTemplate
03  from langchain.schema import StrOutputParser
04  from langchain_core.runnables import RunnablePassthrough, RunnableParallel, RunnableMap
05  from operator import itemgetter
```

각 모듈은 다음과 같은 역할을 수행합니다.

- ChatOpenAI: OpenAI의 GPT 모델을 사용하여 대화를 생성하거나 질문에 답하는 데 필요한 기능을 제공합니다.

- ChatPromptTemplate: 텍스트 기반의 프롬프트를 동적으로 생성하기 위한 템플릿을 정의합니다.

- StrOutputParser: 모델의 응답을 문자열로 변환하고 파싱하는 데 사용됩니다.

- RunnablePassthrough: 데이터를 변환 없이 그대로 통과시켜주는 역할을 하는 래퍼입니다. 주로 다른 파이프라인에서 데이터를 그대로 전달할 때 사용됩니다.

- RunnableParallel: 여러 작업을 병렬로 실행할 수 있게 해주는 유용한 기능입니다. 긍정적/부정적 의견을 동시에 처리할 때 사용됩니다.

- itemgetter: 파이프라인에서 데이터의 특정 부분을 추출하는 데 사용됩니다. 예를 들어, 이전 단계에서 생성된 base_response를 다음 단계에 전달할 때 활용됩니다.

이 모듈들을 활용하면 멀티 체인 작업의 유연성과 효율성을 높일 수 있습니다. 이어지는 코드는 이러한 도구들을 어떻게 조합하여 체인을 구현하고 연결하는지를 보여줍니다.

1. 주제에 대한 기본 논의 생성(basictopic)

먼저, 주어진 주제에 대한 기본적인 논의를 생성하는 체인 basictopic을 정의합니다. 이 체인은 사용자가 입력한 topic에 대해 논의의 기본 내용을 생성하고, 그 결과를 base라는 이름으로 전달합니다.

```
basictopic = (
    ChatPromptTemplate.from_template("{topic}에 대한 논쟁을 한국어로 생성합니다.")
    | ChatOpenAI()
```

```
    | StrOutputParser()
    | {"base": RunnablePassthrough()}
)
```

첫 번째로, ChatPromptTemplate은 입력된 주제에 대한 논의 생성을 위한 프롬프트를 설정합니다. 여기서 {topic}은 사용자로부터 받은 주제 값을 동적으로 넣을 수 있게 하는 자리 표시자입니다. 그런 다음 ChatOpenAI()를 사용하여 OpenAI의 GPT 모델을 호출하여 해당 주제에 대해 논의 내용을 생성합니다.

생성된 논의 내용은 StrOutputParser()를 통해 문자열 형식으로 파싱되어, 후속 단계에서 쉽게 사용할 수 있는 형식으로 변환됩니다. 마지막으로 RunnablePassthrough()는 파싱된 결과를 그대로 "base"라는 이름으로 넘겨줍니다. 이 결과는 후속 체인에서 사용되며, 주제에 대한 논의의 기본이 되는 내용으로 활용됩니다.

2. 긍정적인 의견 생성(positive)

다음으로 base에서 생성된 논의 결과를 기반으로 긍정적인 측면을 나열하는 체인인 positive를 정의합니다. 이 체인은 주어진 입력을 바탕으로 긍정적인 측면만 추출하여 반환합니다.

```
positive = (
    ChatPromptTemplate.from_template(
        "{base}의 장점 또는 긍정적인 측면을 나열하세요."
    )
    | ChatOpenAI()
    | StrOutputParser()
)
```

ChatPromptTemplate은 base라는 입력을 받아 긍정적인 측면을 나열하는 작업을 수행합니다. 그러고 나서 ChatOpenAI를 통해 모델 호출이 이루어지며, StrOutputParser를 사용하여 출력 결과를 문자열로 변환합니다. 긍정 의견은 결과적으로 results_1로 전달됩니다.

3. 부정적인 의견 생성(negative)

비슷한 방식으로, 부정적인 측면을 나열하는 체인인 negative를 정의합니다

```
negative = (
    ChatPromptTemplate.from_template(
        "{base}의 단점 또는 부정적인 측면을 나열하세요."
    )
    | ChatOpenAI()
    | StrOutputParser()
)
```

이 체인은 base를 입력받아 부정적인 의견을 생성하고, 결과를 results_2로 전달합니다.

4. 최종 답변 생성(`final`)

positive와 negative에서 생성된 결과를 바탕으로 최종 답변을 생성하는 체인인 `final`을 정의합니다.

```
final = (
    ChatPromptTemplate.from_messages(
        [
            ("ai", "{original_response}"),
            ("human", "긍정:\n{results_1}\n\n부정:\n{results_2}"),
            ("system", "비평에 대한 최종 답변 생성"),
        ]
    )
    | ChatOpenAI()
    | StrOutputParser()
)
```

이 체인은 이전에 생성된 긍정적 의견(`results_1`)과 부정적 의견(`results_2`)을 통합하여 모델로부터 최종 비평을 생성합니다.

5. 병렬 처리(`RunnableParallel`)

RunnableParallel을 사용하여 positive와 negative를 병렬로 처리합니다. 이는 각 체인을 동시에 실행하여 전체 프로세스의 속도를 최적화하는 방법입니다.

```
# RunnableParallel을 사용하여 긍정, 부정 의견을 병렬로 처리
chain = (
    basictopic
    | RunnableParallel(
        results_1 = positive,
        results_2 = negative,
        original_response = itemgetter("base"),
    )
    | RunnableMap(
        {
            "positive_result": itemgetter("results_1"),
            "negative_result": itemgetter("results_2"),
            "final_answer": itemgetter("original_response"),
        }
    )
)
```

RunnableMap은 여러 체인(chain)의 결과를 매핑하거나 변환하는 데 사용되는 강력한 기능을 제공합니다. 주로 itemgetter를 사용하여 특정 키에 대한 값을 추출하고, 그 값을 다른 체인이나 프로세스에서 사용할 수 있게 합니다. RunnableMap은 병렬 처리된 결과들을 매핑하고, 최종 답변을 생성하기 위한 과정을 확인할 수 있습니다.

6. 최종 실행

마지막으로 chain.invoke()를 사용하여 체인을 실행하고 결과를 출력합니다. 예시에서는 topic으로 "social media"를 입력받아 실행합니다.

```
# chain 실행
result = chain.invoke({"topic": "social media"})

positive_result = result['positive_result']
negative_result = result['negative_result']
final_answer = result['final_answer']

print("소셜미디어에 대한 긍정 의견:\n", positive_result)
print("\n소셜미디어에 대한 부정 의견:\n", negative_result)
print("\n최종 의견",final_answer)
```

RunnableParallel을 사용하여 병렬 처리함으로써 두 가지 의견을 동시에 생성할 수 있어 전체적인 수행 시간을 단축할 수 있습니다. 이를 통해 논리적이고 균형 잡힌 토론을 생성하는 동시에, 효율적인 시스템을 구축할 수 있습니다.

최종 실행까지 마무리하면 다음과 같이 긍부정 의견에 대해 정리한 뒤, 최종 의견을 출력합니다.

소셜 미디어의 긍정적인 측면:
1. 연결: 소셜 미디어는 개인이 친구, 가족, 지인들과 연결 상태를 유지할 수 있도록 도와줍니다. 특히 지리적으로 떨어져 있는 사람들과 소식을 공유하고 소통하며 관계를 유지할 수 있는 플랫폼을 제공합니다.
2. 네트워킹:
… (중략)
소셜 미디어의 부정적인 측면:
1. 불충분함, 불안, 우울감의 증가
2. 다른 사람들과 끊임없이 비교하며 낮아지는 자존감
… (중략)
소셜 미디어에 대한 결론
소셜 미디어는 정신 건강에 부정적인 영향을 미칠 수 있다는 주장이 있습니다. 연구에 따르면 소셜 미디어를 과도하게 사용하면 불충분함, 불안, 우울감 등의 감정을 초래할 수 있습니다. 끊임없이 다른 사람과 자신을 비교하고, 좋아요와 댓글을 통해 인정받으려는 행동은 자기 의심과 낮은 자존감의 악순환을 만들 수 있습니다. 또한 소셜 미디어 프로필의 세련되고 필터링된 모습은 잘못된 현실감을 줄 수 있으며, 다른 사람들이 완벽한 삶을 살고 있다고 믿게 만들어 개인이 고군분투하고 있다고 느끼게 합니다. 전반적으로 비현실적인 기준에 지속적으로 노출되고, 항상 세련된 이미지를 유지해야 한다는 압박감은 정신 건강에 해로울 수 있습니다.

1.5.2 프롬프트

프롬프트는 모델에게 주어지는 입력으로, 특정한 작업을 수행하도록 유도하는 질문이나 명령어입니다. 프롬프트 템플릿은 개발자가 언어 모델과 상호작용하는 방식을 구조화하여 일관성 있는 응답을 얻도록 도와주는 사전 구축된 구조입니다.

프롬프트 템플릿을 활용하게 되면, 동일한 질문에 대해 항상 일정한 품질과 형식으로 답변을 제공할 수 있어 일관성 있는 응답을 보장합니다. 또한, 자주 사용하는 질문이나 작업을 위한 프롬프트를 미리 설정해두면 반복적으로 활용할 수 있어 재사용 가능성이 높습니다. 특정 작업에 맞게 프롬프트를 최적화하면 모델이 더 빠르고 정확하게 응답할 수 있어 작업 효율을 크게 향상시킬 수 있습니다.

PromptTemplate 기본 사용법

PromptTemplate은 문자열 템플릿을 생성하는 데 사용됩니다. 파이썬의 기본 `str.format` 구문을 사용하여 변수로 동적인 값을 넣을 수 있는 템플릿을 만듭니다. 여기서 중요한 점은 변수를 넣어야 할 부분을 {}로 감싸서 템플릿을 만든다는 점입니다.

예제 1.7 PromptTemplate 기본 사용법　　　　　　　　　　　ch01/4_Langchain_prompt.ipynb

```
01 from langchain_core.prompts import PromptTemplate
02
03 # 유머 템플릿 만들기
04 prompt_template = PromptTemplate.from_template(
05     "{content}에 대한 {adjective} 농담을 들려주세요."
06 )
07
08 # 템플릿에 값 채우기
09 formatted_prompt = prompt_template.format(adjective="재미있는", content="닭")
10 print(formatted_prompt)  # '닭에 대한 재미있는 농담을 들려주세요.'
```

이 예제에서는 adjective와 content라는 변수를 템플릿에 삽입하여 유머를 요청하는 프롬프트를 동적으로 생성합니다. format() 메서드를 사용해 실제 값을 넣은 후, 완성된 프롬프트를 출력합니다.

> 닭에 대한 재미있는 농담을 들려주세요

채팅 프롬프트(ChatPromptTemplate)

ChatPromptTemplate은 대화형 모델, 즉 채팅 모델을 위한 프롬프트를 생성하는 템플릿입니다. 이 템플릿은 메시지의 역할(role)을 지정할 수 있으며, 각 메시지는 system, human, ai로 구분됩니다. 이를 통해 대화의 흐름을 제어할 수 있습니다.

예제 1.8 채팅 프롬프트   ch01/4_Langchain_prompt.ipynb

```
01  from langchain_core.prompts import ChatPromptTemplate
02
03  # 대화형 템플릿 만들기
04  chat_template = ChatPromptTemplate.from_messages(
05      [
06          ("system", "너는 유능한 어시스트야 너의 이름은 {name} 이야."),
07          ("human", "안녕하세요?"),
08          ("ai", "안녕하세요 무엇을 도와드릴까요?"),
09          ("human", "{user_input}"),
10      ]
11  )
12
13  # 템플릿에 값 채우기
14  messages = chat_template.format_messages(name="김철수", user_input="너의 이름은 뭐야?")
15  print(messages)
```

ChatPromptTemplate을 사용해 system, human, ai 역할을 정의한 후, name과 user_input을 템플릿에 넣어 실제 대화를 구성합니다. 각 메시지는 역할에 맞춰 출력됩니다.

```
[
    ("system", "너는 유능한 어시스트야 너의 이름은 김철수야."),
    ("human", "안녕하세요?"),
```

```
    ("ai", "안녕하세요 무엇을 도와드릴까요? "),
    ("human", "너의 이름은 뭐야?"),
]
```

프롬프트 조합 및 변수 사용하기

랭체인에서는 여러 프롬프트를 조합하여 더 복잡한 작업을 처리할 수 있습니다. MessagesPlaceholder는 프롬프트 내에서 동적으로 메시지 리스트를 삽입할 수 있는 기능을 제공합니다.

예제 1.9 프롬프트 조합 및 변수 사용   ch01/4_Langchain_prompt.ipynb

```
01  from langchain_core.prompts import (
02      ChatPromptTemplate,
03      HumanMessagePromptTemplate,
04      MessagesPlaceholder,
05  )
06
07  from langchain_core.messages import HumanMessage, AIMessage
08
09  # 대화 요약 템플릿 만들기
10  human_prompt = "지금까지의 대화를 {word_count} 단어로 요약합니다."
11  human_message_template = HumanMessagePromptTemplate.from_template(human_prompt)
12
13  # 대화 내용과 함께 요약 요청
14  chat_prompt = ChatPromptTemplate.from_messages(
15      [MessagesPlaceholder(variable_name="conversation"), human_message_template]
16  )
17
18  # 대화 내용과 단어 수를 넣어서 요약 프롬프트 생성
19  conversation = [
20      HumanMessage(content="프로그래밍을 배우는 가장 좋은 방법은 무엇인가요?"),
21      AIMessage(content="변수 및 루프와 같은 기본 사항부터 시작하세요."),
22  ]
23  formatted_prompt = chat_prompt.format_prompt(conversation=conversation, word_count="10")
24  print(formatted_prompt.to_messages())
```

MessagesPlaceholder를 사용하여 대화 내용과 함께 요약 요청을 추가하는 방법을 보여줍니다. 대화 내용은 conversation 변수로 전달되며, word_count는 요약할 단어 수를 지정합니다.

랭체인의 PromptTemplate과 ChatPromptTemplate을 활용하면 모델에 대한 입력을 더욱 유연하게 구성할 수 있으며, 다양한 대화형 응용 프로그램을 만들 수 있습니다. 위에서 소개한 기능들을 적절히 조합하면 사용자가 원하는 형태로 결과를 도출할 수 있습니다.

1.5.3 메모리

메모리는 랭체인에서 이전 대화나 상호작용의 맥락을 유지하여 연속적인 대화를 가능하게 하며 과거 대화 정보를 활용하여 더 자연스럽고 관련성 높은 답변을 제공하는 데 중요한 역할을 합니다. 특히 챗봇 애플리케이션에서 메모리는 필수적인 요소로, 사용자와의 과거 대화를 바탕으로 더 자연스럽고 관련성 높은 답변을 제공할 수 있습니다.

이번 섹션에서는 ReAct 에이전트에 메모리 기능을 추가하여 대화의 연속성을 확보하는 방법을 소개하겠습니다. 이로써 에이전트가 대화의 맥락을 기억하고, 보다 유용하고 일관된 대화를 할 수 있게 됩니다. 랭체인은 가장 최근의 대화를 기억하는 간단한 메모리 시스템, 과거 메시지를 분석하여 가장 연관성이 높은 결과를 반환하는 복잡한 메모리 구조를 지원합니다.

먼저, 메모리 없이 ReAct 에이전트를 사용한 대화 예제를 살펴보겠습니다.

Use Case 1: 사용자 프로필 관리

이 예제에서는 사용자가 자신을 소개하고 나서 자신의 이름을 다시 묻습니다. 메모리가 없으면 에이전트는 사용자가 이전에 자신을 소개했던 내용을 기억하지 못하여 적절한 응답을 제공하지 못할 수 있습니다.

예제 1.10 사용자 프로필 관리   ch01/5_Langchain_memory.ipynb

```
01  # 사용자 프로필 관리
02  query = "안녕 나는 김철수야."
```

```
03  print("질문:", query)
04  result = agent_executor.invoke({"input": query})
05  print("답변:", result['output'])
06
07  query = "내가 누구인지 기억나니?"
08  print("질문:", query)
09  result = agent_executor.invoke({"input": query})
10  print("답변:", result['output'])
```

다음 결과를 보면, 이 경우 프로필을 기억하는 메모리가 없기 때문에 동일한 질문을 다시
해도 대답하지 못하며 "개인정보를 기억할 수 없습니다."라고 답변을 생성합니다.

```
질문: 안녕 나는 김철수야.
> Entering new AgentExecutor chain...
I should echo the input text to respond appropriately.
Action: Echo
Action Input: 안녕 나는 김철수야.
Observation: Echoing: 안녕 나는 김철수야.
Thought:I now know the final answer
Final Answer: 안녕 김철수야!
> Finished chain.
답변: 안녕 김철수야!

질문: 내가 누구인지 기억나니?
> Entering new AgentExecutor chain...
I need to determine the best way to respond to the question about remembering someone's
identity. Since I don't have the capability to remember personal information about
users, I should acknowledge this limitation.
Action: Echo
Action Input: "저는 개인 정보를 기억할 수 없습니다."
Observation: Echoing: 저는 개인 정보를 기억할 수 없습니다.
Thought:I have acknowledged my limitations regarding remembering personal information.
Final Answer: 저는 개인 정보를 기억할 수 없습니다.
> Finished chain.
답변: 저는 개인 정보를 기억할 수 없습니다.
```

Use Case 2: 사용자 설정 정보와 관련 질문

이 예제는 사용자의 선호 언어를 업데이트하고 나서 현재 선호 언어를 물어보는 시나리오입니다. 메모리가 없으면 이전에 설정된 정보를 기억하지 못해 사용자와의 대화가 단절될 수 있습니다.

예제 1.11 사용자 설정 정보와 관련 질문　　　　　　　　　　　ch01/5_Langchain_memory.ipynb

```
01  query = "기본 설정 언어를 한국어로 업데이트합니다."
02  print("질문:", query)
03  result = agent_executor.invoke({"input": query})
04  print("답변:", result['output'])
05  print('---')
06  query = "내가 선호하는 언어는?"
07  print("질문:", query)
08  result = agent_executor.invoke({"input": query})
09  print("답변:", result['output'])
```

쿼리를 처리하는 과정에서 CoT(Chain-of-Thought) 방식으로 생각하여 체인이 다음과 같이 출력되며, 메모리가 없는 경우이기 때문에 계속해서 추론에 실패하게 됩니다.

참고로, CoT는 복잡한 쿼리를 단계별로 분석하여 논리적인 사고 과정을 통해 답을 도출하는 기술입니다. 이 방식은 LLM(Large Language Model)의 응답 품질을 높이는 데 중요한 역할을 합니다.

```
질문: 기본 설정 언어를 한국어로 업데이트합니다.
> Entering new AgentExecutor chain...
Action: Echo
Action Input: 기본 설정 언어를 한국어로 업데이트합니다.
Observation: Echoing: 기본 설정 언어를 한국어로 업데이트합니다.
Thought:I now know the final answer
Final Answer: 기본 설정 언어를 한국어로 업데이트합니다.
> Finished chain.
답변: 기본 설정 언어를 한국어로 업데이트합니다.
---
질문: 내가 선호하는 언어는?
```

```
> Entering new AgentExecutor chain...
내가 선호하는 언어에 대한 정보를 알고 있지 않기 때문에, 그에 대한 질문을 더 명확히 할 필요가 있다.
Action: Echo
Action Input: "내가 선호하는 언어는?"
Observation: Echoing: 내가 선호하는 언어는?
Thought:Question: 내가 선호하는 언어는?
Thought: 내가 선호하는 언어에 대한 정보를 알고 있지 않기 때문에, 그에 대한 질문을 더 명확히 할
필요가 있다.
…(중략)
Final Answer: I do not know your preferred language.
> Finished chain.
답변: I do not know your preferred language.
```

이를 해결하기 위해 에이전트에 메모리 기능을 추가하여 대화의 맥락을 유지하는 방법을 설명하겠습니다.

메모리 기능을 추가하기 위해 ChatMessageHistory와 RunnableWithMessageHistory 클래스를 활용하여 대화의 기록을 저장하고, 이를 통해 에이전트가 이전 대화 내용을 기억하도록 구현할 수 있습니다. 우선 메모리 클래스를 정의합니다.

예제 1.12 메모리 클래스 정의   ch01/5_Langchain_memory.ipynb

```
01  from pydantic import BaseModel, Field, validator
02  from langchain_core.tools import StructuredTool
03  from langchain_core.tools import ToolException
04
05  class UserProfileInput(BaseModel):
06      name: str = Field(description="사용자 이름")
07      language: str = Field(description="사용자 언어")
08
09      @validator('name')
10      def validate_name(cls, v):
11          if not v or len(v) < 1:
12              raise ToolException('Name cannot be empty')
13          return v
14
15      @validator('language')
```

```
16      def validate_language(cls, v):
17          if not v or len(v) < 1:
18              raise ToolException('Language cannot be empty')
19          return v
```

UserProfileInput 클래스는 사용자 이름과 선호 언어를 검사합니다.

예제 1.13 도구 정의   ch01/5_Langchain_memory.ipynb

```
01  # 도구 정의
02  def update_user_profile(name: str, language: str) -> str:
03      """이름과 선호하는 언어로 사용자 프로필을 업데이트"""
04      return f"프로필 업데이트 완료: name: {name}, language: {language}"
05
06  def get_user_profile() -> str:
07      """사용자의 프로필 정보를 검색"""
08      # In a real scenario, this would fetch data from a database or a file
09      return "사용자 프로필 가져오기: name: Alex, language: 프랑스어"
10
11  update_profile_tool = StructuredTool.from_function(
12      func=update_user_profile,
13      args_schema=UserProfileInput,
14      handle_tool_error=True,
15  )
16
17  get_profile_tool = StructuredTool.from_function(
18      func=get_user_profile,
19      # args_schema=UserProfileInput,
20      handle_tool_error=True,
21  )
```

사용자 프로필을 업데이트하고 가져오는 도구를 정의합니다. 실제로는 데이터베이스나 파일에서 정보를 가져오거나 업데이트하는 것이지만, 여기서는 간단히 문자열로 처리합니다.

get_user_profile 함수는 샘플 구현이며, 실제 DB 연동 시엔 코드 수정이 필요합니다. 마지막으로 메모리 기반 에이전트를 설정합니다.

```
01  # 메모리 기반 에이전트 설정
02  from langchain_community.chat_message_histories import ChatMessageHistory
03  from langchain_core.runnables.history import RunnableWithMessageHistory
04  from langchain_core.chat_history import BaseChatMessageHistory
05  from langchain_core.prompts import ChatPromptTemplate, MessagesPlaceholder
06  from langchain.agents import create_tool_calling_agent
07  from langchain.agents import AgentExecutor
08
09  prompt = ChatPromptTemplate.from_messages([
10      ("system", "You're a helpful assistant"),
11      ("placeholder", "{history}"),
12      ("human", "{input}"),
13      ("placeholder", "{agent_scratchpad}"),
14  ])
15
16  tools = [update_profile_tool, get_profile_tool]
17
18  agent = create_tool_calling_agent(llm, tools, prompt)
19  agent_executor = AgentExecutor(agent=agent, tools=tools, verbose=True)
20
21  store = {}  # 메시지 기록을 저장하는 더미 데이터베이스
22
23  def get_session_history(session_id: str) -> BaseChatMessageHistory:
24      if session_id not in store:
25          store[session_id] = ChatMessageHistory()
26      return store[session_id]
27
28  agent_executor_w_memory = RunnableWithMessageHistory(
29      agent_executor,
30      get_session_history,
31      input_messages_key="input",
32      history_messages_key="history",
33  )
```

ChatMessageHistory 클래스를 사용하여 대화 기록을 저장하고, RunnableWithMessage
History를 통해 메모리 기능을 추가합니다. store 딕셔너리는 대화의 기록을 저장하는 역
할을 합니다.

메모리 사용 사례를 몇 가지 살펴보겠습니다. 첫 번째 사례는 사용자가 자신을 소개하고 나서 자신의 이름을 다시 묻습니다. 메모리가 활성화된 경우, 에이전트는 첫 번째 대화에서 얻은 정보를 기억하여 두 번째 질문에 적절히 응답할 수 있습니다.

예제 1.15 메모리 사용 사례 1   ch01/5_Langchain_memory.ipynb

```
01  agent_executor_w_memory.invoke(
02      {"input": "안녕하세요, 저는 김철수입니다."},
03      config={"configurable": {"session_id": "user123"}},
04  )
05
06  agent_executor_w_memory.invoke(
07      {"input": "내가 누구인지 기억나?"},
08      config={"configurable": {"session_id": "user123"}},
09  )
```

AgentExecutor를 통해 필요한 함수를 불러서 DB를 업데이트할 수 있으며, 메모리로 가져올 수 있습니다. 위 코드에 대한 실행 결과는 다음과 같습니다.

```
> Entering new AgentExecutor chain...
Invoking: `update_user_profile` with `{'name': '김철수', 'language': 'ko'}`
프로필 업데이트 완료: name: 김철수, language: ko
안녕하세요, 김철수님! 귀하의 프로필이 성공적으로 업데이트되었습니다. 어떤 도움이 필요하신가요?
> Finished chain.


> Entering new AgentExecutor chain...
Invoking: `get_user_profile` with `{}`
사용자 프로필 가져오기: name: Alex, language: 프랑스어현재 시스템에 등록된 프로필 정보는 다음과
같습니다:

- 이름: Alex
- 선호하는 언어: 프랑스어
김철수님에 대한 정보를 업데이트하시겠습니까?
> Finished chain.
```

그다음 사례는 사용자의 선호 언어를 업데이트하고 나서 현재 선호 언어를 묻는 시나리오입니다. 메모리가 활성화되면 에이전트는 선호하는 언어 정보를 기억하고, 이에 대한 질문에 적절히 응답할 수 있습니다.

예제 1.16 메모리 사용 사례 2   ch01/5_Langchain_memory.ipynb

```
01  agent_executor_w_memory.invoke(
02      {"input": "기본 설정 언어를 프랑스어로 업데이트합니다."},
03      config={"configurable": {"session_id": "user123"}},
04  )
05
06  agent_executor_w_memory.invoke(
07      {"input": "제가 선호하는 언어는 무엇인가요?"},
08      config={"configurable": {"session_id": "user123"}},
09  )
```

이 경우 기본 설정 언어 변경 및 선호 언어에 대해 세션으로 관리하며, 메모리 저장을 통해 답변을 성공적으로 출력합니다.

```
> Entering new AgentExecutor chain...
Invoking: `update_user_profile` with `{'name': '김철수', 'language': '프랑스어'}`
프로필 업데이트 완료: name: 김철수, language: 프랑스어
프로필이 성공적으로 업데이트되었습니다. 이제 기본 설정 언어가 프랑스어로 변경되었습니다. 다른 도움이
필요하신가요?
> Finished chain.


> Entering new AgentExecutor chain...
Invoking: `get_user_profile` with `{}`
사용자 프로필 가져오기: name: Alex, language: 프랑스어
귀하의 선호하는 언어는 프랑스어입니다. 다른 질문이나 도움이 필요하신가요?
> Finished chain.
```

메모리 기능을 추가함으로써 ReAct 에이전트는 대화의 맥락을 기억하고 더 연속적이며 일관된 응답을 제공할 수 있습니다. 이는 사용자 프로필 관리와 같은 복잡한 대화 시나리오에서 특히 유용하며, 사용자 경험을 크게 향상시킬 수 있습니다. 메모리 기능을 통해 에이전

트는 더 인간적인 대화 능력을 갖추게 되며, 이는 다양한 비즈니스 및 개인용 애플리케이션에 큰 장점을 제공합니다.

1.5.4 인덱스

특정 작업을 수행하기 위해서는 데이터 내에 포함되지 않은 파일, 즉 외부 데이터를 처리할 수 있어야 합니다. 인덱스는 대규모 데이터셋에서 필요한 정보를 빠르게 찾아내는 데 매우 중요한 역할을 하며, 특히 검색 증강 생성(RAG) 기반 애플리케이션에서 필수적인 요소로 사용됩니다.

랭체인 내부 함수를 활용하여 텍스트 파일이나 웹 페이지의 내용을 간단히 로드하여 문서 객체로 변환할 수 있습니다. 이를 통해 다양한 소스의 데이터를 정리된 형태로 가져와 활용할 수 있습니다. 예제를 통해 각각의 기능을 자세히 살펴보겠습니다.

DocumentLoader

DocumentLoader는 다양한 형식의 문서를 효과적으로 로드하고 처리할 수 있는 도구로, 특히 RAG 애플리케이션과 같은 인덱스 기반 검색 시스템에서 매우 중요한 역할을 합니다. 이 도구를 사용하면 문서를 벡터 데이터베이스에 추가하기 전에 불필요한 정보나 중복된 내용을 걸러낼 수 있어 데이터 품질을 크게 향상시킬 수 있습니다. 대량의 문서를 다룰 때 특히 유용하며, 다양한 기능을 통해 작업 과정을 단순화하고 효율성을 높여줍니다.

DocumentLoader는 PDF, CSV, 텍스트, 웹 페이지와 같은 다양한 형식의 파일을 지원해 여러 데이터를 통합적으로 관리할 수 있습니다. 문서를 로드한 뒤에는 자동으로 인덱스 생성 과정으로 연결되어 워크플로를 더욱 간소화합니다. 또한, HTML 태그나 특수 문자처럼 불필요한 요소를 제거하는 텍스트 전처리 기능을 통해 문서를 순수 텍스트로 변환함으로써 데이터 인덱싱의 정확도를 높이고, 정교하면서도 효율적인 문서 처리가 가능하도록 돕습니다.

가장 기본적인 TextLoader를 활용하면 텍스트 파일을 불러와 하나의 문서(Document) 객체로 변환할 수 있습니다. 예를 들어, ReAct 논문의 깃허브 README.md 파일을 로드하여 내용을 확인할 수 있습니다.

예제 1.17 기본 TextLoader 활용   ch01/6_Langchain_indexes.ipynb

```
01  from langchain_community.document_loaders import TextLoader
02
03  # 텍스트 파일을 불러와 하나의 Document로 생성
04  loader = TextLoader("./ReAct README.md")
05  document = loader.load()
06
07  # 결과 확인
08  print(document)
```

위 코드는 ./ReAct README.md 파일을 불러와 Document 객체로 변환합니다. 결과를 출력하면 파일의 내용이 page_content 속성에 저장되고, 파일 경로는 메타데이터에 포함된 것을 확인할 수 있습니다. 이를 통해 텍스트 파일의 내용을 정리된 문서 형식으로 손쉽게 다룰 수 있습니다.

```
[Document(metadata={'source': './ReAct README.md'}, page_content="# ReAct
Prompting\n\nGPT-3 prompting code for ICLR 2023 paper [ReAct: Synergizing
Reasoning and Acting in Language Models](https://arxiv.org/abs/2210.03629).\
n\nTo use ReAct for more tasks, consider trying [LangChain's zero-shot ReAct
Agent](https://python.langchain.com/docs/modules/agents/agent_types/ReAct.html).
…(중략)
```

웹 페이지의 텍스트 콘텐츠를 가져오고 싶다면 WebBaseLoader를 사용할 수 있습니다. 예를 들어, 특정 뉴스 기사의 URL을 입력하여 데이터를 로드하고 문서로 변환할 수 있습니다.

예제 1.18 웹페이지 URL 활용   ch01/6_Langchain_indexes.ipynb

```
01  from langchain_community.document_loaders import WebBaseLoader
02
03  # 웹 페이지 로더 설정
04  url = "https://n.news.naver.com/mnews/article/055/0001207714"
05  loader = WebBaseLoader(url)
06
07  # 웹 페이지 내용을 로드
08  document = loader.load()
09
```

```
10 # 결과 확인
11 print(document)
```

위 코드에서는 네이버 뉴스의 특정 URL을 입력하여 페이지 내용을 로드합니다. 결과를 출력하면 `metadata` 속성에 소스 URL과 기사 제목, 언어 정보가 포함되고, `page_content`에는 뉴스 기사의 본문 텍스트가 저장됩니다. 이렇게 `WebBaseLoader`를 사용하면 웹 페이지의 텍스트 데이터를 손쉽게 가져와 필요한 분석이나 처리를 진행할 수 있습니다.

```
[Document(metadata={'source': 'https://n.news.naver.com/mnews/article/055/0001207714',
'title': '[날씨] 아침까지 추위 계속…밤부턴 중부지방 비', 'language': 'ko'}, page_content='
[날씨] 아침까지 추위 계속…밤부턴 중부지방 비
… (중략)
```

PDF 파일을 문서로 변환하려면 먼저 PDF 파일 경로를 설정하고 `PyPDFLoader`를 이용해 파일의 내용을 로드합니다.

예제 1.19 PDF 문서 활용   ch01/6_Langchain_indexes.ipynb

```
01 from langchain.document_loaders import PyPDFLoader
02
03 # PDF 파일 경로 설정
04 pdf_path = "./2210.03629v3-2.pdf"
05 loader = PyPDFLoader(pdf_path)
06
07 # PDF 파일 내용을 로드
08 document = loader.load()
09
10 # 결과 확인
11 print(document)
```

위 코드의 출력 결과는 다음과 같습니다.

```
[Document(metadata={'source': './2210.03629v3-2.pdf', 'page': 0},
page_content='Published as a conference paper at ICLR 2023\nREAC T: S YNERGIZING
REASONING AND ACTING IN\nLANGUAGE MODELS\nShunyu Yao**,1, Jeffrey Zhao2, Dian Yu2, Nan
```

Du2, Izhak Shafran2, Karthik Narasimhan1, Yuan Cao2\n1Department of Computer Science, Princeton University\n2Google Research, Brain team\n1{shunyuy,karthikn}@princeton.edu\n2 {jeffreyzhao,dianyu,dunan,izhak,yuancao}@google.com\nABSTRACT\nWhile large language models (LLMs) have demonstrated impressive performance\nacross tasks in language understanding and interactive decision making, their\nabilities for reasoning (e.g. chain-of-thought prompting) and acting (e.g. action\nplan generation) have primarily been studied as separate topics.
… (중략)

위 코드에서는 `./2210.03629v3-2.pdf` 경로에 위치한 PDF 파일을 로드하여 Document 객체로 변환합니다. 결과를 출력하면 PDF 파일의 텍스트 콘텐츠가 `page_content` 속성에 저장되고, PDF 파일의 경로는 `metadata`에 포함된 것을 확인할 수 있습니다.

벡터 데이터베이스

벡터 데이터베이스(Vector Database)는 고차원 벡터로 변환된 텍스트 데이터를 저장하고, 이를 기반으로 유사성 검색을 가능하게 하는 데이터베이스입니다. 대규모 데이터셋에서 유의미한 정보를 빠르게 추출할 수 있게 해주며 검색 증강 생성(RAG)에서 중요한 요소로 작용합니다.

여기서는 VectorStore의 기본 예제를 통해 벡터 데이터베이스를 생성하고, 문서를 임베딩하여 저장한 후, 유사성 검색을 수행하는 방법을 소개합니다.

먼저, 필요한 라이브러리를 불러오고 임베딩 모델과 VectorStore를 설정하여 벡터 데이터베이스를 구성하는 코드를 살펴보겠습니다.

예제 1.20 FAISS 벡터 데이터베이스 1   ch01/6_Langchain_indexes.ipynb

```
01  from langchain.embeddings import OpenAIEmbeddings
02  from langchain.vectorstores import FAISS
03  from langchain_community.document_loaders import TextLoader
04  # 1. 텍스트 문서 로드
05  loader = TextLoader("./ReAct README.md")
06  documents = loader.load()
07
08  # 2. 문서 내용을 리스트로 변환
```

```
09  texts = [doc.page_content for doc in documents]
10  print(texts)
11
12  # 3. OpenAI 임베딩 모델로 텍스트 임베딩 생성
13  embedding_model = OpenAIEmbeddings(model="text-embedding-ada-002")
14  document_embeddings = embedding_model.embed_documents(texts)
15
16  # 4. FAISS 벡터 데이터베이스 생성 및 임베딩 저장
17  vector_db = FAISS.from_texts(texts, embedding_model)
18
19  # 5. 데이터베이스 상태 확인
20  print(f"총 {len(texts)} 개의 문서가 벡터 데이터베이스에 저장되었습니다.")
```

이제 벡터 데이터베이스에서 유사한 문서를 검색하는 방법을 살펴보겠습니다. 예를 들어, 특정 쿼리에 가장 유사한 문서를 검색하는 코드를 작성할 수 있습니다.

예제 1.21 FAISS 벡터 데이터베이스 2   ch01/6_Langchain_indexes.ipynb

```
01  # 6. 쿼리 문장을 임베딩하여 벡터로 변환
02  query = "What is a document loader?"
03
04  # 7. 벡터 데이터베이스에서 쿼리와 유사한 문서 검색
05  search_results = vector_db.similarity_search(query, k=3)   # 상위 3개의 유사 문서 반환
06
07  # 검색 결과 출력
08  for i, result in enumerate(search_results, 1):
09      print(f"유사 문서 {i}:")
10      print(result.page_content)
11      print()
```

위 예시를 통해 텍스트 문서를 벡터로 변환한 후, FAISS를 활용하여 고차원 벡터로 저장하고, 유사한 문서를 빠르게 검색할 수 있도록 구성할 수 있습니다.

Text Splitter

Text Splitter는 긴 문서나 문단을 작은 청크 단위로 분할하여 검색 엔진이 효율적으로 인덱싱하고 검색할 수 있도록 돕는 도구입니다. 이 기능은 특히 NLP 모델이나 벡터 데이터베이

스가 요구하는 입력 길이에 맞춰 문서를 처리하는 데 유용합니다. 긴 텍스트를 적절한 크기로 나눔으로써 인덱싱 과정에서 정보 손실을 방지하고, 문서를 효율적으로 관리할 수 있게 합니다.

Text Splitter는 문맥을 유지하며 문서를 분할하는 데 중점을 둡니다. 문장이나 단락 단위로 청크를 생성하여 검색 시 문맥이 왜곡되지 않고 의미가 온전하게 전달되도록 설계되었습니다. 이렇게 생성된 청크는 벡터화되어 인덱스에 저장되며, 이를 통해 특정 키워드나 주제를 검색할 때 관련된 내용을 빠르고 정확하게 찾아낼 수 있습니다.

일부 로더는 Text Splitter를 이용해 문서를 로드하면서 동시에 텍스트를 청크로 분할할 수 있는 `load_and_split` 메서드를 제공합니다. 다음은 `TextLoader`와 `RecursiveCharacterTextSplitter`를 조합하여 문서를 효과적으로 분할하는 예제입니다.

예제 1.22 문서 로드 후 분할   ch01/6_Langchain_indexes.ipynb

```
01  from langchain_community.document_loaders import TextLoader
02  from langchain.text_splitter import RecursiveCharacterTextSplitter
03
04  # 텍스트 로더 설정
05  loader = TextLoader("./ReAct README.md")
06
07  # 텍스트 스플리터 설정 (500자 단위로 분할)
08  splitter = RecursiveCharacterTextSplitter(chunk_size=500)
09
10  # 문서를 로드하면서 동시에 분할
11  documents = loader.load_and_split(text_splitter=splitter)
12
13  # 각 청크 확인
14  for doc in documents:
15      print(doc)
```

위 코드는 `./ReAct README.md` 파일을 로드한 후, 500자 단위로 텍스트를 분할합니다. 결과적으로 각 청크는 `page_content` 속성에 텍스트 내용을 담고, `metadata` 속성에는 문서의 출처와 같은 추가 정보가 포함됩니다.

예를 들어, 첫 번째 청크는 다음과 같이 구성될 수 있습니다:

```
page_content='# ReAct Prompting

GPT-3 prompting code for ICLR 2023 paper [ReAct: Synergizing Reasoning and Acting in
Language Models](https://arxiv.org/abs/2210.03629). …(중략)' metadata={'source': './ReAct
README.md'}
```

두 번째 청크는 다른 섹션의 내용을 담고 있으며, 파일의 나머지 텍스트도 동일한 방식으로 분할됩니다. 이렇게 분할된 데이터를 활용하면 검색이나 분석 작업을 더 정밀하게 수행할 수 있습니다.

1.5.5 콜백 및 평가

콜백은 랭체인 작업의 각 단계에서 발생하는 이벤트를 추적하고 모델의 성능을 모니터링하는 데 사용되는 중요한 기능입니다. 이를 통해 작업 과정을 실시간으로 분석하고, 오류가 발생한 시점을 기록하여 문제를 신속히 해결할 수 있도록 돕습니다.

콜백과 평가 기능의 핵심은 작업의 흐름을 상세히 추적하고 분석하는 데 있습니다. 체인의 각 단계에서 발생하는 이벤트를 기록하여 작업이 어떻게 진행되고 있는지 실시간으로 파악할 수 있으며, 응답 생성 과정에서 발생한 에러나 특정 단계에서의 성능 저하 같은 문제를 확인할 수 있습니다.

또한, 실시간 스트리밍 기능을 통해 작업 상태를 스트리밍하며 관리자에게 알림을 제공함으로써 작업이 원활히 진행되도록 지원합니다. 이런 방식으로 관리자나 개발자는 작업의 진행 상황을 실시간으로 확인하고 필요한 조치를 즉각 취할 수 있습니다.

마지막으로, 콜백은 각 작업에 대한 평가 지표를 기록하여 모델의 성능을 모니터링하는 역할도 합니다. 사용자 응답의 정확도, 응답 시간, 또는 오류 발생 빈도와 같은 데이터를 기준으로 모델의 성능을 평가하고, 이를 바탕으로 최적화를 진행할 수 있는 데이터를 제공합니다. 이를 통해 랭체인 작업의 품질과 효율성을 지속적으로 개선할 수 있습니다.

랭체인에서는 콜백이 주로 모델의 쿼리 요청과 응답 처리 과정에서 추적하거나 로깅하는 용도로 사용됩니다. OpenAI 모델에 대한 쿼리 요청 및 응답을 추적하고 싶을 때 콜백을 통해 API 호출 및 응답 과정을 추적할 수 있습니다.

from langchain.callbacks import get_openai_callback으로 먼저 get_openai_ callback 함수를 임포트합니다. 이 함수는 OpenAI 모델의 요청 및 응답 과정을 추적할 수 있게 해줍니다.

예제 1.23 콜백 함수   ch01/7_Langchain_callback_eval.ipynb

```
01 from langchain_openai import ChatOpenAI
02 from langchain.callbacks import get_openai_callback
03
04 llm = ChatOpenAI(model="gpt-4o-mini", temperature=0)
05
06 with get_openai_callback() as cb:
07     response = llm.invoke("프랑스, 영국, 스페인의 수도는?")
08     print(response)
09     print(f"Total Tokens: {cb.total_tokens}")
10     print(f"Total Cost: {cb.total_cost}")
```

이 코드에서는 with callback: 구문을 사용하여 쿼리 요청과 응답 받기를 콜백 함수로 감쌉니다. 이 과정에서 실행된 모든 요청 및 응답에 대한 세부 정보를 추적할 수 있게 됩니다.

```
content='프랑스의 수도는 파리(Paris)이고, 영국의 수도는 런던(London), 스페인의 수도는
마드리드(Madrid)입니다.' additional_kwargs={'refusal': None} response_metadata={'t
oken_usage': {'completion_tokens': 38, 'prompt_tokens': 20, 'total_tokens': 58,
'completion_tokens_details': {'accepted_prediction_tokens': 0, 'audio_tokens': 0,
'reasoning_tokens': 0, 'rejected_prediction_tokens': 0}, 'prompt_tokens_details':
{'audio_tokens': 0, 'cached_tokens': 0}}, 'model_name': 'gpt-4o-mini-2024-07-18',
'system_fingerprint': 'fp_0705bf87c0', 'finish_reason': 'stop', 'logprobs': None}
id='run-2f1fa825-d2ea-4695-9bb7-472c1cb8bce8-0' usage_metadata={'input_tokens':
20, 'output_tokens': 38, 'total_tokens': 58, 'input_token_details': {'audio': 0,
'cache_read': 0}, 'output_token_details': {'audio': 0, 'reasoning': 0}}
Total Tokens: 58
Total Cost: 2.5799999999999997e-05 (약 0.0000258$)
```

02

RAG
(Retrieval−Augmented
Generation)

이 장에서는 RAG(Retrieval-Augmented Generation)에 대해 알아보겠습니다. RAG는 대규모 언어 모델의 결과 품질 향상을 위해 검색 시스템을 결합하여 연관 데이터 소스를 참조하는 프로세스를 의미하며, 이를 통해 LLM은 더 정확하고 정보에 기반한 응답을 생성할 수 있습니다. 한국어로는 '검색 증강 생성'이라고 불리며, 특히 LLM으로는 커버할 수 없는 부분의 지식을 증강하여 품질 개선에 여러 효과가 입증된 덕분에 요즘은 AI 애플리케이션 개발 시 대부분 활용합니다.

2.1 _ RAG의 배경 및 중요성

RAG의 등장은 LLM의 환각(hallucination) 문제를 해결하기 위한 노력에서 비롯되었습니다. LLM은 거대한 양의 텍스트 데이터로 학습되었지만, 때때로 사실과 다른 정보를 생성하거나 없는 정보를 만들어내는 문제가 있었습니다. 특히 최신 정보나 특정 도메인의 전문 지식을 요구하는 상황에서 존재하지 않는 정보를 생성하여 AI 서비스의 신뢰도에 타격을 주었습니다. 이와 동시에 LLM 답변의 출처가 어떤 데이터 소스로부터 왔는지에 대한 궁금증을 해결하고자 하는 니즈도 점차 생겨났습니다. 이러한 LLM의 한계를 보완하기 위해 파운데이션 언어 모델이 가지고 있는 데이터 외에 관련 외부 데이터 소스를 활용하는 RAG 기술이 꾸준히 연구되었습니다.

우선 RAG는 LLM의 기본 지식 베이스를 크게 확장합니다. 외부 데이터 소스를 활용함으로써 모델은 훨씬 더 광범위하고 깊이 있는 정보에 접근할 수 있습니다. 특히 특정 도메인이나 최신 정보에 대한 쿼리에서 큰 장점을 발휘합니다. 2023년에 마이크로소프트에서 발표된 연구[1]에 따르면, 1) 오픈 LLM 소형 베이스 모델만 사용한 경우, 2) 베이스 모델에 RAG를 결합한 경우, 3) 파인튜닝된 모델을 사용한 경우 중 MMLU Benchmark에서 Mistral 7B, Llama2 7B, Orca2 7B 모두 '2) 베이스 모델에 RAG를 결합한 경우'가 다른 두 가지 방법보다 정확도가 높았습니다.

특히 최근에는 도메인 지식이 담겨있는 특화된 데이터베이스나 실시간으로 업데이트되는 정보 소스를 RAG 시스템에 통합하는 사례가 늘고 있으며, LLM이 참고할 수 있는 데이터를

---

[1] Ovadia, Oded, et al. "Fine-tuning or retrieval? comparing knowledge injection in llms." arXiv preprint arXiv:2312.05934 (2023).

특정 형태로 전처리하는 기술 및 템플릿 또한 빠르게 발전하고 있어 RAG 시스템의 성능과 적용 범위가 지속적으로 확장되고 있습니다.

또한 RAG 시스템은 생성된 응답의 근거가 되는 정보 소스를 명확히 제시할 수 있습니다. 이는 AI '블랙박스' 문제를 해결하는 데 도움이 됩니다. 서비스 사용자는 정보의 출처를 직접 확인할 수 있어 응답의 신뢰성을 판단할 수 있게 됩니다. 또한 서비스 담당자 역시 LLM의 부족한 답변에 대해 원인이 되는 부분이 무엇인지, 채워 넣어야 할 지식이 무엇인지에 대해 이전보다 직관적으로 파악할 수 있습니다.

마지막으로 RAG 접근 방식은 모든 정보를 LLM에 직접 학습시키는 대신에 외부 데이터 소스를 활용한다는 점에서 비용 효율적입니다. 모델 크기를 최적화할 수 있어 계산 리소스를 절약할 수 있습니다. 정보 업데이트가 필요할 때 전체 모델을 재학습할 필요 없이 외부 데이터베이스만 업데이트하면 되므로 유지보수 비용이 절감됩니다. 다양한 용도에 맞게 같은 LLM을 재사용할 수 있어 개발 비용을 줄일 수 있습니다.

2.2 _ 랭체인을 이용한 RAG

앞 장에서 살펴봤듯이, 랭체인은 RAG(검색 증강 생성) 애플리케이션을 구축하는 데 유용한 다양한 기능을 제공합니다. 이번 섹션에서는 이러한 기능들을 활용하여 실제 텍스트 데이터를 기반으로 랭체인 모듈을 사용해보는 간단한 실습을 진행하겠습니다. 이 실습에서는 RAG를 이용해 사용자 쿼리에 맞게 답변을 제공하는 챗봇을 만들어 보겠습니다.

2.2.1 환경 설정

이 책에서는 실습을 모두 코랩 환경에서 진행할 예정입니다. 필요한 라이브러리를 설치하고 OpenAI API 연결을 진행하겠습니다.

예제 2.1 라이브러리 설치 및 임포트   ch02/01_rag.ipynb

```
01 import os
02 from langchain_openai import OpenAIEmbeddings
03 from langchain_openai import OpenAI
```

```
04  from langchain_openai import ChatOpenAI # 새로운 import 경로
05  from langchain.vectorstores import Chroma
06  from langchain.text_splitter import CharacterTextSplitter
07  from langchain.chains import create_retrieval_chain
08  from langchain.chains.combine_documents import create_stuff_documents_chain
09  from langchain_core.prompts import PromptTemplate, ChatPromptTemplate
10  from langchain_openai import ChatOpenAI
11  os.environ['OPENAI_API_KEY']= #API키를 입력하세요.
```

2~4: OpenAI에서 제공하는 모듈을 임포트합니다. `OpenAIEmbeddings`는 OpenAI의 텍스트 임베딩 모델을 사용하기 위한 클래스입니다. 텍스트를 벡터로 변환하는 기능을 제공합니다. `OpenAI`는 OpenAI의 기본 언어 모델을 사용하기 위한 클래스입니다. 텍스트 생성 작업에 사용됩니다. `ChatOpenAI`는 OpenAI의 채팅 모델을 사용하기 위한 클래스입니다. 기본 OpenAI 클래스와 달리 채팅 기반 모델에 최적화되어 있습니다.

5: `Chroma`는 벡터 데이터베이스를 다루는 클래스입니다. 임베딩된 텍스트를 저장하고 검색하는 데 사용됩니다.

6: `CharacterTextSplitter`는 긴 텍스트를 작은 청크로 나누는 클래스입니다. 대규모 텍스트 처리를 위해 사용됩니다.

7: `create_retrieval_chain`은 검색 기반 질의 응답 체인을 생성하는 함수입니다. 문서 검색과 질문 답변을 연결하는 체인을 구성합니다.

8: `create_stuff_documents_chain`은 문서 처리를 위한 체인을 생성하는 함수입니다. 여러 문서를 하나의 컨텍스트로 결합(stuff)하여 LLM에 전달하는 간단한 문서 처리 체인을 만듭니다. 이 체인은 검색된 문서들을 프롬프트에 통합하고, 이를 바탕으로 응답을 생성하는 역할을 합니다.

9: `PromptTemplate`, `ChatPromptTemplate`은 프롬프트 템플릿을 생성하고 관리하는 클래스입니다. 질문과 답변 형식을 템플릿화하여 일관된 형식을 유지합니다.

2.2.2 데이터 로드

첫 번째 단계로, RAG 시스템을 통해 가져올 비정형 데이터를 정의합니다. 랭체인에서는 약 100개가 넘는 데이터 소스로부터 데이터를 가져올 수 있는 API[2]를 제공합니다(csv, pdf 등). 간단한 실습을 위해 중소기업기술정보진흥원(TIPA)에서 공개한 '2023년 이슈리포트 Vol.6 고령화 시대 해결을 위한 기술 개발'이라는 PDF 파일을 사용하겠습니다. 해당 문서는 다음 URL에서 다운로드할 수 있습니다. 이 문서를 구글 드라이브에 저장한 뒤 마운트하여 PyPDFLoader로 로드하겠습니다.

- 중소기업기술정보진흥원, "2023년 이슈리포트 Vol.6 고령화 시대 해결을 위한 기술 개발": https://bit.ly/isuerprt2023

예제 2.2 PDF 데이터 로드   ch02/01_rag.ipynb

```
12 from google.colab import drivefrom langchain_community.document_loaders import
PyPDFLoader
13 drive.mount('/content/drive')    #드라이브 마운트
14
15 file_path = (
16 "/content/drive/MyDrive/wikibooks/이슈리포트_고령화시대 해결을 위한 기술개발.pdf"
17 )
18
19 # pdf load
20 loader = PyPDFLoader(file_path)  # PyPDFLoader를 통한 문서 데이터 로드
21 pages = []
22 async for page in loader.alazy_load(): #비동기 로드
23     pages.append(page)
```

PyPDFLoader는 각 페이지를 별도의 Document 객체로 분할하여 처리합니다. 이는 나중에 청킹할 때 페이지 단위의 컨텍스트를 유지하는 데 도움이 됩니다. page[10]을 출력해 보겠습니다.

---

2   Langchain, https://python.langchain.com/docs/concepts/document_loaders/

```
Document(metadata={'source': '/content/drive/MyDrive/wikibooks/ 이슈리포트_고령화시대
해결을 위한 기술개발..pdf', 'page': 10}, page_content='고령화시대 해결을 위한 기술개발\n- 11
-\n[ 2020년 고령친화산업 시장 규모 ] [ 고령친화 세부산업별 시장 규모 ]\n(단위 : 억원, %)구분2012
년2020년CAGR(12~20)시장규모비중시장규모비중의약품37,79113.897,93713.412.6의료기기12,4384.532,4
794.512.8식품64,01623.4186,34324.213.5화장품6,9452.521,6903.015.3용품
  … (생략)
```

비동기 방식으로 처리된 Document 객체 일부를 확인할 수 있습니다. Document 객체의 구조는 metadata(파일 출처(source)와 페이지 번호(page) 정보)와 page_content(텍스트로 된 실제 페이지 내용)로 이뤄져 있습니다. 이 구조는 나중에 검색 결과의 출처를 추적할 때 중요합니다. PyPDFLoader의 주의사항은 PDF 파일이 텍스트 추출이 가능한 형식이어야 한다는 것입니다. 특히 이미지의 경우 별도의 OCR 및 비전 처리가 필요할 수 있습니다. 관련 내용은 추후 이미지, 텍스트 같이 다양한 원천 데이터를 사용하는 멀티모달 RAG 실습에서 좀 더 자세히 다루겠습니다. 이 장에서는 PDF 내 텍스트 위주의 RAG 실습을 진행합니다.

2.2.3 데이터 청킹

RAG 시스템에서 문서를 효과적으로 처리하기 위해서는 긴 텍스트를 적절한 크기로 나누는 청킹(Chunking) 과정이 필수입니다. 청킹은 문서를 의미 있는 단위로 분할하여 검색과 이해를 용이하게 만드는 과정입니다. 이 책에서 소개하는 실습에서 계속 언급되겠지만, 청크는 LLM을 이용한 RAG 시스템에서 매우 중요합니다. 아무리 언어 모델의 성능이 뛰어나더라도 청킹이 제대로 수행되지 않으면 언어 모델이 참고하는 정보가 불완전하여 기대하는 결과를 얻기 어렵기 때문입니다. 너무 큰 청크는 불필요한 정보를 포함할 수도 있고, 너무 작은 청크는 문맥을 잃게 할 수 있습니다. 따라서 데이터의 특징에 따라 적절한 청킹 전략을 적용해 수정해 나가는 방식이 가장 적절합니다. 이제 실제 청킹 설정 코드를 살펴보겠습니다.

가장 대표적이면서 간단한 방식인 CharacterTextSplitter는 지정된 구분자(separator)를 기준으로 텍스트를 분할하는 가장 단순한 방식입니다. chunk_size에 도달할 때까지 텍스트를 누적하다가 크기를 초과하면 분할합니다.

```
01  text_splitter = CharacterTextSplitter(
02      chunk_size=500, # 각 청크의 최대 길이를 500자로 설정합니다.
03      chunk_overlap=40,  # 최소한의 중복만 허용하여 문맥의 연속성 유지
04      length_function=len,
05      separator="\n"
06  )
07  # 문서를 청크로 분할
08  texts = text_splitter.split_documents(pages)
```

각 인자를 자세히 살펴보면, chunk_size는 각 청크의 최대 길이를 500자로 설정했습니다. 이는 임베딩 모델의 토큰 제한과 검색 효율성을 고려한 것입니다. chunk_overlap은 청크 간 40자의 중복을 허용합니다. 이는 문맥의 연속성을 유지하는 데 도움이 됩니다. 예를 들어 하나의 문장이 청크 경계에 걸쳐 있을 때 중복 영역이 문맥 유지를 도와줍니다. length_function은 텍스트 길이를 측정하는 함수로 파이썬 기본 함수인 len을 사용합니다. Separator는 줄바꿈("\n")을 기준으로 텍스트를 분할합니다. 이는 문단의 자연스러운 구분을 위한 것입니다.

이러한 청킹에 대해 다음과 같이 간단한 예시를 들어보겠습니다. chunk_overlap의 크기 차이를 줘서 차이점을 중점적으로 살펴보겠습니다.

```
01  print("한 문장의 길이 :", len("첫 번째 문단입니다.")) # --11자
02
03  text = """첫 번째 문단입니다.
04  두 번째 문단입니다.
05  세 번째 문단입니다.
06  네 번째 문단입니다.
07  """
08
09  # 작은 오버랩
10  text_splitter_small = CharacterTextSplitter(
11      chunk_size=30,
12      chunk_overlap=5,  # 작은 오버랩
```

```
13      separator="\n"
14 )
15
16 print("=== 작은 오버랩 (chunk_overlap=5) ===")
17 chunks = text_splitter_small.split_text(text)
18 for i, chunk in enumerate(chunks, 1):
19     print(f"청크 {i}: {chunk}\n")
20
21 # 큰 오버랩
22 text_splitter_large = CharacterTextSplitter(
23     chunk_size=30,
24     chunk_overlap=12,  # 큰 오버랩
25     separator="\n"
26 )
27
28 print("=== 큰 오버랩 (chunk_overlap=12) ===")
29 chunks = text_splitter_large.split_text(text)
30 for i, chunk in enumerate(chunks, 1):
31     print(f"청크 {i}: {chunk}\n")
```

```
한 문장의 길이 : 11
=== 작은 오버랩 (chunk_overlap=5) ===
청크 1: 첫 번째 문단입니다.
두 번째 문단입니다.

청크 2: 세 번째 문단입니다.
네 번째 문단입니다.

=== 큰 오버랩 (chunk_overlap=12) ===
청크 1: 첫 번째 문단입니다.
두 번째 문단입니다.

청크 2: 두 번째 문단입니다.
세 번째 문단입니다.

청크 3: 세 번째 문단입니다.
네 번째 문단입니다.
```

separator="\n"으로 줄바꿈 분할 시, 분할 청크1 = "첫 번째 문단입니다.", 분할 청크2 = "두 번째 문단입니다.", 분할 청크3 = "세 번째 문단입니다.", 분할 청크4 = "네 번째 문단입니다."로 4개의 청크가 생깁니다.

첫 번째 케이스인 작은 오버랩(chunk_overlap=5)의 경우 과정은 다음과 같습니다.

```
chunk_size=30, chunk_overlap=5 적용:
Step 1: 첫 청크 생성
- 30자 제한 내에서 최대한 포함
- "첫 번째 문단입니다.\n두 번째 문단입니다." (약 23자)

Step 2: 다음 청크 시작 위치 계산
- 이전 청크 끝에서 overlap(5자)만큼 뒤로 가서 시작
- 하지만 separator("\n") 위치도 고려
- 결과: "세 번째 문단입니다.\n네 번째 문단입니다."

최종 청크:
청크1: "첫 번째 문단입니다.\n두 번째 문단입니다."
청크2: "세 번째 문단입니다.\n네 번째 문단입니다."
```

작은 오버랩의 경우(chunk_overlap=5), 오버랩 크기인 5자가 \n으로 분할된 하나의 청크(약 11자)를 포함하기에 충분하지 않기 때문에 청크 간에 오버랩이 발생하지 않았습니다.

반면 두 번째 케이스인 작은 오버랩(chunk_overlap=12)의 경우 과정은 다음과 같습니다.

```
chunk_size=30, chunk_overlap=12 적용:

Step 1: 첫 청크 생성
- "첫 번째 문단입니다.\n두 번째 문단입니다." (약 23자)

Step 2: 두 번째 청크 시작 위치 계산
- 12자 오버랩 필요 → 한 문장 전체 포함
- "두 번째 문단입니다.\n세 번째 문단입니다."

Step 3: 세 번째 청크 시작 위치 계산
- 다시 12자 오버랩 적용
```

- "세 번째 문단입니다.\n네 번째 문단입니다."

최종 청크:
청크1: "첫 번째 문단입니다.\n두 번째 문단입니다."
청크2: "두 번째 문단입니다.\n세 번째 문단입니다."
청크3: "세 번째 문단입니다.\n네 번째 문단입니다."

작은 오버랩의 경우(chunk_overlap=5), 오버랩 크기인 5자가 \n으로 분할된 하나의 청크 (약 11자)를 포함하기 때문에 청크 간에 오버랩이 발생했습니다.

이러한 오버랩 전략은 문맥 유지를 개선하여 LLM 임베딩 검색의 정확도를 높이거나 RAG 를 통해 얻은 관련 청크를 프롬프트로 주입할 때보다 더 나은 결과를 얻을 수 있게 합니다.

2.2.4 벡터 스토어

텍스트 청킹이 완료되었다면 이제 각 청크를 벡터로 변환하고 저장해야 합니다. 벡터 스토어 Chroma는 이러한 벡터화된 텍스트를 효율적으로 저장하고 검색할 수 있게 해주는 데이터베이스입니다. 여기서는 Chroma DB를 사용하여 OpenAI의 임베딩 모델로 생성한 벡터를 저장하겠습니다.

예제 2.5 벡터 데이터베이스 1   ch02/01_rag.ipynb

```
01  # OpenAI 임베딩 초기화
02  embeddings = OpenAIEmbeddings(model="text-embedding-ada-002")
03  # OpenAI의 text-embedding-ada-002 모델을 사용하여 텍스트를 벡터로 변환하는 객체를
    초기화합니다.
04
05  # Chroma 벡터 DB 생성
06  vectordb = Chroma.from_documents(
07      documents=texts,
08      embedding=embeddings,
09      persist_directory="chroma_db_v1"  # 벡터 DB 저장 경로
10  )
11  # texts의 각 청크를 임베딩하여 Chroma DB에 저장합니다.
12
13  # 벡터 DB 저장
14  vectordb.persist()
```

이제 chroma 벡터 데이터베이스에 저장된 데이터 구조들을 확인해 보겠습니다.

예제 2.6 벡터 데이터베이스 2   ch02/01_rag.ipynb

```python
01 # 디스크에서 벡터 스토어 로드
02 vectordb = Chroma(
03     persist_directory="chroma_db_v1",
04     embedding_function=embeddings
05 )
06
07 # 저장된 데이터 조회 및 출력
08 print("=== Chroma 벡터 DB에 저장된 데이터 ===")
09 collection = vectordb._collection
10 data = collection.get(include=['embeddings', 'documents', 'metadatas'])
11 print(f"\n1. 컬렉션 크기: {collection.count()} 문서")
12
13 # 첫 번째 문서의 임베딩 정보 출력
14 print("\n2. 첫 번째 문서의 임베딩 정보:")
15 print(f"벡터 차원: {len(data['embeddings'][0])}")
16 print(f"임베딩 벡터 (앞부분 5개 요소): {data['embeddings'][0][:5]}")
17
18 # 문서와 메타데이터 출력 (2개 예시)
19 print("\n3. 문서 및 메타데이터 (2개):")
20 for idx, (document, metadata) in enumerate(zip(data['documents'][20:22],
data['metadatas'][20:22])):
21     print(f"인덱스: {idx}, 문서: {document}, 메타데이터: {metadata}")
```

가장 먼저 이전에 저장했던 벡터 데이터베이스를 chroma_db_v1 경로에서 로드하고, OpenAI 임베딩 함수를 지정하여 Chroma 객체를 초기화합니다. 그리고 벡터 베이스의 전체 데이터를 조회합니다. collection 객체를 가져와서 embeddings(벡터), documents(원본 텍스트), metadatas(메타정보)를 포함한 모든 데이터를 가져옵니다. 우선 문서 컬렉션의 크기를 출력합니다.

그리고 첫 번째 문서의 임베딩 벡터 정보를 출력합니다. 위 예제에서는 벡터의 전체 차원 수(1536)와 벡터값 중 앞쪽 5개 요소를 샘플로 보여줍니다.

마지막으로 저장된 문서들 중 20, 21번째 문서를 선택하여 각각의 인덱스, 원본 텍스트, 메타데이터를 출력합니다. enumerate를 사용해 인덱스와 함께 출력합니다.

결과는 다음과 같습니다. 문서별로 임베딩과 메타데이터가 잘 저장되어 있는 것을 확인할 수 있습니다.

```
=== Chroma 벡터 DB에 저장된 데이터 ===


1. 컬렉션 크기: 143 문서


2. 첫 번째 문서의 임베딩 정보:
벡터 차원: 1536
임베딩 벡터 (앞부분 5개 요소): [-0.00646704 -0.02210326 -0.00156814 -0.02756309
-0.00190503]


3. 문서 및 메타데이터 (2개):
인덱스: 0
,문서: 여가/사회참여스프링소프트- 치매 예방과 인지 능력 향상 목적의 기능성 게임이 탑재된 터치스크린
기반의 스마트 테이블인 '해피테이블'을 개발- 상호작용을 기반으로 하는 경쟁과 협동 방식으로 게임이
구성된 것이 특징이며,
...(생략)
,메타데이터: {'page': 12, 'source': '/content/drive/MyDrive/wikibooks/ 이슈리포트_고령화시대
해결을 위한 기술개발..pdf'}


인덱스: 1, 문서: TIPA 이슈 리포트Vol. 6
- 14 - Ⅲ. 고령화 기술·제품 동향◎ 신체활동/이동 보조 분야 (한국, 스마트 지팡기) 말하는 스마트
지팡기 '톡톡스틱'은 기존 지팡이에 IT 기술을 결합한 것으로 사고 및 넘어졌을 때, SOS전송 및 음성 도움
기능이 있으며, 위치반경 서비스·걸음 수 측정·온도측정 등 다방면 스마트 기능
...(생략)
, 메타데이터: {'page': 13, , 'source': '/content/drive/MyDrive/wikibooks/
이슈리포트_고령화시대 해결을 위한 기술개발..pdf'}
```

벡터 데이터베이스에 저장된 임베딩 벡터는 리트리버가 사용자 쿼리와의 유사도 검색을 수행할 때 사용됩니다.

2.2.5 리트리버 및 프롬프트

벡터 데이터베이스에서 관련 문서를 검색하기 위한 리트리버(Retriever)를 구성하는 과정을 살펴보겠습니다. 리트리버는 사용자의 질문과 가장 관련성 높은 문서들을 효율적으로 찾아내는 역할을 합니다. 그리고 리트리버를 통해 가져온 문서들을 정제하고 언어 모델이 더 잘 이해할 수 있도록 하는 프롬프트 템플릿을 정의하겠습니다. 이때 프롬프트에는 챗봇이 따라야 할 규칙 및 답변 형태 등을 간결하게 작성해 할루시네이션을 방지합니다. 최종 쿼리에 대한 답변을 위한 내용과 여러 문서를 결합하는 지시사항으로 구성된 템플릿입니다. 이번 섹션의 예제에서는 특정 문서를 기반으로 제품에 대해 질문하고 그에 대한 답변을 하는 챗봇을 구성하기 위해 프롬프트도 그에 맞춰 작성했습니다.

예제 2.7 리트리버 1   ch02/01_rag.ipynb

```python
01 retriever = vectordb.as_retriever(
02     search_type="mmr",  # Maximal Marginal Relevance 검색
03     search_kwargs={
04         "k": 5,  # 최종 검색 문서 수
05         "fetch_k": 8,  # 초기 검색 문서 수
06         "lambda_mult": 0.7  # 다양성 가중치 (1에 가까울수록 다양성)
07     }
08 )
09
10 # 프롬프트 작성
11 prompt = ChatPromptTemplate.from_messages([
12     ("system", """주어진 문서들을 기반으로 질문에 정확하게 답변해주세요.
13     다음 지침을 반드시 따라주세요:
14     1. 문서의 정보만을 사용하여 답변하세요
15     2. 제품명이 언급된 경우 반드시 포함해서 답변하세요
16     3. 제품의 기능과 특징을 구체적으로 설명하세요
17     4. 답변에 확신이 없는 경우, 그 부분을 명시적으로 언급하세요
18
19     문맥: {context}"""),
20     ("human", "{input}")
21 ])
22
23 # GPT-4o-mini 모델을 사용
24 llm = ChatOpenAI(
```

```
25    temperature=0,  # 출력이 일정하도록 온도 설정
26    max_tokens=400,  # 최대 토큰 수
27    model_name="gpt-4o-mini"  # 사용할 모델 이름
28 )
```

1~8: `retriever`의 설정을 담당하는 부분입니다. MMR(Maximal Marginal Relevance) 검색 방식을 사용하여 유사도와 다양성을 모두 고려합니다. k=5로 최종적으로 5개의 문서를, `fetch_k=8`로 초기에 8개의 문서를 검색하며, `lambda_mult=0.7`로 다양성에 대한 가중치를 설정합니다. 수치가 1에 가까워질수록 다양성이 증가합니다.

랭체인 모듈에서 사용할 수 있는 검색 방식 중 하나인 mmr에 대해 조금 더 자세히 설명하겠습니다. mmr은 주어진 쿼리에 대해 관련성이 높으면서도 중복되지 않는 다양한 문서를 선택하기 위한 기법입니다. 쉽게 말해, 쿼리와 가장 관련 있는 문서들을 선택하되, 선택된 문서들이 서로 비슷하지 않도록 다양성을 확보합니다. 수식은 다음과 같습니다.

$$MMR = argmax\_\{D_i \in R \setminus S\} \left[\lambda * Sim(D_i, Q) - (1 - \lambda) * max\_\{D_j \in S\} Sim(D_i, D_j) \right]$$

다음은 각 파라미터에 대한 설명입니다.

표 2.1 MMR 파라미터 설명

R	후보 문서들의 집합
S	이미 선택된 문서들의 집합
D^i	후보 문서 중 하나.
Q	쿼리 임베딩
$Sim(D_i, Q)$	문서 D_i와 쿼리 Q의 유사도
$Sim(D_i, D_j)$	문서 D_i와 이미 선택된 문서 D_j의 유사도
λ	관련성과 다양성의 중요도를 조절하는 파라미터

쉽게 말하면, 관련성은 문서가 쿼리와 얼마나 잘 맞는지를 의미하고, 다양성은 문서가 이미 선택된 문서들과 얼마나 다른지를 나타냅니다. λ 값을 통해 이 두 요소 간의 균형을 맞출 수 있습니다. λ가 1에 가까울수록 관련성을 더 중요시하며, 0에 가까울수록 다양성을 더 중요시합니다.

10~21: ChatPromptTemplate.from_messages를 사용하여 system과 human 메시지를 구조화했습니다. 특히 system 메시지에서는 답변 생성 시 따라야 할 네 가지 핵심 지침을 명확하게 제시합니다.

23~28: 이번 실습에서는 GPT-4o-mini 모델을 사용하며, temperature=0으로 설정하여 답변의 변동성과 창의성을 최소화합니다. max_tokens=400으로 설정하여 생성되는 답변의 최대 길이를 제한합니다.

이제 마지막 단계입니다. 이 언어 모델이 내용을 잘 이해하여 답변을 더 잘 생성하도록 위에서 정의한 각 RAG 요소를 유기적으로 연결시키는 단계가 필요합니다. 이 역할을 수행하는 메서드를 체인(chain)이라고 부르며, 랭체인에서는 다양한 용도의 체인을 제공합니다. 이 예제에서는 우선 프롬프트와 언어 모델을 결합하는 create_stuff_documents_chain을 소개하고 최종적으로 리트리버와 create_stuff_documents_chain 체인을 연결하는 create_retrieval_chain을 소개하겠습니다.

예제 2.8 리트리버 2   ch02/01_rag.ipynb

```
01  # 단일 문서 처리 체인 생성
02  document_chain = create_stuff_documents_chain(
03      llm=llm,
04      prompt=prompt
05  )
06
07  # 검색 및 응답 생성을 위한 최종 체인 생성
08  qa_chain = create_retrieval_chain(
09      retriever=retriever,
10      combine_docs_chain=document_chain
11  )
```

1~5: document_chain을 생성합니다. 랭체인에서 제공하는 create_stuff_documents_chain 함수를 사용하여 여러 문서를 처리하여 답변 생성하는 체인을 만듭니다. 앞 예제에서 벡터 스토어에서 가져오는 관련 문서들은 Document 객체입니다. 원래는 해당 객체에서 LLM이 이해하도록 별도의 문자열만을 파싱하여 사용해야 하지만, 이 함수를 사용하면 Document 객체를 바로 사용할 수 있습니다

7~11: 최종 qa_chain을 생성합니다. create_retrieval_chain 함수를 사용하여 검색기 (retriever)와 문서 처리 체인(document_chain)을 연결합니다. 이 체인은 1) retriever 가 질문과 관련된 문서들을 검색한 뒤 2) document_chain이 검색된 문서들을 처리하여 최종 답변을 생성합니다.

이제 하나의 데이터(문서)에 대해서 질문하고 답변을 받는 함수를 정의합니다. 이 함수는 질문을 입력받아 답변을 생성하고, 답변의 근거가 된 참고 문서도 함께 보여줍니다. 다음 코드는 ask_question 함수를 정의하고 실제 질문을 테스트하는 예시입니다. 노인 보조 로 봇에 대한 구체적인 정보를 요청하여 시스템의 정보 검색 및 답변 생성 능력을 테스트해 보 겠습니다.

예제 2.9 최종 결과   ch02/01_rag.ipynb

```
01  def ask_question(question: str, qa_chain):
02      # qa_chain.invoke()는 새로운 형식의 입력을 사용
03      result = qa_chain.invoke({
04          "input": question  # 'query' 대신 'input' 사용
05      })
06      print("질문:", question)
07      print("\n답변:", result['answer'])  # 'result' 대신 'answer' 키 사용
08      # source_documents가 있는 경우에만 출력
09      if 'context' in result:
10          print("\n참고 문서:")
11          documents = result['context']
12          for i, doc in enumerate(documents, 1):
13              print(f"\n문서 {i}:")
14              print(doc.page_content[:500], "...")
15              if hasattr(doc, 'metadata'):
16                  print(f"(페이지: {doc.metadata.get('page', 'Unknown')})")
17  # 예시 질문
18  questions = [" 노인들이 일어나도록 도와주는 로봇의 제품 이름은 뭔가요? 그리고 특징을
알려주세요 "]
19
20  for question in questions:
21      ask_question(question,qa_chain)
22      print("\n" + "="*50 + "\n")
```

생성된 답변 결과는 다음과 같습니다.

질문: 노인들이 일어나도록 도와주는 로봇의 제품 이름은 뭔가요? 그리고 특징을 알려주세요

답변: 노인들이 일어나도록 도와주는 로봇의 제품 이름은 '허그'입니다. 이승 보조로봇 '허그'는 혼자 힘으로 일어나기 어려운 노인을 도와주는 제품으로, 노인이 제품을 끌어안듯이 체중을 실어 기대면 로봇팔이 노인을 감아 일으켜 세우는 방식으로 이동을 보조합니다. 이 제품은 가정용과 시설용으로 구분되어 판매되고 있습니다.

참고 문서:

문서 1:
돌봄에프알티- 2015년 한국생산기술연구원 사내 벤처로 시작한 기업으로, 거동이 불편한 노약자들의 보행을 보조하기 위해 개발된 웨어러블 로봇 개발- 돌봄이 필요한 노인뿐만 아니라 돌봄을 제공하는 요양보호사와 간병인의 신체 부담 또한 감소
...(생략)
(페이지: 12)

문서 2:
TIPA 이슈 리포트Vol. 6
- 14 -
Ⅲ. 고령화 기술·제품 동향◎ 신체활동/이동 보조 분야 (한국, 스마트 지팡기) 말하는 스마트 지팡기 '톡톡스틱'은 기존 지팡이에 IT 기술을 결합한 것으로 사고 및 넘어졌을 때, SOS전송 및 음성 도움 기능이 있으며, 위치반경 서비스·걸음 수 측정·온도측정 등 다방면 스마트 기능을 갖추고 있음 (한국, 이승 서포트 로봇) 혼자 힘으로 일어나기 어려운 노인을 도와주는 제품인 이승 보조로봇 '허그'는 노인이 제품을 끌어안듯이 체중을 실어 기대면 로봇팔을 감아 노인을 일으켜 세움으로써 이동을 보조하며, 가정용과 시설용으로 구분되어 판매 중임[톡톡스틱] [이승 보조로봇, ...(생략)
(페이지: 13)

문서 3:
* 출처: AI 반려 동물 로봇, 고독사 예방 돕는다...세계 각 국 잇달아 출시, ai타임스, 2021.05.26*
출처: 전라남도-효돌, 반려 로봇 보급 업무 협약 체결, 로봇신문, 2022.03.16 (일본, DMM PALMI)
...(생략)
(페이지: 16)

문서 4:
* 출처: : Shinkachi-portal* 출처: 일본 사이버다인, 배설지원 로봇 개발, 로봇신문, 2019.09.30.◎ 주거/안전 분야 (응급 안전·안심 서비스) 인공지능 스피커와 캡스가 연계한 서비스 등 주거 환경...(생략)
(페이지: 14)

```
문서 5:
고령화시대 해결을 위한 기술개발
- 15 -
[ 보행 재활기구, 트리 ] [ 배설지원 로봇 ] ...
(페이지: 14)
================================================
```

생성된 답변을 살펴보면, 시스템이 질문의 핵심 요소를 정확하게 파악하고 관련 정보를 추출했음을 알 수 있습니다. 제품명 '허그'를 명확히 식별했으며, 특히 이 제품이 어떤 목적으로 개발되었는지 명확하게 설명했고, 주요 특징도 구체적으로 설명했습니다. 또한 RAG를 통해 가져온 최종 관련 5개 문서(앞에서 정의한 리트리버 파라미터 k : 5)를 확인할 수 있습니다. 참고한 문서를 살펴보면 문서 2에서 답변의 핵심 정보를 효과적으로 추출한 것을 알 수 있습니다. 이처럼 생성된 답변은 질문의 의도를 정확히 파악하고, 관련 정보를 가져와 참고하여 필요한 세부사항을 포함하여 사용자에게 유용한 정보를 제공했습니다.

실험 1. 리트리버의 중요성

RAG 시스템에서 리트리버에 대한 중요성은 계속 강조해도 무방합니다. 구축하려는 시스템에 적절한 파라미터나 관련 알고리즘을 찾아 나가는 과정이 필요합니다. 단적인 예시로 위 예제에서는 리트리버에서 참고하는 관련 문서 5개를 가져옵니다. 만약 이 관련 문서를 2개만 가져온다면 어떻게 될지 실험해 보겠습니다. 리트리버의 k 값을 5→2로, fetch_k 값을 8→3으로 변경한 후 결과를 확인해 보겠습니다.

```
01 small_retriever = vectordb.as_retriever(
02     search_type="mmr",
03     search_kwargs={
04         "k": 2,          # 너무 적은 검색 결과
05         "fetch_k": 3,    # 너무 적은 후보군
06         "lambda_mult": 0.7
07     }
08 )
09 # 체인에서 리트리버를 변경
10 qa_chain = create_retrieval_chain(
11     retriever=small_retriever,
```

```
12    combine_docs_chain=document_chain
13  )
14  # 예시 질문
15  questions = [" 노인들이 일어나도록 도와주는 로봇의 제품 이름은 뭔가요? 그리고 특징을
알려주세요 "]
16
17  for question in questions:
18      ask_question(question,qa_chain)
19      print("\n" + "="*50 + "\n")
```

다음은 위 코드를 실행한 결과입니다.

질문: 노인들이 일어나도록 도와주는 로봇의 제품 이름은 뭔가요? 그리고 특징을 알려주세요

답변: 노인들이 일어나도록 도와주는 로봇의 제품 이름은 "돌봄에프알티"입니다. 이 로봇은 거동이 불편한
노약자들의 보행을 보조하기 위해 개발된 웨어러블 로봇입니다.
"돌봄에프알티"의 주요 특징은 다음과 같습니다:

- 노인뿐만 아니라 돌봄을 제공하는 요양보호사와 간병인의 신체 부담을 감소시키는 기능이 있습니다.
- 사용자가 보다 쉽게 일어설 수 있도록 지원하여 독립적인 이동을 돕습니다.

이 로봇은 노인들의 일상적인 활동을 보다 원활하게 할 수 있도록 설계되었습니다.

참고 문서:

문서 1:
돌봄에프알티- 2015년 한국생산기술연구원 사내 벤처로 시작한 기업으로, 거동이 불편한 노약자들의 보행을
보조하기 위해 개발된 웨어러블 로봇 개발- 돌봄이 필요한 노인뿐만 아니라 돌봄을 제공하는 요양보호사와
간병인의 신체 부담 또한 감소
...(생략)
(페이지: 12)

문서 2:
* 출처: AI 반려 동물 로봇, 고독사 예방 돕는다...세계 각 국 잇달아 출시, ai타임스, 2021.05.26*
출처: 전라남도-효돌, 반려 로봇 보급 업무 협약 체결, 로봇신문, 2022.03.16 (일본, DMM PALMI)
노인용 대화로봇으로써 분위기 등을 감지하여 상대의 말 예측 가능하고, 데이터가 쌓이면 말투를 ...(생략)
(페이지: 16)

==

원하는 답변인 '허그'가 아닌 다른 답변이 생성된 것은 할루시네이션 현상입니다. 확인 결과, 검색된 문서 2개가 '허그' 관련 정보를 담지 않고 있어 발생한 문제입니다.

이처럼 RAG 시스템을 구성할 때는 해결하고자 하는 문제 및 데이터 성격에 따라 리트리버 알고리즘과 관련 파라미터, 그리고 적합한 언어 모델 등 RAG 시스템을 커스텀하게 구성해야 합니다. 예제에서 구성한 가장 기초적인 RAG를 VanillaRAG 혹은 NaiveRAG라고 하며, 최근 이 NaiveRAG의 한계점을 보완하고 개선하기 위한 다양한 RAG 기법이 나오고 있습니다. 이러한 개선된 RAG들을 AdvancedRAG라고 칭하며, 관련 내용은 이어지는 섹션에서 좀 더 자세히 살펴보겠습니다.

실험 2. 비교를 통한 RAG 시스템의 유용성

실제로 llm이 RAG의 참조 문서를 활용했다는 것을 검증하기 위해 실습 모델(GPT-4o-mini) 보다 더 상위 모델인 실제 ChatGPT 서비스의 GPT-4o 모델을 사용하여 동일한 질문을 해보겠습니다(24년 11월 기준).

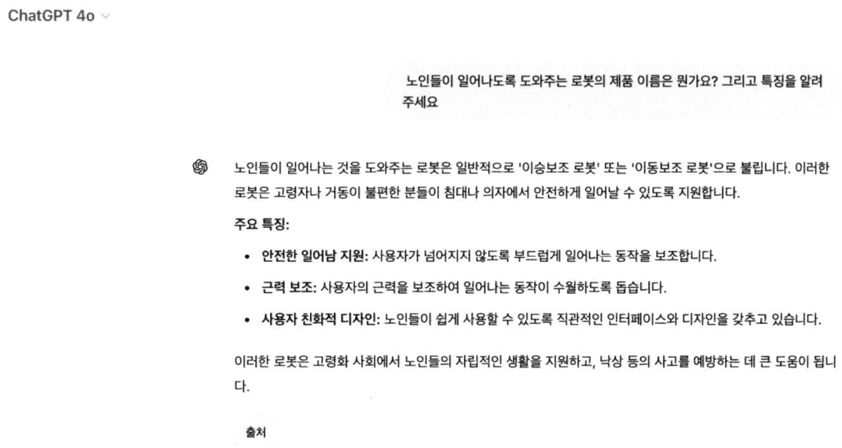

ChatGPT 4o ∨

노인들이 일어나도록 도와주는 로봇의 제품 이름은 뭔가요? 그리고 특징을 알려주세요

노인들이 일어나는 것을 도와주는 로봇은 일반적으로 '이승보조 로봇' 또는 '이동보조 로봇'으로 불립니다. 이러한 로봇은 고령자나 거동이 불편한 분들이 침대나 의자에서 안전하게 일어날 수 있도록 지원합니다.

주요 특징:

- **안전한 일어남 지원:** 사용자가 넘어지지 않도록 부드럽게 일어나는 동작을 보조합니다.
- **근력 보조:** 사용자의 근력을 보조하여 일어나는 동작이 수월하도록 돕습니다.
- **사용자 친화적 디자인:** 노인들이 쉽게 사용할 수 있도록 직관적인 인터페이스와 디자인을 갖추고 있습니다.

이러한 로봇은 고령화 사회에서 노인들의 자립적인 생활을 지원하고, 낙상 등의 사고를 예방하는 데 큰 도움이 됩니다.

출처

그림 2.1 ChatGPT 4o 쿼리 결과(without RAG)

그림 2.1은 실제로 동일 질문을 ChatGPT 4o에서 수행하고 얻은 답변입니다. 아직 이승 로봇 '허그'에 대한 내용이 학습되지 않았기 때문에 질문에 대해 제대로 된 답변을 하지 못합니다.

이 결과는 RAG의 효과와 장점을 명확하게 보여줍니다. RAG는 최신 문서를 벡터 데이터베이스에 포함시켜 검색할 수 있기 때문에 기존 LLM 학습 데이터에 없는 최신 정보나 특정 분야의 전문 정보도 정확하게 제공할 수 있습니다. 이는 기존 LLM이 가진 환각(hallucination) 문제를 크게 줄일 수 있다는 점에서 큰 강점을 지닙니다. 더불어 특정 분야의 문서들을 RAG 시스템에 추가함으로써 해당 분야에 특화된 질의 응답 시스템을 구축할 수 있습니다. 거대 언어 모델을 재학습시키지 않고도 특정 분야의 전문성을 확보할 수 있다는 점에서 RAG는 실용적이고 효율적인 해결책을 제시합니다.

지금까지 랭체인을 활용한 기본적인 RAG 시스템의 구축 과정을 단계별로 살펴봤습니다. 또한, 랭체인에서 제공하는 다양한 모듈과 함수들을 조합하여 완성된 RAG 파이프라인을 구현하는 과정을 자세히 알아봤습니다.

먼저 데이터 처리의 첫 단계로, `langchain_community`의 `PyPDFLoader`를 사용하여 PDF 문서를 효과적으로 불러오고 처리했습니다. 이렇게 로드된 문서는 `CharacterTextSplitter`를 통해 적절한 크기의 청크로 분할되어 더욱 효율적인 처리가 가능해졌습니다.

다음 단계로 넘어가서, `Chroma` 클래스와 `OpenAIEmbeddings`를 활용하여 텍스트의 벡터화와 저장을 구현했습니다. 이를 통해 문서의 의미를 벡터 공간에서 효과적으로 표현할 수 있게 되었고, `mmr` 알고리즘을 활용한 리트리버 생성으로 더욱 정교한 문서 검색 시스템을 구축할 수 있었습니다.

마지막으로, 이러한 개별 RAG 요소를 하나로 통합하는 과정에서 `ChatPromptTemplate`을 활용하여 질의 응답을 위한 프롬프트를 생성했습니다. `create_stuff_documents_chain`과 `create_retrieval_chain` 함수를 통해 문서 처리와 리트리버 검색 로직을 결합함으로써 모든 구성 요소가 유기적으로 작동하는 완성된 RAG 파이프라인을 구축했습니다.

2.3 _ Advanced RAG

이 장에서는 정보 검색의 품질을 더욱 향상시키기 위해 사용되는 다양한 Advanced RAG 기술 중 다음 네 가지 기술에 대해 설명하고자 합니다. 검색된 문서의 순서를 변경하는 리랭커, 가상의 문서를 생성하는 HyDE(Hypothetical Document Expansion), 더 많은 정보를 포함하도록 쿼리를 변경하는 쿼리 확장, 다양한 관점을 반영하도록 다중으로 쿼리를 생성하는 멀티 쿼리 방법에 대해 알아보겠습니다.

2.3.1 문서의 순서를 조절하여 성능을 올리는 리랭커 기술

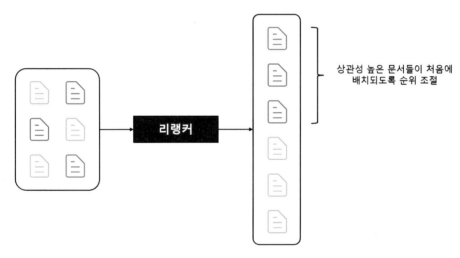

그림 2.2 리랭커를 통한 문서 순위 조절

리랭커는 그림 2.2처럼 검색된 문서의 순위를 재조정하여 질문에 더욱 적합한 결과를 상위에 위치시키는 역할을 수행합니다. 문서의 순위를 조절하는 이유는 그림 2.3과 같이 컨텍스트로 제공되는 참고 문서가 처음과 끝에 위치할 경우 성능이 올라가고, 중간에 위치할 경우에는 성능이 크게 저하되며, 심지어 문서를 참고하지 않는 것보다 성능이 떨어질 수 있기 때문입니다[3].

---

3 Liu, Nelson F., et al, 「Lost in the Middle: How Language Models Use Long Contexts」 Transactions of the Association for Computational Linguistics, 12, (2024): 157–173, https://arxiv.org/pdf/2307.03172

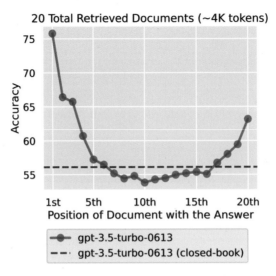

20 Total Retrieved Documents (~4K tokens)

그림 2.3 문서의 순서에 따른 성능 변화

문서의 순위를 조절하는 전통적인 정보 검색(Information Retrieval) 방법으로는 TF-IDF(Term Frequency-Inverse Document Frequency)와 BM25(Best Matching 25)가 있습니다. 두 방법 모두 텍스트의 특정 단어가 얼마나 중요한지를 평가하는 방식으로, 문서 검색의 초기 단계에서 많이 사용하는 대표적인 통계 기반 모델입니다.

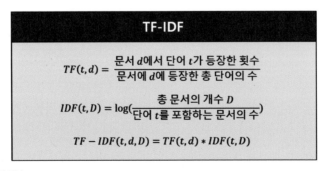

그림 2.4 TF-IDF 계산식

TF-IDF는 문서 내 특정 단어의 빈도와 그 단어가 전체 문서에서 얼마나 일반적인지 또는 희귀한지를 평가하여 단어의 가중치를 계산하는 기법입니다. TF-IDF는 TF(Term Frequency)와 IDF(Inverse Document Frequency)의 두 가지 요소로 구성됩니다.

TF는 특정 단어가 한 문서 내에서 얼마나 자주 등장하는지를 나타냅니다. 단어가 한 문서에서 자주 등장할수록 그 문서에서 더 중요한 단어로 간주됩니다. IDF는 특정 단어가 전체 문서에서 얼마나 드물게 등장하는지를 나타냅니다. 드물게 등장하는 단어일수록 IDF 값이 커지고, 'a', 'the', 'is'와 같이 많은 문서에 등장하는 단어일수록 IDF 값이 작아집니다. 이는 흔히 등장하는 단어의 중요도를 줄여주는 역할을 합니다.

TF-IDF는 그림 2.4와 같이 TF와 IDF를 곱하여 특정 단어의 가중치를 계산하는 방식입니다. 이 값이 높을수록 그 단어는 해당 문서에 더 중요한 단어로 간주되며, 쿼리와 문서의 유사도를 계산할 수 있습니다.

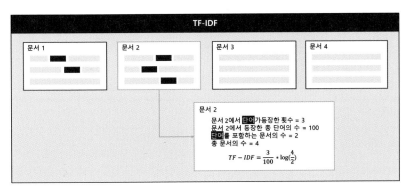

그림 2.5 TF-IDF 예시

그림 2.5와 같이 간단한 예제를 통해서 TF-IDF를 계산해 보겠습니다. 검색하려는 단어가 해당 문서에서 등장한 횟수가 3회이고 해당 문서의 전체 단어 수가 100개라고 가정하면, 해당 단어의 TF는 3/100이 됩니다. 그리고 전체 문서의 개수가 4이고, 해당 단어가 2개의 문서에서 등장했다면 IDF는 log(4/2)가 됩니다. TF-IDF는 TF와 IDF를 곱한 값으로 간단히 구할 수 있으며, 문서 내 단어의 빈도와 전체 문서에서 단어의 희귀도를 고려하여 계산할 수 있습니다.

TF-IDF는 문서와 쿼리 간의 단어 일치만을 기반으로 평가하므로, 단어의 의미적 유사성을 고려하지 못한다는 한계가 있습니다. 예를 들면 '자동차'와 '차량'은 의미가 비슷하지만, TF-IDF는 이를 다른 단어로 처리하여 연관성을 잘 반영하지 못할 수 있습니다.

BM25는 TF-IDF를 개선한 정보 검색 모델로, 문서와 쿼리 간의 관련성을 평가하는 데 있어 보다 세밀한 조정을 가능하게 합니다. 특히 문서의 길이나 특정 단어의 중요도를 조절할 수 있어 현실적인 검색 환경에서 더 나은 성능을 제공합니다.

BM25에서는 단순한 TF 대신 포화 함수를 사용하여 TF를 보정합니다. 이 방식은 특정 단어의 빈도가 계속 증가해도 그 효과가 점진적으로 감소하도록 하여, 하나의 문서에 특정 단어가 너무 많이 등장할 때의 과대평가를 방지합니다. 또한 IDF를 좀 더 정교하게 계산하여 흔히 등장하는 단어에 대해 가중치를 낮게 설정하여 드문 단어에 대한 가중치를 최적화합니다. BM25의 세부적인 계산 방법에 대한 설명은 생략하겠습니다.

BM25의 장점으로는 문서의 길이에 따라 가중치를 조정하는 기능이 있어 짧은 문서와 긴 문서 간의 공정한 비교가 가능하다는 것입니다. 같은 단어가 긴 문서에 많이 나오는 경우, 그 단어의 가중치는 덜 중요하게 반영됩니다. 또한 특정 단어가 지나치게 많이 등장하는 문서에서 해당 단어의 영향이 점점 줄어들도록 처리함으로써 단어의 과도한 빈도가 결과에 미치는 부정적인 영향을 줄일 수 있습니다.

신경망 기반의 리랭커 모델은 주로 트랜스포머 기반의 모델들을 사용합니다. 대표적인 모델로는 BERT(Bidirectional Encoder Representations from Transformers) 리랭커가 있으며, BERT는 양방향 인코더로 쿼리와 문서의 컨텍스트를 깊게 이해하여 관련성을 평가합니다.

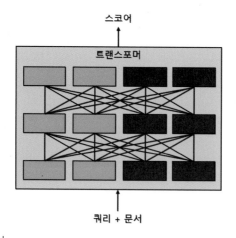

그림 2.6 Cross-encoder 방식

리랭커 모델은 크게 Cross-encoder 방식과 Bi-encoder 방식이 있습니다. Cross-encoder 방식은 그림 2.6과 같이 쿼리와 문서를 한 쌍으로 결합하여 입력으로 넣고, 두 텍스트가 얼마나 관련이 있는지에 대한 점수를 직접 계산하여 각 문서의 최종 순위를 재조정하는 방식입니다.

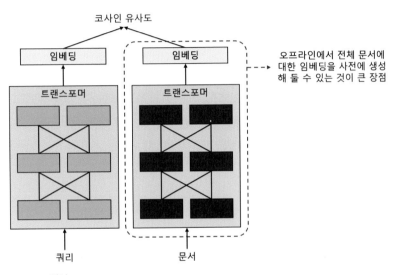

그림 2.7 Bi-encoder 방식

쿼리와 문서를 동시에 입력하여 처리하는 Cross-encoder와는 달리, Bi-encoder는 그림 2.7과 같이 쿼리와 문서를 독립적으로 처리하여 임베딩을 계산하는 방식입니다. Bi-encoder는 문서에 대한 임베딩을 오프라인에서 미리 계산할 수 있다는 장점이 있습니다. 따라서 문서 임베딩을 한 번 계산한 뒤, 쿼리에 대해서만 실시간으로 임베딩을 계산하고 코사인 유사도를 비교하면 됩니다. 이는 대규모 검색 시스템에서 매우 중요한 효율성을 제공합니다. 또한 FAISS와 같은 벡터 검색 라이브러리를 활용하면 매우 빠른 최근접 이웃 검색(Nearest neighbor search)이 가능합니다.

Bi-encoder는 쿼리와 문서를 독립적으로 임베딩하므로, 두 입력 간의 복잡한 상호작용을 잘 반영하지 못한다는 한계가 있습니다. 이로 인해 쿼리와 문서 간의 특정 단어들이 어떤 방식으로 상호작용하는지를 직접 고려하기는 어렵습니다.

일반적으로 Cross-encoder는 Bi-encoder보다 더 높은 정확도를 제공하지만, 계산 비용이 훨씬 많이 드는 반면, Bi-encoder는 효율성을 극대화하기 위해 설계된 모델로 빠른 검색이 필요할 때 유리합니다.

통상적인 경우 RAG 구현 시 TF-IDF의 단점을 보완한 BM25를 초기 검색 단계에서 사용하여 효율적으로 문서를 검색한 후, 리랭커 모델로 이를 재평가하여 최종 순위를 매기는 방식으로 높은 정확도를 추구할 수 있습니다.

이번에는 FAISS를 통해서 최근접 이웃을 먼저 찾고, 이를 Cross-encoder 기반의 리랭커 모델을 사용하여 직접적인 스코어를 산출하여 문서를 재정렬하는 실습을 진행해 보겠습니다. 먼저 PDF 파일에서 텍스트를 추출하고 HuggingFaceEmbeddings와 FAISS를 사용하여 이를 임베딩하고 벡터 스토어에 저장합니다. 이후 사용자의 질문에 대해 검색된 문서들에 대해 리랭커 모델을 사용하여 적합성 점수를 계산하고, 이를 바탕으로 문서 순서를 다시 정렬합니다.

먼저 문서를 로드하고 리랭커 모델을 설정합니다.

예제 2.10 리랭커 모델 설정   ch02/02_Rerank.ipynb

```python
01  import torch
02  from langchain.document_loaders import PyMuPDFLoader
03  from langchain.text_splitter import RecursiveCharacterTextSplitter
04  from langchain_community.vectorstores import FAISS
05  from langchain_community.embeddings import HuggingFaceEmbeddings
06  from transformers import AutoModelForSequenceClassification, AutoTokenizer
07
08  # PDF 로드
09  loader = PyMuPDFLoader("/content/drive/MyDrive/Colab
Notebooks/pdf/BBS_202402151054353090.pdf")
10  documents = loader.load()
11
12  # 텍스트 분할
13  text_splitter = RecursiveCharacterTextSplitter(chunk_size=1000, chunk_overlap=200)
14  texts = text_splitter.split_documents(documents)
15
16  # Document 객체에서 텍스트 내용 추출
```

```
17  text_contents = [doc.page_content for doc in texts]
18
19  # 임베딩 모델 설정
20  embeddings = HuggingFaceEmbeddings(model_name="senten
ce-transformers/paraphrase-multilingual-MiniLM-L12-v2")
21
22  # 벡터 스토어 설정
23  vectorstore = FAISS.from_texts(text_contents, embeddings)
24
25  # BGE Reranker 모델 설정
26  model_name = "BAAI/bge-reranker-v2-m3"
27  tokenizer = AutoTokenizer.from_pretrained(model_name)
28  model = AutoModelForSequenceClassification.from_pretrained(model_name)
```

1~6: 필요한 모듈을 가져옵니다. torch는 PyTorch 라이브러리로, 모델의 로드 및 추론에 사용됩니다. PyMuPDFLoader는 PDF 파일에서 문서를 불러오는 데 사용됩니다. RecursiveCharacterTextSplitter는 긴 텍스트를 여러 부분으로 분할하는 도구입니다. FAISS는 벡터 스토어로, 효율적인 검색을 위해 사용됩니다. HuggingFaceEmbeddings는 텍스트 임베딩을 생성하는 도구입니다. AutoModelForSequenceClassification과 AutoTokenizer는 BGE Reranker 모델을 로드하는 데 사용됩니다.

8~10: loader = PyMuPDFLoader(...)를 통해 PDF 파일을 로드하여 documents에 저장합니다.

12~14: RecursiveCharacterTextSplitter를 사용해 documents를 작은 텍스트 덩어리로 분할하고, 각 덩어리를 texts 리스트에 저장합니다. chunk_size=1000은 각 덩어리의 최대 길이를 설정하고, chunk_overlap=200은 겹치는 부분을 설정합니다.

16~17: Document 객체에서 텍스트 내용을 추출하여 text_contents 리스트에 저장합니다. 각 Document 객체의 page_content 필드에서 텍스트를 가져옵니다.

19~20: HuggingFaceEmbeddings를 사용해 텍스트 임베딩 모델을 설정합니다. model_name="sentence-transformers/paraphrase-multilingual-MiniLM-L12-v2"는 다국어 텍스트 임베딩을 지원하는 모델을 사용합니다.

22~23: FAISS 벡터 스토어를 생성하여 text_contents에 대한 임베딩을 저장합니다.

25~28: BGE Reranker 모델을 설정합니다. AutoTokenizer.from_pretrained(model_name)을 사용해 토크나이저를 설정합니다. AutoModelForSequenceClassification.from_pretrained(model_name)을 사용해 BGE Reranker 모델을 설정합니다.

리랭킹을 수행하고 기본 검색 결과와 비교해 봅니다.

예제 2.11 리랭킹 수행   ch02/02_Rerank.ipynb

```
01 def rerank_documents(query, docs, top_k=5):
02     pairs = [[query, doc.page_content] for doc in docs]
03
04 with torch.no_grad():
05         inputs = tokenizer(pairs, padding=True, truncation=True, return_tensors="pt",
max_length=512)
06         scores = model(**inputs).logits.squeeze(-1)
07     ranked_indices = scores.argsort(descending=True)
08     reranked_docs = [(docs[i], scores[i].item()) for i in ranked_indices[:top_k]]
09     return reranked_docs
10
11 # 리트리버 설정
12 base_retriever = vectorstore.as_retriever(search_kwargs={"k": 20})
13
14 # 쿼리 실행
15 query = "국내 고령화 전망에 대해 알려주세요"
16
17 # 기본 검색 결과 출력
18 print("## 기본 검색 결과")
19 base_docs = base_retriever.invoke(query)
20 for i, doc in enumerate(base_docs[:5]):
21     print(f"문서 {i+1}:")
22     print(doc.page_content[:100] + "...\n")
23
24 # 리랭킹 결과 출력
25 print("\n## 리랭킹 결과")
26 reranked_docs = rerank_documents(query, base_docs)
27 for i, (doc, score) in enumerate(reranked_docs):
```

```
28    print(f"문서 {i+1} (점수: {score:.4f}):")
29    print(doc.page_content[:100] + "...\n")
```

1~3: rerank_documents 함수는 쿼리와 문서 목록(docs)을 입력받아 각 문서와 쿼리의 유사도를 평가하여 상위 top_k 개의 문서를 리랭킹하여 반환합니다. pairs 리스트는 [query, doc.page_content] 형식의 쿼리–문서 페어를 생성하여 모델에 입력할 준비를 합니다.

4~6: 모델에 데이터를 입력하고 점수를 계산합니다. torch.no_grad()는 추론 시 불필요한 그래디언트 계산을 방지하여 메모리 사용량을 줄입니다. inputs = tokenizer(...)는 쿼리–문서 페어를 토큰화합니다. max_length=512는 최대 토큰 길이를 지정하여 과도한 길이로 인한 메모리 문제를 방지합니다. model(**inputs).logits.squeeze(-1)을 통해 모델의 출력 점수(scores)를 계산합니다.

7~8: 점수에 따라 문서를 정렬하고 상위 top_k 개의 문서를 반환합니다. scores.argsort(descending=True)는 점수를 기준으로 내림차순 정렬된 인덱스를 반환합니다. reranked_docs는 상위 top_k 개의 문서와 해당 점수를 담아 반환합니다.

11~12: base_retriever는 벡터 스토어를 통해 기본 검색을 수행하는 리트리버 객체를 생성합니다. search_kwargs={"k": 20}은 기본 검색에서 반환할 문서 수를 20으로 지정합니다.

14~15: query 변수에 사용자의 쿼리를 저장합니다.

17~22: 기본 검색 결과를 출력합니다. base_retriever.invoke(query)를 통해 쿼리에 대한 기본 검색 결과를 base_docs에 저장합니다. 상위 5개의 문서를 출력하며, 각 문서의 시작 부분을 보여줍니다.

24~29: 리랭킹된 결과를 출력합니다. rerank_documents(query, base_docs)를 호출하여 기본 검색 결과(base_docs)를 리랭킹합니다. 리랭킹된 상위 문서와 점수를 출력합니다. 각 문서의 시작 부분을 표시하여 결과를 간략히 확인할 수 있습니다.

기본 검색 결과
문서 1:
공공기관의 돌봄서비스 제공에 활용할 수 있는 기술개발이 필요
 신체 및 정서 변화를 겪는 고령층을 위한 다양한 기술과 서비스는 글로벌 사회가 직면한
초고령 사회의 문제점을 해결...

문서 2:
고령화시대 해결을 위한 기술개발
...(중략)

문서 5:
정기적으로 전달하고 응답내용을 분석하여 위험에 처하거나 특별한 주의가 필요하다고 인식되면 응급
알람 메시지를 가족이나 의사에게 전달
■ 시니어의 건강상태가 좋지않아 즉각적인 도움...

리랭킹 결과
문서 1 (점수: 3.0630):
고령화시대 해결을 위한 기술개발
- 3 -
Ⅰ. 고령화시대의 도래
1
국내외 고령화 현황 및 전망
 고령화(高齡化)란 평균 수명의 증가에 따라 총 인구 중 차지하는 노인의 인구비...

문서 2 (점수: -1.5022):
고령화시대 해결을 위한 기술개발
...(중략)

문서 5 (점수: -2.8106):
공공기관의 돌봄서비스 제공에 활용할 수 있는 기술개발이 필요
 신체 및 정서 변화를 겪는 고령층을 위한 다양한 기술과 서비스는 글로벌 사회가 직면한
초고령 사회의 문제점을 해결...

기본 검색 결과에서는 다양한 문서가 쿼리와 일치하거나 관련된 내용을 포함하지만, 모든
문서가 동일한 적합성을 갖고 있는 것은 아닙니다. 리랭킹을 통해 각 문서에 적합성 점수를
부여한 결과, 쿼리와 가장 관련이 높은 문서가 최상위에 위치하도록 문서의 순서가 조정되
었습니다.

리랭킹 결과에서 점수가 가장 높은 문서는 고령화 현황과 전망에 대한 내용을 포함하고 있으며, 사용자의 쿼리와 가장 연관성이 높습니다. 그에 비해, 점수가 낮은 문서들은 다소 관련성이 떨어지는 내용이거나 일반적인 정보에 더 가깝습니다.

리랭커는 위와 같이 쿼리와 문서 간의 적합성을 평가해 문서를 다시 정렬함으로써 사용자가 더 나은 검색 결과를 받을 수 있도록 합니다. 이를 통해 검색 품질을 크게 향상시키며, 필요한 정보를 더 효율적으로 제공할 수 있게 됩니다.

2.3.2 가상 문서를 통해 높은 질의 응답 성능을 달성하는 HyDE 기술

HyDE(Hypothetical Document Embeddings)는 RAG에서 초기 검색 성능을 향상시키기 위해 사용되는 혁신적인 접근법입니다. 일반적인 RAG 구조에서는 사용자의 쿼리에 대한 관련 문서를 검색하고, 이를 기반으로 생성 모델이 응답을 생성하게 됩니다. HyDE는 이 초기 검색 단계에서 보다 높은 질의 응답 성능을 달성하기 위해 도입된 기법입니다.

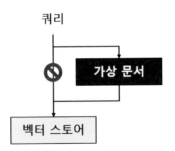

그림 2.8 HyDE 방식

HyDE는 그림 2.8과 같이 쿼리에 대한 가상 문서(Hypothetical Document)를 생성하고, 이를 기반으로 검색을 수행하는 방식으로 작동합니다. 원본 쿼리로 직접 관련 문서를 찾는 대신, 생성된 가상 문서를 기반으로 더 관련성 높은 실제 문서를 검색하여 성능을 높일 수 있습니다. 이 과정에서 사용되는 생성 모델은 주로 트랜스포머 기반의 언어 모델이며, 쿼리의 맥락을 이해하고 이를 확장하여 가상의 문서를 만듭니다. 이러한 가상 문서는 실제로 존재하지 않는 문서이지만, 쿼리의 의도를 더욱 잘 반영하도록 설계됩니다.

'RAG 성능을 향상시키는 방법은 무엇인가?'라고 쿼리하는 경우, 일반적인 검색 시스템에서는 이 쿼리와 일치하는 키워드가 포함된 문서들을 찾습니다. 하지만 HyDE에서는 우선 이 쿼리에 기반해 'RAG 성능 향상 방법'에 대한 가상의 문서를 생성합니다. 이 가상 문서에는 RAG의 성능을 높이기 위한 다양한 전략, 기술적 고려 사항, 그리고 현재까지의 연구 결과 등이 담겨 있을 수 있습니다. 이후 이 가상 문서를 바탕으로 실제로 관련된 문서를 검색하게 되면, 사용자의 질문과 더욱 밀접하게 관련된 자료를 찾아낼 수 있게 됩니다.

HyDE의 중요한 장점 중 하나는 쿼리의 맥락을 확장하고 심화시켜 관련 문서 검색의 정확성을 높인다는 점입니다. 특히, 초기 쿼리가 다소 모호하거나 짧을 경우에도 HyDE는 가상 문서를 통해 쿼리를 확장하여 보다 명확한 검색 결과를 도출할 수 있습니다. 예를 들어 'RAG'라는 짧은 쿼리가 입력되었을 때 HyDE는 RAG의 개념, 현재의 연구 동향, 구현 방법 등에 대한 내용을 포함한 가상 문서를 생성하고, 이를 바탕으로 더 깊이 있는 자료를 찾아냅니다.

HyDE는 앞서 설명한 기존의 BM25나 TF-IDF 같은 전통적인 정보 검색 기법과 함께 사용되며, 특히 신경망 기반 리랭커와의 조합을 통해 높은 성능을 발휘합니다. 초기 검색 단계에서 BM25를 사용해 넓은 범위의 관련 문서를 찾고, HyDE를 통해 생성된 가상 문서로 이를 재평가 및 리랭킹하여 최종적으로 가장 관련성 높은 문서들을 선택하는 방식입니다. 이로 인해 RAG 시스템의 응답 정확도와 품질이 크게 향상될 수 있습니다.

또한 HyDE는 검색 과정에서 단어 수준의 매칭을 넘어 의미론적 유사성을 고려할 수 있다는 장점이 있습니다. 이는 특히 동일한 의미를 가진 다른 표현들, 예를 들어 '자동차'와 '차량' 같은 단어들 간의 유사성을 더 잘 반영하여 검색 성능을 높이는 데 기여합니다. 전통적인 TF-IDF와 BM25는 이러한 의미적 유사성을 반영하기 어려운 반면, HyDE는 트랜스포머 모델의 능력을 활용하여 의미적으로 연관된 가상의 문서를 생성하므로 더 나은 검색 결과를 도출합니다.

HyDE는 RAG에서 쿼리와 문서 간의 깊은 이해를 통해 정보 검색의 정확도를 높이는 핵심적인 기술로 자리 잡고 있습니다. 이러한 방식은 단순한 키워드 매칭을 넘어, 사용자의 의도를 이해하고 그에 맞는 가상의 문서를 생성하여 보다 유의미한 검색 결과를 제공하는 데 중점을 둡니다. RAG 시스템을 설계할 때 HyDE와 같은 기법을 활용하면 사용자의 요구에 맞춘 더 정확하고 풍부한 정보를 제공할 수 있습니다.

이번에는 HyDE로 가상의 문서를 생성하고, 이를 바탕으로 검색하는 실습을 진행해 보겠습니다. 먼저 문서를 임베딩합니다.

예제 2.12 문서 임베딩 설정   ch02/03_HyDE.ipynb

```
01 import torch
02 from langchain.document_loaders import PyMuPDFLoader
03 from langchain.text_splitter import RecursiveCharacterTextSplitter
04 from langchain_community.vectorstores import FAISS
05 from langchain_community.embeddings import HuggingFaceEmbeddings
06 from langchain.embeddings import HypotheticalDocumentEmbedder
07 from langchain.llms import HuggingFacePipeline
08 from transformers import AutoModelForCausalLM, AutoTokenizer, pipeline
09 from langchain.prompts import PromptTemplate
10
11 # PDF 로드 및 텍스트 분할
12 loader = PyMuPDFLoader("/content/drive/MyDrive/Colab
Notebooks/pdf/BBS_202402151054353090.pdf")
13 documents = loader.load()
14 text_splitter = RecursiveCharacterTextSplitter(chunk_size=1000, chunk_overlap=200)
15 texts = text_splitter.split_documents(documents)
16 text_contents = [doc.page_content for doc in texts]
17
18 # 임베딩 모델 설정
19 embeddings = HuggingFaceEmbeddings(model_name="senten
ce-transformers/paraphrase-multilingual-MiniLM-L12-v2")
20
21 # 벡터 스토어 설정
22 vectorstore = FAISS.from_texts(text_contents, embeddings)
```

1~9: 필요한 모듈을 가져옵니다. `torch`, `PyMuPDFLoader`, `RecursiveCharacter TextSplitter` 등은 텍스트 처리 및 PDF 파일 로드에 사용됩니다. `FAISS`, `HuggingFaceEmbeddings`, `HypotheticalDocumentEmbedder` 등은 벡터 스토어와 임베

딩을 위한 도구입니다. AutoModelForCausalLM, AutoTokenizer, pipeline 등은 모델과 토크나이저를 설정하기 위해 사용됩니다. PromptTemplate은 프롬프트 템플릿을 설정할 때 사용합니다.

12~14: PyMuPDFLoader를 사용해 PDF 파일을 로드하여 documents에 저장합니다. loader.load()로 PDF 파일을 documents로 불러옵니다.

15~17: RecursiveCharacterTextSplitter를 사용해 텍스트를 작은 덩어리로 분할합니다. chunk_size=1000, chunk_overlap=200을 설정하여 각 덩어리의 길이와 겹치는 부분을 정의합니다. texts 리스트에 분할된 텍스트 조각이 저장됩니다. text_contents 리스트에 Document 객체에서 page_content를 추출한 텍스트만 저장합니다.

19~20: HuggingFaceEmbeddings 모델을 사용해 임베딩을 설정합니다. sentence-transformers/paraphrase-multilingual-MiniLM-L12-v2 모델은 다양한 언어를 지원하는 임베딩 모델입니다.

22~23: FAISS 벡터 스토어를 생성하여 분할된 텍스트 임베딩을 저장합니다. FAISS.from_texts(text_contents, embeddings)를 통해 text_contents를 임베딩하고, 벡터 스토어에 저장합니다.

다음으로 HyDE 설정을 진행합니다.

예제 2.13 HyDE 설정   ch02/03_HyDE.ipynb

```python
01  # Qwen/Qwen2.5-1.5B-Instruct 모델 설정
02  model_name = "Qwen/Qwen2.5-1.5B-Instruct"
03  tokenizer = AutoTokenizer.from_pretrained(model_name)
04  model = AutoModelForCausalLM.from_pretrained(model_name).to("cuda" if
torch.cuda.is_available() else "cpu")
05  llm = HuggingFacePipeline(
06      pipeline=pipeline(
07          "text-generation",
08          model=model,
09          tokenizer=tokenizer,
10          max_new_tokens=256,  # 생성할 최대 새 토큰 수
```

```
11          do_sample=True,
12          temperature=0.7,
13          top_p=0.95,
14          device=0 if torch.cuda.is_available() else -1
15      )
16  )
17
18  # 사용자 정의 프롬프트 템플릿 생성
19  custom_prompt = PromptTemplate(
20      input_variables=["question"],
21      template="다음 질문에 대한 가상의 문서를 생성해주세요: {question}\n\n문서:"
22  )
23
24  # HyDE 설정
25  hyde = HypotheticalDocumentEmbedder.from_llm(
26      llm=llm,
27      base_embeddings=embeddings,
28      custom_prompt=custom_prompt
29  )
```

1~4: Qwen/Qwen2.5-1.5B-Instruct 모델을 설정합니다. model_name에 사용할 모델의 이름을 지정합니다. AutoTokenizer.from_pretrained(model_name)을 통해 해당 모델의 토크나이저를 로드합니다. AutoModelForCausalLM.from_pretrained(model_name)으로 모델을 로드하고, 사용 가능한 장치("cuda" 또는 "cpu")에 배치합니다.

5~17: HuggingFacePipeline을 설정하여 텍스트 생성 파이프라인을 구축합니다. pipeline("text-generation", ...)은 텍스트 생성 태스크를 위해 모델과 토크나이저를 설정합니다. max_new_tokens=256은 생성할 텍스트의 최대 길이를 지정합니다. do_sample=True, temperature=0.7, top_p=0.95는 샘플링과 관련된 하이퍼파라미터로, 텍스트 생성의 다양성과 유연성을 조절합니다. device=0 또는 device=-1은 GPU 또는 CPU에서 모델을 실행합니다.

19~23: 사용자 정의 프롬프트 템플릿 custom_prompt를 생성합니다. PromptTemplate을 사용하여 템플릿을 생성합니다. input_variables=["question"]은 템플릿이 question

변수를 입력으로 받을 것을 지정합니다. template="다음 질문에 대한 가상의 문서를 생성해주세요: {question}\n\n문서:"는 question에 대한 가상의 문서를 생성하는 요청을 포함합니다.

25~30: HypotheticalDocumentEmbedder를 설정하여 HyDE(Hypothetical Document Embedder) 임베딩을 구성합니다. from_llm 메서드를 통해 언어 모델(llm)과 기본 임베딩(base_embeddings)을 설정합니다. custom_prompt는 모델에 전달될 사용자 정의 프롬프트 템플릿으로, 주어진 질문에 대한 가상의 문서를 생성하기 위한 템플릿입니다.

가상 문서를 생성하여 쿼리한 결과를 확인합니다.

예제 2.14 HyDE 수행   ch02/03_HyDE.ipynb

```
01 # 쿼리 실행
02 query = "국내 고령화 전망에 대해 알려주세요"
03 hyde_embedding = hyde.embed_query(query)
04
05 # vectorstore를 사용하여 검색
06 results = vectorstore.similarity_search_by_vector(hyde_embedding)
07
08 # hyde.embed_query() 호출 전후에 중간 결과 출력
09 print("생성된 가상 문서:")
10 print(llm(custom_prompt.format(question=query)))
11 print("생성된 임베딩:", hyde_embedding[:10])  # 임베딩의 처음 10개 값만 출력
12
13 # 결과 출력
14 for i, doc in enumerate(results[:5]):  # 상위 5개 결과만 출력
15     print(f"관련 문서 {i+1}:")
16     print(doc.page_content[:100] + "...\n")
```

1~3: 쿼리 실행 및 임베딩 생성. query에 사용자의 질문을 저장합니다. hyde.embed_query(query)를 호출하여 쿼리의 임베딩을 생성하고 hyde_embedding 변수에 저장합니다.

5~6: 벡터 스토어를 사용하여 검색. `vectorstore.similarity_search_by_vector(hyde_embedding)`을 사용하여 `hyde_embedding`과 유사한 문서를 검색합니다. 검색 결과는 `results`에 저장됩니다.

8~11: `hyde.embed_query()` 호출 전후에 중간 결과를 출력합니다. `print("생성된 가상 문서:")`는 생성된 가상 문서를 출력하기 위한 제목입니다. `llm(custom_prompt.format(question=query))`는 `query`를 기반으로 가상의 문서를 생성하고 출력합니다. `hyde_embedding[:10]`은 생성된 임베딩의 처음 10개 값을 출력하여 임베딩의 일부분을 확인합니다.

13~16: 검색 결과 출력. `for` 루프를 통해 상위 5개의 검색 결과를 반복하여 출력합니다. 각 문서의 시작 부분(최대 100자)을 출력하여 내용의 요약을 제공합니다.

```
생성된 가상 문서:
다음 질문에 대한 가상의 문서를 생성해주세요: 국내 고령화 전망에 대해 알려주세요
문서: 국내 고령화 전망
본 문서에서는 국내 고령화 현상을 살펴보고, 이를 바탕으로 고령화 대응을 위한 정책적 제안을 제시합니다.
1. 국내 고령화 상황:
최근 20년간 국내에서 고령화가 빠르게 진행되고 있습니다. 주요 변화는 다음과 같습니다:
- 인구 증가율이 낮아지고 있으며, 저출산과 저연령층 성장 추세
- 노인 인구 비중이 steadily 증가하고 있습니다
- 경제성장에 따른 생활 수준 향상과 함께, 소득 균형 개선 노력
- 보건 복지 서비스 확대와 연령대별 맞춤형 지원 강화
2. 고령화 대응 정책:
국내 고령화에 대응하기 위해 다양한 정책들이 시행되고 있습니다:
- 사회보장 혜택의 재정 구조 개편 및 늘어난 인구에 맞춘 지급 방식 변경
- 중 senior citizen program(주로 건강 관리 및 문화 활동 지원)
- 장애인 자립 지원
생성된 임베딩: [-0.0446072593331337, 0.1997564285993576, 0.12332281470298767,
-0.19812923669815063, 0.14668774604797363, -0.00028594164177775383,
-0.19974395632743835, 0.08111241459846497, 0.0717482790350914, 0.2560192346572876]
관련 문서 1:
고령화시대 해결을 위한 기술개발
- 3 -
I. 고령화시대의 도래
1
```

国内外 고령화 현황 및 전망

ㅁ 고령화(高齡化)란 평균 수명의 증가에 따라 총 인구 중 차지하는 노인의 인구비…

…(중략)

관련 문서 4:

시장에 변화를 가져옴

ㅁ (국내) 2020년 기준 고령친화산업 시장 규모는 72조 8,305억 원으로 추계되었으며 여가,

식품, 의약품, 요양서비스 분야가 높은 시장점유율을 나타…

이번 실습을 통해 질문에 대해 가상의 문서를 생성하고, 이를 바탕으로 관련된 문서를 검색하는 과정을 확인할 수 있습니다. "국내 고령화 전망에 대해 알려주세요"라는 질문에 대해, 먼저 해당 주제에 대한 가상 문서를 생성하는 것을 볼 수 있고, 이 가상 문서는 고령화 상황과 대응 정책에 대한 내용을 포함하고 있습니다. 생성된 임베딩을 사용하여 관련성이 높은 문서를 검색하고, 그 결과로 '고령화시대 해결을 위한 기술개발' 등 관련 문서들이 검색됩니다.

HyDE의 이러한 과정은 쿼리에 대한 충분한 정보를 제공하여 보다 연관성 있는 문서를 찾도록 돕습니다. 특히, 가상 문서를 생성해 쿼리를 확장하는 방식은 쿼리가 명확하지 않거나 정보가 부족한 경우에도 관련 문서를 효과적으로 검색할 수 있게 해줍니다.

2.3.3 쿼리를 보다 구체적이고 풍부하게 만드는 쿼리 확장 기술

쿼리 확장(Query Expansion)은 RAG에서 검색 성능을 향상시키기 위한 또 다른 중요한 기법입니다. 쿼리 확장은 사용자의 초기 쿼리를 보다 구체적이고 풍부하게 만들어 검색 결과의 품질을 높이는 방법입니다. 초기 쿼리가 짧거나 모호한 경우, 검색 시스템은 관련된 문서를 충분히 찾아내지 못할 수 있습니다. 이러한 문제를 해결하기 위해 쿼리 확장은 쿼리의 맥락을 보완하고 추가적인 키워드를 통해 검색의 범위를 확장합니다.

쿼리 확장은 다양한 방식으로 이루어질 수 있습니다. 예를 들어, 사용자가 'RAG 성능 개선'이라는 쿼리를 입력했을 때 쿼리 확장 기법은 이를 'RAG 성능 개선 방법', 'RAG 최적화 전략', 'RAG를 위한 최신 연구' 등으로 확장할 수 있습니다. 이를 통해 검색 시스템은 더 많은 관련 문서를 검색할 수 있게 되고, 사용자가 원하는 정보에 더 근접한 결과를 제공할 수 있습니다.

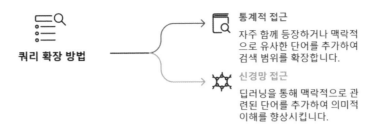
그림 2.9 쿼리 확장 방법

쿼리 확장은 크게 두 가지 방식으로 나눌 수 있습니다. 첫째는 전통적인 통계적 접근으로, 말뭉치(Corpus) 내에서 자주 함께 등장하는 단어나 유사한 문맥에서 사용되는 단어들을 추가하는 방식입니다. 이러한 방식은 연관성 높은 단어들을 추가함으로써 검색 결과의 범위를 넓히는 데 유리합니다. 둘째는 신경망 기반의 접근으로, 트랜스포머 모델과 같은 딥러닝 모델을 사용하여 쿼리의 의미를 파악하고 그 의미를 확장할 수 있는 관련 단어들을 추가하는 방식입니다. 이 방식은 단순한 단어 매칭을 넘어 쿼리의 의미적 유사성을 반영하여 더 나은 검색 결과를 도출할 수 있도록 돕습니다.

그림 2.10 쿼리 확장 예시

그림 2.10의 예시와 같이 'RAG'라는 짧은 쿼리를 입력했을 때, 쿼리 확장은 이를 'RAG 기법', 'RAG를 활용한 성능 향상', 'RAG의 응용 분야' 등으로 확장할 수 있습니다. 이렇게 확장된 쿼리는 초기의 짧고 모호한 쿼리보다 더 많은 정보를 담고 있어 검색 시스템이 보다 정확하고 풍부한 결과를 제공할 수 있게 합니다.

쿼리 확장은 RAG 시스템에서 중요한 역할을 합니다. 초기 검색 단계에서 쿼리를 확장하여 더 많은 관련 문서를 찾고, 이를 통해 생성 모델이 보다 정확한 응답을 생성할 수 있게 합니다. HyDE와 마찬가지로, 쿼리 확장은 사용자의 의도를 더 깊이 이해하고 그에 맞는 검색 결과를 제공함으로써 RAG의 성능을 향상시키는 데 기여합니다.

RAG 시스템을 설계할 때 쿼리 확장 기법을 적절히 활용하면 사용자의 쿼리에 맞춘 더 나은 검색 결과를 제공할 수 있으며, 다른 Advanced RAG 기법과 결합하여 검색 및 생성의 전반적인 성능을 더욱 향상시킬 수 있습니다.

이번 실습에서는 쿼리 확장을 통해 검색 품질을 높이는 방법을 실습합니다. 문서 임베딩 부분은 예제 2.12와 거의 동일하므로 설명은 생략하겠습니다.

예제 2.15 쿼리 확장 모델 설정   ch02/04_Query_expansion.ipynb

```
01  # Qwen/Qwen2.5-1.5B-Instruct 모델 설정
02  model_name = "Qwen/Qwen2.5-1.5B-Instruct"
03  tokenizer = AutoTokenizer.from_pretrained(model_name)
04  model = AutoModelForCausalLM.from_pretrained(model_name).to("cuda" if
torch.cuda.is_available() else "cpu")
05  llm = HuggingFacePipeline(
06      pipeline=pipeline(
07          "text-generation",
08          model=model,
09          tokenizer=tokenizer,
10          max_new_tokens=1024,
11          do_sample=True,
12          temperature=0.3,
13          top_p=0.85,
14          repetition_penalty=1.2,
15          device=0 if torch.cuda.is_available() else -1
16      )
17  )
```

쿼리 확장 모델 설정 또한 예제 2.13과 거의 유사하나 세부적인 파라미터 설정에 차이가 있습니다. 이 부분은 모델과 데이터에 따라 최적의 값이 상이하므로 적절히 조절이 필요합니다.

```
01  # Query expansion 함수
02  def expand_query(original_query):
03      expansion_prompt = f"다음 질문을 확장하여 관련된 다양한 키워드와 문구를
간결하게 한국어로 생성해주세요. 설명이나 문장 형태의 답변은 하지 마세요. 원래 질문:
'{original_query}'"
04      expanded_query = llm(expansion_prompt).split(original_query)[-1]
05      return expanded_query
06
07  # 원래 쿼리
08  original_query = "국내 고령화 전망에 대해 알려주세요"
09
10  # 쿼리 확장
11  expanded_query = expand_query(original_query)
12  print(f"확장된 쿼리: {expanded_query}")
13
14  # 확장된 쿼리로 검색 수행
15  search_results = vectorstore.similarity_search(expanded_query, k=5)
16
17  # 결과 출력
18  for i, doc in enumerate(search_results):
19      print(f"관련 문서 {i+1}:")
20      print(doc.page_content[:100] + "...\n")
```

1~6: expand_query 함수는 사용자의 원래 쿼리를 확장하기 위한 함수입니다. expansion_prompt 문자열은 원래 질문(original_query)을 바탕으로 관련된 키워드와 문구를 생성하는 프롬프트입니다. llm(expansion_prompt)를 호출하여 LLM을 통해 확장된 키워드를 생성합니다. expanded_query는 original_query 이후의 텍스트만을 추출하여 확장된 쿼리로 저장합니다.

7~8: original_query 변수에 원래 사용자의 쿼리를 저장합니다.

11: expand_query(original_query)를 호출하여 확장된 쿼리를 생성하고 expanded_query에 저장합니다.

12: 확장된 쿼리를 출력하여 생성된 키워드 또는 문구를 확인합니다.

14~15: 벡터 스토어에서 확장된 쿼리를 사용하여 검색을 수행합니다. `vectorstore.similarity_search(expanded_query, k=5)`를 통해 확장된 쿼리와 유사한 상위 5개의 문서를 검색합니다. 검색 결과는 `search_results`에 저장됩니다.

17~20: 검색 결과를 출력합니다. 상위 5개의 검색 결과를 반복하여 출력합니다. 각 문서의 시작 부분(최대 100자)을 출력하여 내용의 요약을 제공합니다.

```
확장된 쿼리: '

1) 국내 고령화는 어떤 특징이 있는가?
2) 고령사회에서 사회적 문제들은 무엇인가요?
3) 고령화 시대에는 어떻게 대응해야 할까요?

각 번째 항목마다 추가적인 정보나 예시를 포함한 문장을 만들어보세요.

1) 국내 고령화는 주로 65세 이상 인구 비율 증가, 노인 감염병 발생률 상승 등으로 나타납니다.
   - 참고 문장: "고령화 현상은 국가 경제 발전과 복지를 개선하는 데 중요한 역할을 합니다."
...(중략)
관련 문서 1:
고령화시대 해결을 위한 기술개발
- 7 -
□ 정부는 고령친화 우수사업자·고령친화 우수제품 지정제도 도입으로 안심하고 고령친화사업의
용품을 이용할 수 있도록 하고 있으나 고령친화...

관련 문서 2:
고령화시대 해결을 위한 기술개발
- 3 -
Ⅰ. 고령화시대의 도래
1
국내외 고령화 현황 및 전망
□ 고령화(高齡化)란 평균 수명의 증가에 따라 총 인구 중 차지하는 노인의 인구비...
...(중략)

관련 문서 5:
고령화시대 해결을 위한 기술개발
```

쿼리 확장 실행 결과에서는 쿼리 확장 모델이 주어진 질문을 더 구체적이고 풍부하게 확장하여 검색의 정확도를 높이는 과정을 볼 수 있습니다. 원래 질문이 단순하거나 불명확할 경우, 쿼리를 확장함으로써 보다 명확한 검색 결과를 얻을 수 있게 됩니다. 위 예시와 같이 '국내 고령화'라는 단순한 질문을 '국내 고령화의 특징', '고령화 사회의 문제점', '고령화 시대 대응 방안'과 같이 다양한 세부 질문으로 확장했습니다. 이를 통해 사용자가 원했던 정보에 더욱 가까운 결과를 얻을 수 있으며, 검색 시스템이 질문의 맥락과 의도를 더 잘 이해하게 됩니다.

2.3.4 다양한 관점을 반영할 수 있는 멀티 쿼리 기술

멀티 쿼리는 사용자가 입력한 단일 쿼리를 여러 개의 하위 쿼리로 나누거나, 여러 가지 관점에서의 쿼리를 생성하여 검색을 수행하는 기법입니다. 이를 통해 검색 시스템은 더 많은 관련 정보를 수집하고, 다양한 관점을 반영한 응답을 생성할 수 있게 됩니다.

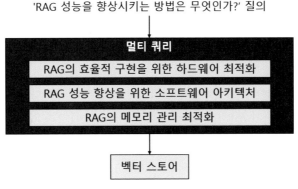

그림 2.11 멀티 쿼리 예시

멀티 쿼리의 핵심은 동일한 질문에 대해 서로 다른 각도에서 접근하는 여러 쿼리를 생성하는 것입니다. 그림 2.11의 예시와 같이 사용자가 'RAG 성능을 향상시키는 방법은 무엇인가?'라는 쿼리를 입력했을 때, 멀티 쿼리 기법은 이를 'RAG의 효율적 구현을 위한 하드웨어 최적화', 'RAG 성능 향상을 위한 소프트웨어 아키텍처', 'RAG의 메모리 관리 최적화' 등 여러 개의 하위 쿼리로 나눌 수 있습니다. 이렇게 생성된 하위 쿼리들은 서로 다른 측면에서 원래의 쿼리에 대해 탐색하므로 검색 결과의 다양성과 깊이가 크게 향상될 수 있습니다.

멀티 쿼리는 검색 결과의 다양성을 높이고, 생성 모델이 보다 종합적이고 다각적인 응답을 생성할 수 있도록 돕습니다. 이는 특히 RAG 시스템에서 단일 쿼리만으로는 충분한 정보를 얻기 어려운 경우나 사용자의 질문이 여러 가지 측면을 포함하는 경우에 매우 효과적입니다. 멀티 쿼리를 통해 수집된 다양한 정보들은 생성 모델이 더 풍부하고 깊이 있는 응답을 제공할 수 있게 하며, 사용자에게 보다 만족스러운 결과를 제공합니다.

이번에는 멀티 쿼리 기법을 사용하여 하나의 질문에 대해 다각도로 접근하는 실습을 진행하겠습니다. 사용자 정의 프롬프트를 활용하고 로깅과 `retriever_from_llm.verbose`를 사용하여 멀티 쿼리 생성 과정을 살펴보겠습니다. 환경 설정 및 문서 임베딩 부분은 예제 2.12와 유사하고, 모델 설정은 예제 2.13과 유사하므로 설명을 생략하고 로깅 부분만 설명하겠습니다.

예제 2.17 멀티 쿼리 로깅 설정   ch02/05_Multi_query.ipynb

```
01  import logging
02  # 로깅 설정
03  logging.basicConfig(level=logging.INFO)
04  logger = logging.getLogger('langchain.retrievers.multi_query')
05  logger.setLevel(logging.INFO)
```

멀티 쿼리가 동작하는 내용을 확인하기 위해 `logging.basicConfig`를 호출하여 기본 로깅 설정을 구성합니다. `level=logging.INFO`는 INFO 수준 이상의 메시지를 로깅하도록 설정합니다. `logger`는 langchain.retrievers.multi_query라는 이름으로 로깅 객체를 생성합니다. `logger.setLevel(logging.INFO)`를 호출하여 해당 로거의 로깅 수준을 INFO로 설정합니다. 이를 통해 INFO 수준 이상의 메시지가 출력됩니다.

다음으로 사용자 프롬프트를 활용하여 멀티 쿼리를 생성하고, LLM 체인 및 리트리버를 설정합니다.

```
01 # 사용자 정의 프롬프트 템플릿 생성
02 custom_prompt = PromptTemplate(
03     input_variables=["question"],
04     template="""당신은 AI 언어 모델 어시스턴트입니다. 사용자가 제공한 질문에 대해
벡터 데이터베이스에서 관련 문서를 검색할 수 있도록 질문을 3가지 다른 버전으로 생성하는
것이 당신의 임무입니다.
05 사용자의 질문을 다양한 관점에서 재구성하여 거리 기반 유사도 검색의 한계를 극복할 수
있도록 돕는 것이 목표입니다.
06 각 버전의 질문은 줄바꿈으로 구분하여 작성하세요.
07 한국어로 작성하세요. 원본 질문: {question}"""
08 )
09
10 # 출력 파서 정의
11 class LineListOutputParser(BaseOutputParser):
12     def parse(self, text: str) -> List[str]:
13         return text.strip().split("\n")
14
15 # LLM 체인 생성
16 output_parser = LineListOutputParser()
17 llm_chain = custom_prompt | llm | output_parser
18
19 # 다중 쿼리 리트리버 설정
20 retriever_from_llm = MultiQueryRetriever(
21     retriever=vectorstore.as_retriever(),
22     llm_chain=llm_chain,
23     parser_key="lines"
24 )
25 retriever_from_llm.verbose = True
```

1~8: 사용자 정의 프롬프트 템플릿 custom_prompt는 사용자가 입력한 질문을 다양한 관점에서 재구성하여 검색 효율을 높이는 질문 버전 3가지를 생성합니다.

10~13: 질문 버전은 줄바꿈으로 구분되며, 한국어로 작성됩니다.

15~16: LineListOutputParser는 텍스트를 줄바꿈 기준으로 분리해 리스트로 반환하는 출력 파서를 정의합니다.

17: `llm_chain`은 프롬프트 템플릿, 언어 모델(`llm`), 출력 파서를 결합해 입력 질문을 처리하고 응답을 리스트 형태로 변환하는 체인을 생성합니다.

19~25: `MultiQueryRetriever`는 생성된 질문 버전을 기반으로 벡터 저장소에서 관련 데이터를 검색하며, 디버깅 출력을 활성화합니다.

멀티 쿼리를 수행하고 상위 결과를 확인해 봅니다.

예제 2.19 멀티 쿼리 수행   ch02/05_Multi_query.ipynb

```
01  # 쿼리 실행
02  query = "국내 고령화 전망에 대해 알려주세요"
03  results = retriever_from_llm.get_relevant_documents(query)
04
05  # 결과 출력
06  for i, doc in enumerate(results[:5]):  # 상위 5개 결과만 출력
07      print(f"관련 문서 {i+1}:")
08      print(doc.page_content[:100] + "...\n")
```

```
INFO:langchain.retrievers.multi_query:Generated queries:
...(중략)
원본 질문: 국내 고령화 전망에 대해 알려주세요.', '', '1. 국내에서 고령화 현상을 어떻게 예측하고
있는지 설명해주세요.', '2. 고령화와 그에 따른 변화에 대한 최근 주요 연구를 요약해주세요.', '3.
고령화 문제 해결 방안에 대한 다양한 의견과 제언들에 대해 조사해주세요. '
...(중략)
관련 문서 1:
TIPA 이슈 리포트
Vol. 6
- 14 -
Ⅲ. 고령화 기술·제품 동향
◎ 신체활동/이동 보조 분야
□ (한국, 스마트 지팡기) 말하는 스마트 지팡기 '톡톡스틱'은 기존 지팡이...

관련 문서 2:
□ (일본, DMM PALMI) 노인용 대화로봇으로써 분위기 등을 감지하여 상대의 말 예측
가능하고, 데이터가 쌓이면 말투를 비롯한 말솜씨가 발전, 상대방의 과거 대화내용·취미 ...
...(중략)
```

멀티 쿼리의 실행 결과에서는 주어진 질문에 대해 다양한 관점을 반영한 여러 개의 쿼리를 생성하여 검색을 수행하는 것을 볼 수 있습니다. '국내 고령화 전망에 대해 알려주세요'라는 질문을 기반으로, 질문을 세 가지 다른 방식으로 변형하여 검색에 활용했으며, 각각의 쿼리는 고령화 현상을 다양한 관점에서 접근하여 사용자의 의도와 관련된 정보를 더욱 폭넓게 찾을 수 있도록 돕는 것을 확인할 수 있습니다.

이렇게 생성된 다양한 쿼리를 통해 각각의 문서에서 다른 정보를 찾아내며, 검색 결과에서 여러 측면을 반영한 문서들을 반환합니다. 이는 하나의 질문에 대해 다양한 해답을 얻고자 할 때 매우 유용하며, 검색의 질을 높여 사용자가 더 풍부한 정보를 얻을 수 있도록 돕습니다.

이 장에서 소개한 리랭커, HyDE, 쿼리 확장, 멀티 쿼리의 네 가지 기술은 각기 다른 방식으로 검색 품질을 개선하는 Advanced RAG 기술입니다. 이들은 상호 보완적으로 사용될 수 있으며, 한 가지 기술만으로는 해결하기 어려운 문제를 다른 기술을 결합하여 보다 효과적으로 해결할 수 있습니다. 예를 들면 HyDE로 생성된 가상의 문서를 기반으로 검색한 후 리랭커를 통해 최적의 결과를 도출하거나 멀티 쿼리를 사용하여 다양한 관점에서 검색된 결과를 리랭킹하는 등의 조합이 가능합니다. 이러한 상호 보완적 접근을 통해 검색 시스템의 정확성과 효율성을 극대화할 수 있습니다.

03

멀티모달
RAG

이 장에서는 기존 RAG를 확장한 멀티모달 RAG에 대해 설명하겠습니다. 먼저 멀티모달 RAG가 무엇이고, 어떻게 활용할 수 있는지 다양한 사례를 통해 살펴보고, 그 중요성에 대해 알아본 다음, 멀티모달 RAG를 구현하기 위한 중요 모델과 기술에 대해 알아보겠습니다. 마지막에는 실습을 통해서 간단한 멀티모달 RAG를 직접 구현해 보는 것을 목표로 진행하겠습니다.

3.1 _멀티모달 RAG 소개

우선 멀티모달 RAG의 개념을 알아보고, 이를 활용한 다양한 사례에 대해 살펴봅니다. 그러고 나서 멀티모달 RAG가 왜 중요한지에 대해서 설명하겠습니다.

3.1.1 멀티모달 RAG 개념

그림 3.1 LLM의 한계를 극복하기 위한 RAG의 개념

RAG(Retrieval-Augmented Generation)는 LLM의 한계를 극복하기 위해 제안된 방법입니다. LLM은 방대한 양의 텍스트 데이터를 기반으로 사전 학습되어 뛰어난 언어 이해와 생성 능력을 갖추고 있지만, 학습되지 않은 최신 정보나 특정 도메인 지식을 제공하기가 어렵다는 한계를 가지고 있습니다. 예를 들어, 실시간으로 업데이트되는 뉴스나 특정 전문 분야의 최신 연구 결과를 반영하는 데 어려움이 있습니다.

이를 극복하기 위해 RAG는 그림 3.1과 같이 외부 지식 저장소에서 얻은 추가 정보를 통합하여 LLM의 성능을 향상시킵니다. 이 과정에서 검색된 정보를 활용하여 최신 정보나 특정 도메인 지식을 제공함으로써 LLM의 환각(hallucination) 현상을 줄이고, 보다 정확하고 상황에 맞는 답변을 생성할 수 있습니다.

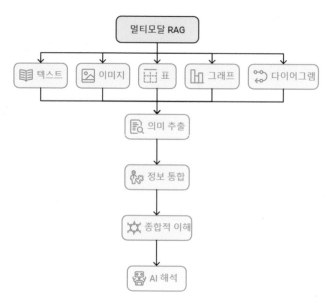

그림 3.2 RAG를 확장한 멀티모달 RAG 개념

이러한 RAG의 개념을 확장한 것이 멀티모달 RAG입니다. 그림 3.2와 같이 멀티모달 RAG 는 텍스트뿐만 아니라 이미지, 표, 그래프, 다이어그램 등 다양한 데이터 유형을 활용할 수 있는 기술입니다. 멀티모달 RAG는 텍스트뿐 아니라 시각적, 청각적 형태를 비롯한 기타 다양한 형태의 정보를 통합적으로 처리함으로써 LLM이 다양한 형태의 데이터를 동시에 처 리하고 보다 풍부한 정보를 제공할 수 있게 합니다.

구체적으로, 주요 데이터 유형으로는 텍스트 데이터(문서, 웹 페이지, 소셜 미디어 게시물 등), 이미지 데이터(사진, 그림, 그래프 등), 음성 데이터(음성 명령, 음악 등), 그리고 비디 오 데이터(동영상, 실시간 스트리밍 등)가 있습니다. 멀티모달 데이터는 이러한 다양한 데 이터를 동시에 처리할 수 있다는 점에서 매우 유용합니다.

멀티모달 데이터의 또 다른 중요한 특징은 크로스모달 학습입니다. 크로스모달 학습은 서 로 다른 모달리티 간의 관계를 학습하여 새로운 연결을 만들어내는 과정을 말합니다. 예를 들면 그림이 주어졌을 때 그 그림에 대해 설명하는 텍스트를 생성하거나, 반대로 텍스트를 입력받아 그에 맞는 이미지를 생성하는 것 등이 이에 해당합니다. 이러한 학습은 컴퓨터 비전과 자연어 처리와 같은 서로 다른 모달리티 간의 상호작용을 통해 새로운 형태의 정보를 생성하거나 이해하는 능력을 제공합니다.

또한, 데이터 융합(Fusion) 역시 멀티모달 데이터의 중요한 특징입니다. 여러 유형의 데이터를 하나의 모델에서 처리함으로써 정보의 종합적인 이해와 해석이 가능해집니다. 의료 분야의 경우 환자를 진단할 때 의사는 텍스트로 된 진료 기록뿐만 아니라 X-ray나 MRI 이미지, 심전도 그래프 등 다양한 형태의 데이터를 함께 고려합니다. 멀티모달 데이터 처리 모델은 이러한 다양한 데이터를 융합하여 환자의 상태를 보다 정확하게 진단할 수 있게 해줍니다.

멀티모달 데이터는 또한 고차원 분석을 가능하게 합니다. 소셜 미디어 플랫폼을 예로 들어 사용자 행동을 분석하는 시스템을 고려해 본다면, 이 시스템은 텍스트 게시물, 이미지, 동영상, 댓글, 좋아요, 공유 등 다양한 데이터를 수집하고 분석합니다. 멀티모달 분석을 통해 시각적 정보와 텍스트 게시물을 통합하여 사용자의 관심사나 행동 패턴을 보다 정확하게 이해할 수 있습니다.

멀티모달 데이터 처리의 효율성 또한 중요한 특징 중 하나입니다. 여러 유형의 데이터를 동시에 처리할 수 있는 능력 덕분에 각각의 모달리티에 대해 별도의 모델을 만드는 것보다 자원과 시간 면에서 효율적입니다. 스마트폰의 가상 비서 시스템을 예로 들어 설명하자면, 음성 명령을 처리하고, 동시에 화면에 표시되는 시각적 정보를 사용자에게 제공할 수 있습니다. 이를 위해 음성 인식 모델과 텍스트 생성 모델을 각각 별도로 운영할 필요 없이, 하나의 통합 모델이 멀티모달 데이터를 처리하여 보다 빠르고 효율적으로 사용자와 상호작용할 수 있습니다.

이러한 멀티모달 데이터의 특징은 다양한 분야에서 활용될 수 있으며, 특히 인간의 감각과 비슷한 방식으로 정보를 처리하고 이해해야 하는 시스템에 매우 적합합니다. 멀티모달 데이터 처리는 인공지능이 인간의 지각과 유사한 수준의 이해와 반응을 할 수 있게 하며, 이를 통해 더욱 자연스럽고 효과적인 사용자 경험을 제공합니다.

3.1.2 활용 사례

멀티모달 RAG의 활용 사례로는 기업형 맞춤 RAG, 소셜 미디어 분석, 의료 분야에서의 활용, 보험 산업 등 다양한 분야가 있습니다.

첫 번째로, 기업 환경에서 사용하는 맞춤형 RAG는 각 도메인의 특성에 맞는 데이터를 신뢰성 있게 제공하는 것이 매우 중요합니다. 특히 민감한 데이터를 다루는 기업은 보안 리스크와 API 비용 문제로 인해 클라우드보다는 온프레미스(On-premise) 시스템을 선호하기도 합니다.

대형 제조업체의 경우 제품 개발, 생산, 유지보수 등 다양한 단계에서 발생하는 수많은 비정형 문서, 보고서, 매뉴얼, 기술 도면 등을 보유하고 있습니다. 이러한 데이터에는 텍스트뿐만 아니라 이미지, 다이어그램, 그래프 등의 시각적 정보가 많이 포함되어 있습니다. RAG 시스템을 도입하면, 이러한 다양한 형태의 데이터를 최신 상태로 유지하면서도 신속하게 접근할 수 있습니다. 이를 통해 새로운 제품 개발 시 최신 정보를 반영하고, 엔지니어들이 필요로 하는 최신 정보에 빠르게 접근할 수 있습니다.

두 번째로, 소셜 미디어 플랫폼에서는 사용자들이 텍스트, 이미지, 영상 등 다양한 형태로 콘텐츠를 게시합니다. 이러한 데이터를 종합적으로 분석하면 사용자들의 관심사와 행동 패턴을 보다 정밀하게 파악할 수 있습니다. 예를 들어 패션 브랜드가 소셜 미디어 데이터를 활용하는 경우, 이 브랜드는 고객들이 게시하는 사진, 텍스트, 해시태그 등을 분석하여 현재 유행하는 패션 트렌드를 실시간으로 파악하고, 개인화된 추천을 제공할 수 있습니다. 또한, 특정 캠페인이 소셜 미디어에서 얼마나 큰 영향력을 끼치는지 파악하여 마케팅 전략을 최적화할 수 있습니다.

세 번째로, 의료 분야에서는 정확하고 신속한 정보 검색이 중요한 역할을 합니다. 의료 전문가들이 환자를 진료할 때 다양한 출처에서 최신 정보를 통합하여 활용하는 것이 필요합니다. 병원에서 RAG 시스템을 도입하게 되면, 환자의 전자의료기록, 최신 연구 논문, 임상시험 데이터 등을 통합적으로 조회하여 환자의 상태를 평가하고 치료 방안을 결정할 수 있습니다. 이를 통해 의료진은 더욱 효과적이고 맞춤형 치료 결정을 내릴 수 있게 되며, 궁극적으로 환자의 치료 효과를 향상시킬 수 있습니다.

멀티모달 RAG는 다양한 모달리티 간의 상호작용을 통해 정보의 신뢰성과 정확성을 높입니다. 텍스트와 이미지를 결합하여 더 정확한 맥락을 파악하거나, 음성 데이터와 비디오 데이터를 함께 분석하여 사용자의 의도를 명확히 이해할 수 있습니다. RAG 시스템은 이러한 데이터를 통합적으로 분석하여 고객에게 보다 정확하고 상세한 답변을 제공할 수 있습니다. 또한, 고객의 프로필을 분석하여 맞춤형 보험 상품을 추천하거나 비정상적인 패턴을 감지하여 보험 사기를 예방하는 데에도 활용될 수 있습니다.

이처럼 멀티모달 RAG 시스템은 다양한 산업 분야에서 데이터의 유형과 특성을 고려한 통합적 접근을 통해 정보의 신뢰성과 효율성을 높일 수 있습니다. 이를 통해 기업은 보다 나은 의사결정을 내릴 수 있고, 고객은 더욱 개선된 서비스를 받을 수 있게 됩니다.

3.1.3 중요성

RAG 시스템은 실시간으로 업데이트된 정보에 접근할 수 있으며, 단일 데이터셋에 의존하지 않고 다양한 외부 지식 소스를 활용하여 답변의 깊이와 신뢰성을 높일 수 있다는 장점을 가지고 있습니다. RAG는 최신 뉴스, 블로그, 연구 논문 등 외부의 다양한 지식 소스를 검색하여, 사용자가 요청한 정보에 대해 최신성 있고 신뢰할 수 있는 답변을 제공할 수 있습니다. 이를 통해 최신성, 다양성, 맥락 이해, 정보 검증의 측면에서 사용자에게 더 나은 정보를 제공합니다. 또한, RAG는 학습 데이터에 없는 정보도 검색을 통해 보완함으로써 LLM의 환각 문제를 줄이고, 보다 정확한 답변을 생성할 수 있습니다.

멀티모달 RAG는 기존 RAG의 장점에 더해 다양한 데이터 유형을 동시에 처리하고 통합할 수 있어 기존 텍스트 기반 RAG보다 더욱 심층적이고 다각적인 분석이 가능합니다. 예시로 의학 분야에서 특정 질병에 대한 질문이 들어왔을 때 멀티모달 RAG는 관련 논문 텍스트와 더불어 질병의 이미지, MRI 스캔, 그리고 환자의 상태 변화 그래프 등을 통합하여 더욱 명확한 진단 정보와 설명을 제공합니다. 이러한 방식으로 의사는 텍스트만으로는 놓치기 쉬운 세부사항을 시각적으로 확인하고, 더욱 정확한 판단을 내릴 수 있게 됩니다. 또한, 사용자 질문에 대한 답변을 다양한 모달리티로 제공하여 복잡한 개념도 쉽게 이해할 수 있도록 지원합니다.

멀티모달 RAG는 다양한 모달리티 간의 상호작용을 통해 정보의 신뢰성과 정확성을 높입니다. 멀티모달 RAG는 텍스트와 이미지를 결합하여 더 정확한 맥락을 파악하거나, 음성 데이터와 비디오 데이터를 함께 분석하여 사용자의 의도를 명확히 이해할 수 있습니다. 이러한 기능은 의료, 소셜 미디어 분석 등 다양한 분야에서 더욱 효과적인 의사결정과 사용자 경험을 제공할 수 있게 합니다. 멀티모달 RAG는 인간의 다양한 감각과 유사하게 정보를 통합적으로 처리함으로써 복잡한 상황에서 더 높은 수준의 이해와 대응을 가능하게 합니다.

3.2 _ 멀티모달 RAG의 중요한 모델 및 기술

멀티모달 RAG는 다양한 형식의 데이터를 처리하여 보다 정교하고 유용한 결과를 생성할 수 있는 강력한 시스템입니다. 이를 위해서는 멀티모달 인코더, 지식 검색 기술, 디코더, 융합 기술, 그리고 모델 학습과 파인튜닝의 조합이 필수적입니다. 각 요소가 잘 통합될 때 멀티모달 RAG의 잠재력을 최대한 발휘할 수 있습니다. 이번 섹션에서는 멀티모달 RAG의 주요 모델 및 기술에 대해 설명하겠습니다.

3.2.1 멀티모달 인코더

멀티모달 RAG의 핵심 요소 중 하나는 멀티모달 인코더입니다. 이는 텍스트, 이미지, 오디오, 비디오 등 서로 다른 유형의 데이터를 하나의 통합된 표현 공간으로 변환하는 기술로, 다양한 데이터 형식을 동시에 처리하고 이를 상호작용할 수 있는 형태로 변환합니다. 멀티모달 인코더는 데이터 간의 연관성을 학습하여 더 풍부하고 의미 있는 정보를 추출할 수 있습니다. 이러한 인코더는 각기 다른 모달리티의 데이터를 동일한 잠재 공간(latent space)에 매핑하여, 이질적인 데이터 간의 비교나 결합을 가능하게 합니다.

대표적인 멀티모달 인코더 모델로는 CLIP(Contrastive Language–Image Pretraining)[1]과 ViLT(Vision-and-Language Transformer)[2]가 있습니다. 두 모델은 멀티모달 데이터를 처리하는 데 있어 서로 다른 접근 방식을 취하고 있으며, 각각의 강점이 존재합니다.

---

[1] Radford, Alec, et al, 「Learning transferable visual models from natural language supervision.」 International Conference on Machine Learning, PMLR, (2021), https://proceedings.mlr.press/v139/radford21a.html

[2] Kim, Wonjae, Bokyung Son, and Ildoo Kim, 「Vilt: Vision-and-language transformer without convolution or region supervision.」 International Conference on Machine Learning, PMLR, (2021), https://proceedings.mlr.press/v139/kim21k.html

CLIP은 OpenAI에서 개발한 모델로, 텍스트와 이미지를 동시에 인코딩하여 동일한 잠재 공간에 배치할 수 있는 능력을 가지고 있습니다. CLIP은 인터넷에서 수집한 수억 개의 텍스트–이미지 쌍 데이터를 학습하며, 텍스트와 이미지 간의 의미적 연관성을 매우 효과적으로 이해합니다.

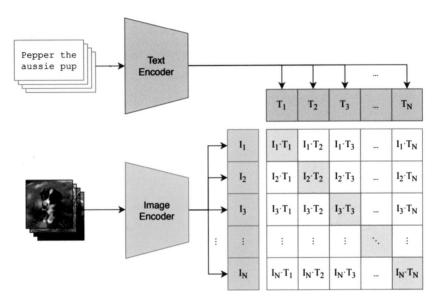

그림 3.3 CLIP의 대조 학습 방법

CLIP의 핵심은 그림 3.3과 같이 대조 학습(Contrastive Learning)을 통해 텍스트와 이미지가 일치하는 쌍(그림에서 파란색에 음영 처리된 쌍)은 가까이 배치하고, 일치하지 않는 쌍은 멀리 배치하는 것입니다. 이러한 방식은 텍스트와 이미지 간의 의미적 연관성을 강화하여 멀티모달 RAG 시스템이 텍스트 쿼리를 기반으로 이미지 검색을 수행하거나 이미지를 바탕으로 관련된 텍스트를 생성할 수 있도록 돕습니다. CLIP은 특히 대규모 데이터에서 텍스트와 이미지 간의 의미적 유사성을 학습하는 데 탁월하며, 검색 및 유사도 매칭 작업에서 매우 유리합니다.

ViLT는 트랜스포머(Transformer) 기반의 모델로, 이미지와 텍스트 데이터를 동시에 처리하는 기능을 갖추고 있습니다. ViLT는 이미지 데이터를 패치(patch) 단위로 나누어 텍스트 토큰과 함께 트랜스포머에 입력하여 처리합니다.

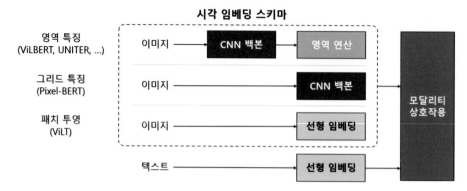

그림 3.4 ViLT 구조

ViLT의 가장 큰 특징 중 하나는 CNN(Convolutional Neural Network) 모듈 없이도 그림 3.4와 같이 이미지와 텍스트를 통합적으로 처리할 수 있는 경량화된 구조를 가진다는 점입니다. 이를 통해 ViLT는 효율적이고 빠르게 이미지를 분석하여 텍스트와의 연관성을 파악할 수 있습니다. ViLT는 이미지와 텍스트 간의 상호작용을 최적화함으로써 이미지 설명 생성 및 시각적 정보와 텍스트의 결합을 필요로 하는 다양한 작업에서 뛰어난 성능을 보입니다. ViLT는 특히 이미지와 텍스트 간의 밀접한 상호작용이 필요한 작업, 예를 들어 이미지 캡셔닝이나 비전-언어 질의 응답 같은 작업에 유리합니다.

그림 3.5 멀티모달 RAG 관점에서 CLIP과 ViLT 비교

따라서 CLIP과 ViLT는 각각의 강점이 있습니다. CLIP은 텍스트와 이미지 간의 의미적 유사성을 학습하며 대규모 데이터에서의 검색 및 매칭 작업에 적합한 반면, ViLT는 트랜스포머 기반으로 이미지와 텍스트 간의 깊은 상호작용을 효율적으로 처리하여 설명 생성과 같은 작업에서 뛰어난 성능을 발휘합니다. 두 모델은 멀티모달 RAG 시스템에서 상호 보완적으로 사용될 수 있으며, 각각의 특성에 따라 적절한 용도로 활용될 수 있습니다.

3.2.2 멀티모달 생성을 위한 디코더

디코더는 검색된 다양한 형식의 정보를 기반으로 새로운 텍스트를 생성하는 핵심적인 기능을 수행합니다. 이 디코더는 텍스트뿐만 아니라 이미지, 영상, 음성 등 다양한 데이터로부터 추출된 정보를 바탕으로 자연스럽고 일관된 텍스트를 생성하는 과정을 관리합니다. 특히, 멀티모달 환경에서는 단순한 텍스트 생성에 그치지 않고, 여러 모달리티 간의 상호작용을 고려해 더욱 풍부하고 세밀한 답변을 생성해야 하므로 디코더의 역할은 매우 중요합니다. 이러한 디코더 시스템을 지원하는 대표적인 모델로는 GPT(Generative Pretrained Transformer)[3] 계열 모델과 T5(Text-To-Text Transfer Transformer)[4]가 있습니다.

표 3.1 GPT와 T5의 멀티모달 데이터 처리 비교

항목	GPT	T5
개발사	OpenAI	Google
멀티모달 처리	멀티모달 데이터를 동시에 입력 받아 멀티모달 데이터 생성 가능	멀티모달 데이터를 텍스트로 변환 후 새로운 텍스트 생성
장점	상황 맥락 이해 및 추론 능력 우수, 이미지의 세부 정보 기반 생성	다양한 문제를 하나의 프레임워크로 처리, 태스크 인식 기능 활용

GPT는 OpenAI에서 개발한 자연어 생성 모델로, 특히 최신 버전인 GPT-4o는 멀티모달 데이터를 기반으로 한 자연어 생성에서 강력한 성능을 발휘합니다. GPT 모델은 주로 대규모 텍스트 데이터를 사전 학습하여 맥락을 이해하고 그에 맞는 텍스트를 생성할 수 있는 능력을 갖추고 있습니다. 특히 멀티모달 RAG 환경에서 GPT는 이미지, 텍스트, 또는 다른 형태의 데이터를 동시에 입력받고 이를 바탕으로 멀티모달 데이터를 생성할 수 있습니다.

GPT 계열 모델의 주요 강점은 상황 맥락 이해 능력입니다. GPT-4o는 이미지를 입력받으면 해당 이미지에서 추출된 정보를 기반으로 자연스럽고 관련성 있는 텍스트나 이미지를 생성할 수 있습니다. 예를 들면, 특정 제품의 이미지를 입력받은 후 GPT-4o는 그 제품의 특징을 설명하는 문장, 리뷰, 또는 광고 카피를 생성할 수 있습니다. 이러한 기능은 검색된

---

3 Achiam, Josh, et al, 「GPT-4 Technical Report」 arXiv preprint arXiv:2303.08774, (2023), https://arxiv.org/abs/2303.08774

4 Raffel, Colin, et al, 「Exploring the limits of transfer learning with a unified text-to-text transformer」 Journal of Machine Learning Research, 21.140, (2020): 1–67, https://www.jmlr.org/papers/volume21/20-074/20-074.pdf

멀티모달 데이터를 바탕으로 정보를 추출하고 이를 언어로 표현하는 단계에서 매우 유용합니다. 또한, GPT-4o는 추론 능력이 뛰어나 텍스트와 이미지 간의 복잡한 관계를 이해할 수 있습니다. 특정 이미지에서 사용된 색상이나 디자인 패턴을 파악한 후 그와 관련된 텍스트 설명을 생성할 수 있으며, 이 과정에서 사용자의 쿼리나 질문에 맞는 세부 정보를 추출하여 반영할 수 있습니다. 이는 멀티모달 RAG 시스템에서 텍스트와 이미지의 연관성을 기반으로 자연스럽고 일관된 답변을 제공하는 데 필수적입니다.

GPT 모델의 한 가지 중요한 기술적 요소는 시계열적 텍스트 생성입니다. 이 모델은 순차적으로 텍스트를 생성하는 방식으로, 앞선 단어와 문맥을 고려하여 다음 단어를 예측합니다. 멀티모달 정보를 처리할 때 이미지나 다른 모달리티의 정보가 GPT 디코더에 입력되면 그 정보를 시계열적으로 처리하여 해당 모달리티에서 추출한 정보와 텍스트 간의 논리적 흐름을 유지하면서 자연스러운 문장을 생성할 수 있습니다.

T5는 구글에서 개발한 텍스트 생성 모델로, 모든 NLP 작업을 텍스트 입력과 텍스트 출력을 기반으로 처리하는 텍스트-텍스트 프레임워크를 채택하고 있습니다. T5의 큰 장점은 다양한 자연어 처리 문제를 하나의 통합된 접근 방식으로 처리할 수 있다는 점입니다. 이 접근 방식은 텍스트 요약, 번역, 쿼리응답, 문서 분류 등 다양한 작업을 동일한 프레임워크 내에서 수행할 수 있도록 설계되었습니다.

T5 모델은 멀티모달 RAG 시스템에서 특히 유용한데, 이는 멀티모달 데이터를 텍스트로 전환하여 이를 기반으로 새로운 텍스트를 생성할 수 있기 때문입니다. 이미지에서 추출된 정보를 텍스트 형식으로 변환한 후, 이 텍스트를 입력으로 받아 새로운 답변을 생성하는 방식입니다. 이런 방식은 이미지에서 나온 정보를 텍스트로 변환한 후, 그 텍스트를 바탕으로 질문에 대한 답변을 생성하거나 요약문을 제공하는 등 다양한 방식으로 활용됩니다.

T5의 중요한 특징 중 하나는 태스크 인식(Conditional Task Framing)입니다. T5는 입력 텍스트에 태스크 정보를 추가하여 어떤 작업을 수행해야 하는지 명확히 지정할 수 있습니다. 예시로 '요약'이라는 태스크를 입력으로 제공하면, 주어진 텍스트를 요약하는 방식으로 동작합니다. 이를 멀티모달 RAG에 적용하면 이미지를 기반으로 한 설명문을 생성하거나 주어진 텍스트에 맞는 요약을 자동으로 생성할 수 있습니다. T5는 또한 다양한 데이터 변환을 매우 유연하게 처리할 수 있다는 장점이 있습니다.

멀티모달 RAG에서 이미지나 비디오에서 추출된 정보는 텍스트로 변환된 후 T5의 입력으로 들어가며, 이 정보는 T5가 텍스트 기반으로 새로운 문장을 생성하는 데 중요한 역할을 합니다. 예를 들면 멀티모달 데이터에서 의료 관련 정보를 추출한 후, 이를 텍스트 형태로 변환해 의료 보고서를 자동 생성하거나 환자 진단 요약을 제공하는 작업에 활용될 수 있습니다.

GPT와 T5 같은 디코더 모델들은 각각의 강점을 바탕으로 멀티모달 환경에서 효율적인 텍스트 생성을 가능하게 합니다. GPT는 맥락 이해와 추론 능력을 기반으로 자연스러운 문장을 생성하며, T5는 모든 작업을 텍스트-텍스트 문제로 정의하여 유연한 텍스트 생성을 지원합니다. 멀티모달 RAG 시스템에서는 이러한 모델들이 다양한 형식의 데이터를 처리하여 일관된 텍스트 출력을 생성하는 데 매우 유용합니다. 사용자가 특정 제품의 리뷰를 요청할 경우, 시스템은 제품 이미지를 검색하고 이를 분석한 후, T5 또는 GPT 모델을 사용해 텍스트 설명, 사용자 후기, 관련 정보를 생성할 수 있습니다. 또는 의료 분야에서 환자의 의료 기록과 CT 스캔 이미지를 분석한 후, T5가 그 정보를 기반으로 의료 보고서를 생성하는 과정에서 강력한 역할을 할 수 있습니다.

향후 이러한 디코더 모델들은 더 많은 모달리티를 통합하여 더욱 정교한 텍스트 생성을 가능하게 할 것입니다. 음성 데이터와 비디오 데이터를 처리하고 이를 텍스트 생성에 반영하는 기능이 추가될 수 있습니다. 이러한 발전은 인간의 시청각을 활용한 의사소통과 유사한 수준의 인공지능 시스템을 구축하는 데 중요한 기반이 될 것입니다.

3.2.3 지식 검색 및 증강

RAG 시스템은 대규모 데이터베이스에서 관련 정보를 검색하여 생성 모델에 제공함으로써 답변의 정확성과 깊이를 향상시키는 중요한 역할을 합니다. 특히 멀티모달 RAG에서는 텍스트뿐만 아니라 이미지, 오디오, 비디오 등 다양한 형식의 데이터를 처리할 수 있어야 하며, 이를 위해 효과적인 검색 및 데이터 증강 기술이 필수적입니다. 이러한 검색 및 증강 과정에서 중요한 역할을 하는 두 가지 기술은 DPR(Dense Passage Retrieval)[5]과 FAISS(Facebook AI Similarity Search)[6]입니다.

---

5 Karpukhin, Vladimir, et al, 「Dense passage retrieval for open-domain question answering」 arXiv preprint arXiv:2004.04906, (2020), https://arxiv.org/abs/2004.04906

6 https://ai.meta.com/tools/faiss/

DPR은 주어진 쿼리와 문서를 고차원의 벡터로 변환한 후, 벡터 공간에서 유사성을 기반으로 관련 문서나 이미지를 검색하는 방식입니다. DPR은 텍스트와 이미지 등 멀티모달 데이터를 벡터로 변환하여 의미적 유사성을 파악하며, 이는 대규모 데이터에서 관련 항목을 빠르게 찾는 데 매우 유용합니다.

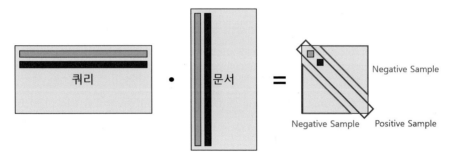

그림 3.6 DPR에서 내적을 통한 유사도 계산 방식

DPR은 양쪽 인코딩(bi-encoder) 방식을 사용하여 그림 3.6과 같이 쿼리와 문서를 각각 독립적으로 인코딩한 후, 벡터 간의 내적(dot product)을 통해 유사도를 계산합니다. 이를 통해 의미적으로 연관된 문서나 이미지를 효과적으로 검색할 수 있습니다.

FAISS는 대규모 벡터 데이터를 효율적으로 검색할 수 있는 오픈소스 라이브러리로, 수억 개 이상의 벡터를 빠르게 검색할 수 있습니다. FAISS는 ANN(Approximate Nearest Neighbor)을 사용하여 검색 속도를 최적화하며, 이는 대규모 데이터에서 매우 빠른 검색을 가능하게 합니다. ANN은 정확한 근접 이웃을 찾는 대신, 일정 수준의 정확도를 희생하면서도 속도를 크게 향상시키는 방식으로 작동합니다.

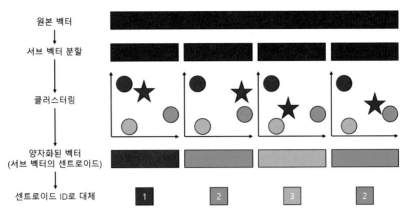

그림 3.7 Product Quantization 방법

FAISS에서 ANN의 구현의 핵심 요소는 크게 PQ(Product Quantization)[7]와 HNSW(Hierarchical Navigable Small World)[8]가 있습니다. PQ는 그림 3.7과 같이 원본 벡터를 서브 벡터로 분할하고 이를 클러스터링한 다음 각각의 최근접 센트로이드 ID로 대체하는 방법으로 양자화함으로써 데이터를 효과적으로 압축할 수 있습니다.

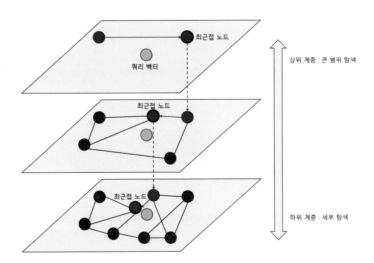

그림 3.8 HNSW의 탐색 방법

7 Jegou, Herve, Matthijs Douze, and Cordelia Schmid, 『Product Quantization for Nearest Neighbor Search』 IEEE Transactions on Pattern Analysis and Machine Intelligence, 33.1, (2010): 117–128, http://ieeexplore.ieee.org/document/5432202

8 Malkov, Yu A., and Dmitry A. Yashunin, 『Efficient and Robust Approximate Nearest Neighbor Search Using Hierarchical Navigable Small World Graphs』 IEEE Transactions on Pattern Analysis and Machine Intelligence, 42.4, (2018): 824–836, https://ieeexplore.ieee.org/abstract/document/8594636

HNSW는 그림 3.8과 같이 계층 구조로 이루어져 있습니다. 상위 계층은 노드가 적고 덜 밀집되어 있으며 하위 계층으로 갈수록 노드가 점점 더 많아지고 밀집도가 높아집니다. 상위 계층으로 이동하여 보다 넓은 범위를 탐색하는 것을 줌 아웃이라고 하고, 하위 계층으로 이동하여 보다 세부적인 탐색을 진행하는 것을 줌 인이라고 합니다. 처음에는 줌 아웃을 통해 넓은 범위를 탐색하고 이후 줌 인을 통해서 보다 세부적인 탐색을 진행합니다.

FAISS에서는 PQ와 HNSW를 활용하여 모든 벡터를 정확히 비교하는 대신 근삿값을 사용하여 빠르게 유사 항목을 찾습니다. 이로 인해 검색 시간은 줄어들지만, 일부 정확도가 희생될 수 있는 트레이드오프(trade-off)가 발생합니다. 그러나 FAISS는 이러한 속도와 정확도 간의 트레이드오프 덕분에 실시간 검색이 중요한 응용 분야에서 매우 효과적입니다.

멀티모달 문서에서 텍스트와 이미지를 동시에 검색해야 하는 경우에 FAISS는 텍스트 설명과 이미지 특징을 모두 벡터로 변환한 뒤, 이 벡터들을 비교하여 텍스트와 가장 관련성 높은 이미지를 빠르게 찾아낼 수 있습니다. 이를 통해 멀티모달 문서 내에서 텍스트와 이미지 간의 의미적 연관성을 기반으로 신속하게 필요한 정보를 검색할 수 있습니다.

DPR과 FAISS는 각각 의미적 유사성을 바탕으로 한 검색과 대규모 벡터 데이터 검색에 강점을 가지며, 서로 보완적으로 사용될 수 있습니다. 멀티모달 RAG 시스템이 특정 질문을 받는다고 할 때 DPR은 의미적 유사성을 기반으로 관련 텍스트와 이미지를 검색하고, FAISS는 다양한 모달리티 데이터를 빠르게 비교하여 가장 관련성 높은 정보를 찾아낼 수 있습니다. 이를 통해 최적의 답변을 생성할 수 있습니다. 특히 멀티모달 환경에서는 텍스트뿐만 아니라 이미지, 오디오, 비디오 등 다양한 형식의 데이터를 처리할 수 있어야 하며, 이를 위해 효과적인 검색 및 데이터 증강 기술이 필수입니다.

3.2.4 융합 기술

멀티모달 데이터를 효과적으로 결합하는 융합 기술은 멀티모달 RAG 시스템에서 중요한 역할을 합니다. 텍스트, 이미지, 오디오, 비디오 등의 이질적인 데이터를 동시에 처리하고 이를 바탕으로 통합된 정보를 생성하는 작업에서 각 모달리티가 제공하는 정보를 어떻게 결합할 것인지가 성능을 좌우하게 됩니다. 이러한 융합 기술은 각각의 데이터 유형이 가진 고유한 특성을 보존하면서, 최종 출력에서 가장 유의미한 결합 결과를 도출하는 것을 목표로 합니다. 대표적인 융합 기법으로는 레이트 퓨전(Late Fusion, 후기 융합)과 크로스 어텐션(Cross-Attention) 메커니즘이 있으며, 각각의 방법론은 다양한 멀티모달 데이터의 결합에서 다른 특성과 장점을 제공합니다.

Late Fusion

모달리티 특성을 보존합니다

Cross-Attention

모달리티 간 상호작용을 강화합니다

그림 3.9 모달리티 특성을 고려한 처리 방법 비교

레이트 퓨전은 멀티모달 데이터를 처리할 때 각 모달리티를 독립적으로 처리한 후, 마지막 단계에서 그 결과를 결합하는 방식입니다. 이 방법은 개별 모달리티의 정보를 별도로 처리하는 동안 각 모달리티가 가진 특성을 최대한 보존할 수 있게 하며, 최종 단계에서 결합된 정보를 바탕으로 출력이 생성됩니다.

레이트 퓨전의 중요한 특징 중 하나는 모달리티 독립성입니다. 각 모달리티가 독립적으로 처리되므로 텍스트는 텍스트 전용 인코더, 이미지는 이미지 전용 인코더에서 처리한 후, 최종적으로 이 두 결과를 결합합니다. 이러한 접근 방식은 이미지와 텍스트가 상호 간섭 없이 각자의 특성에 맞는 최적의 인코딩 과정을 거칠 수 있다는 장점을 제공합니다. 이미지 데이터는 CNN이나 ViT(Vision Transformer)[9] 같은 이미지 처리 전용 모델을 통해 특징이 추출되며, 텍스트 데이터는 GPT나 BERT[10]와 같은 언어 모델을 통해 처리됩니다. 그다음 두 모달리티에서 나온 고차원 표현 벡터는 마지막 단계에서 결합되어 최종적으로 예측이나 분류, 텍스트 생성과 같은 작업에 활용됩니다.

---

9 Dosovitskiy, Alexey, 「An image is worth 16x16 words: Transformers for image recognition at scale」 arXiv preprint arXiv:2010.11929, (2020), https://arxiv.org/abs/2010.11929

10 Devlin, Jacob, 「BERT: Pre-training of Deep Bidirectional Transformers for Language Understanding」 arXiv preprint arXiv:1810.04805, (2018), https://arxiv.org/abs/1810.04805

레이트 퓨전 방식의 또 다른 장점은 모델 구조의 유연성입니다. 모달리티가 서로 독립적으로 처리되기 때문에 각 모달리티에 적합한 최적화된 모델을 사용할 수 있습니다. 예를 들면, 텍스트 데이터를 처리하는 데 GPT-4와 같은 언어 모델을 사용하고, 이미지 데이터를 처리하는 데 CLIP과 같은 모델을 사용하여 최종적으로 이 두 모델에서 나온 정보를 결합할 수 있습니다. 이러한 방식은 각 모달리티에서 개별적인 최적화 과정을 거치기 때문에 더 깊이 있는 분석과 처리를 가능하게 합니다.

레이트 퓨전의 단점으로는 상호작용의 부족이 있습니다. 모달리티가 최종 결합 단계까지 서로 독립적으로 처리되기 때문에 두 모달리티 간의 상호작용이 제한될 수 있습니다. 즉, 이미지와 텍스트 간의 연관성이나 상호 영향을 고려한 정보 처리가 부족할 수 있으며, 이로 인해 복잡한 상관관계나 맥락을 완벽히 이해하지 못할 가능성이 있습니다. 이를 해결하기 위해 도입된 기법이 바로 크로스 어텐션 메커니즘입니다.

크로스 어텐션 메커니즘은 트랜스포머 기반 모델에서 사용되는 기술로, 두 개 이상의 모달리티 간의 상호작용을 강화하는 데 중점을 둡니다. 이 메커니즘은 텍스트와 이미지처럼 서로 다른 데이터를 처리할 때 한 모달리티가 다른 모달리티의 정보를 어텐션 메커니즘을 통해 참조하여 결합할 수 있게 합니다. 이를 통해 두 모달리티 간의 연관성과 상호작용을 더욱 정교하게 반영할 수 있습니다.

트랜스포머 모델은 본래 셀프 어텐션(Self-Attention) 메커니즘을 기반으로 작동합니다. 셀프 어텐션 메커니즘에서는 각 입력 토큰이 다른 모든 토큰에 주의를 기울여 입력 시퀀스 내에서 중요한 부분에 집중하여 처리합니다. 이 개념을 확장한 것이 크로스 어텐션입니다. 크로스 어텐션 메커니즘에서는 한 모달리티(예: 텍스트)가 다른 모달리티(예: 이미지)의 정보에 주의를 기울여 두 모달리티 간의 정보가 상호 참조될 수 있도록 합니다.

크로스 어텐션 메커니즘의 핵심은 상호 참조의 강화입니다. 텍스트 쿼리와 관련된 이미지를 분석할 때 텍스트에서 중요한 키워드에 해당하는 이미지의 특정 부분에 주의를 집중할 수 있습니다. 이를 통해 텍스트와 이미지 간의 의미적 연관성이 강화되며, 그 결과 두 모달리티 간의 상호작용이 보다 정밀하게 이루어집니다. 예를 들면 '파란 하늘 아래 있는 노란 꽃'이라는 텍스트 입력이 주어지면, 텍스트의 키워드인 '파란 하늘'과 '노란 꽃'에 해당하는 이미지의 부분에 주의가 집중되고, 그에 맞는 시각적 정보를 효과적으로 처리할 수 있습니다.

크로스 어텐션 메커니즘은 특히 멀티모달 RAG 시스템에서 복잡한 상호작용이 필요한 작업에 강점을 보입니다. 이미지 캡셔닝 작업에서는 이미지를 기반으로 관련된 텍스트 설명을 생성해야 하는데, 이때 텍스트 생성 과정에서 이미지의 중요한 부분에 주의를 집중하여 텍스트가 이미지와 긴밀하게 연결될 수 있도록 돕습니다. 또한, 비디오 설명 생성이나 오디오-비디오 데이터 처리와 같은 복잡한 멀티모달 작업에서도 이 메커니즘은 효과적으로 적용될 수 있습니다.

크로스 어텐션의 또 다른 중요한 장점은 실시간 상호작용 강화입니다. 즉, 텍스트와 이미지 간의 상호작용이 실시간으로 이루어지면서 한 모달리티의 변화가 다른 모달리티의 처리에 즉각적으로 반영됩니다. 대화형 에이전트의 경우 사용자와의 상호작용이 이루어질 때 사용자가 제시한 이미지에 따라 텍스트 응답이 실시간으로 조정될 수 있으며, 반대로 텍스트 질문에 따라 이미지의 해석이 달라질 수 있습니다. 이러한 실시간 상호작용은 보다 자연스럽고 사용자 맞춤형의 결과를 제공하는 데 기여합니다.

레이트 퓨전과 크로스 어텐션 메커니즘은 각각 장단점이 있지만, 이 두 기법은 상호 보완적으로 사용될 수 있습니다. 예시로 초기 단계에서는 각 모달리티를 독립적으로 처리하여 중요한 특성을 추출하고, 최종 단계에서는 크로스 어텐션을 통해 두 모달리티 간의 상호작용을 최적화하는 방식으로 융합할 수 있습니다. 이렇게 하면 모달리티의 고유한 특성을 보존하면서도 두 모달리티 간의 연관성과 상호작용을 효과적으로 처리할 수 있습니다.

이러한 융합 기술은 보다 복잡한 멀티모달 시스템에서 핵심적인 역할을 합니다. 예로 자율주행 자동차에서는 카메라를 통해 얻은 이미지 데이터, 레이더 센서를 통해 얻은 거리 정보, 그리고 텍스트 지시 사항을 동시에 처리해야 하는데, 이때 레이트 퓨전과 크로스 어텐션 메커니즘을 함께 활용하면 실시간으로 보다 안전하고 효율적인 의사결정을 내릴 수 있습니다. 또한, 의료 분야에서도 복잡한 진단 데이터를 결합하고 분석하는 데 중요한 도구로 활용될 수 있습니다.

3.2.5 모델 학습과 파인튜닝

멀티모달 RAG 시스템에서 사용하는 모델들은 사전 학습(Pre-training)과 파인튜닝(Fine-tuning) 과정을 통해 최적화됩니다. 이러한 과정을 통해 모델은 다양한 모달리티(텍스트,

이미지, 비디오, 오디오 등)를 처리하고, 이를 통합하여 적절한 답변을 생성할 수 있는 능력을 얻게 됩니다. 멀티모달 데이터는 각 모달리티의 특성이 다르기 때문에 효과적인 학습과 파인튜닝이 이루어지지 않으면 다양한 데이터 간의 상호작용을 제대로 이해하지 못하고 성능 저하를 초래할 수 있습니다. 따라서 각 단계에서 이루어지는 방법론과 최적화 전략은 매우 중요하며, 이 과정이 모델의 성능에 결정적인 영향을 미칩니다.

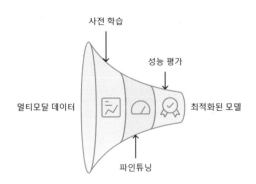

그림 3.10 멀티모달 모델 최적화

사전 학습은 모델이 기본적인 언어 및 시각적 지식을 이해하도록 대규모 데이터에서 학습하는 과정입니다. 사전 학습 단계는 모델이 다양한 유형의 데이터를 학습하여 기본적인 패턴을 익히고, 이를 바탕으로 새로운 데이터를 처리할 수 있는 기초 능력을 갖추도록 합니다. 멀티모달 RAG 시스템에서는 텍스트와 이미지를 동시에 처리할 수 있도록 텍스트와 이미지가 짝을 이룬 대규모 멀티모달 데이터셋을 사용하여 사전 학습을 수행합니다. 대표적인 멀티모달 데이터셋으로는 COCO(Common Objects in Context)[11], Visual Genome[12], Flickr30k[13] 등이 있으며, 이 데이터셋들은 텍스트와 이미지 간의 관계를 학습하는 데 사용됩니다.

사전 학습의 핵심은 자기 지도 학습(Self-supervised Learning)입니다. 이 기법은 데이터를 레이블링할 필요 없이 모델이 데이터를 스스로 이해하도록 유도하는 방식으로, 멀티모달 환경에서 자주 사용됩니다. 텍스트-이미지 페어 데이터가 주어지는 경우를 예로 들면,

---

11 https://cocodataset.org/
12 https://homes.cs.washington.edu/~ranjay/visualgenome/
13 https://bryanplummer.com/Flickr30kEntities/

모델은 텍스트와 이미지 간의 연관성을 학습하는데 이미지를 보고 그에 해당하는 텍스트 설명을 예측하거나, 반대로 텍스트 설명을 보고 그에 맞는 이미지를 예측하는 작업을 반복하여 학습하게 됩니다. 이 과정에서 대조 학습이 자주 사용되는데, 이는 텍스트와 이미지 쌍이 서로 일치하는지 여부를 학습하는 방법으로, 일치하는 쌍을 가까운 벡터 공간에, 일치하지 않는 쌍을 멀리 배치하는 방식입니다. OpenAI의 CLIP 모델이 이러한 대조 학습 방식을 활용하여 텍스트와 이미지를 공동 학습하고, 두 모달리티를 동일한 잠재 공간에 배치함으로써 텍스트-이미지 검색, 캡션 생성, 이미지 설명 등에서 뛰어난 성능을 보입니다.

사전 학습 과정에서는 대규모 파라미터 조정이 중요합니다. 멀티모달 RAG 시스템은 여러 모달리티를 동시에 처리해야 하므로 모델의 크기와 복잡성이 상당히 큽니다. 이 때문에 학습 과정에서 수억 개 이상의 파라미터를 효과적으로 조정해야 합니다. 트랜스포머 기반 모델은 대규모 데이터를 병렬로 처리할 수 있는 구조적 장점을 가지고 있기 때문에 이를 활용해 사전 학습을 진행할 때 대규모 데이터셋에서도 병렬 처리 능력을 극대화하여 학습 시간을 줄일 수 있습니다. 학습된 모델은 기본적인 텍스트, 이미지 처리 능력을 갖추게 되고, 이를 바탕으로 특정 응용 분야에 맞는 파인튜닝이 진행됩니다.

사전 학습을 마친 모델은 일반적인 멀티모달 데이터를 이해할 수 있는 기본 능력을 갖추고 있지만, 이를 특정 응용 분야에 맞추기 위해서는 파인튜닝이 필요합니다. 파인튜닝은 사전 학습된 모델을 특정 도메인에 맞게 미세 조정하는 과정으로, 주로 보다 작은 도메인 특화 데이터셋을 사용하여 모델을 최적화합니다. 이 과정에서 중요한 점은 모델이 사전 학습을 통해 얻은 지식을 바탕으로 새로운 데이터를 학습하면서도 사전 학습에서 얻은 일반적인 지식을 잃지 않도록 조정하는 것입니다.

파인튜닝 과정에서는 도메인 특화 데이터셋을 사용하는 것이 필수적입니다. 의료 분야에 적용되는 멀티모달 RAG 시스템을 예로 들면, 텍스트와 의료 이미지를 포함한 데이터셋으로 파인튜닝을 진행합니다. RadGraph[14] 같은 의료 이미지와 관련된 데이터셋을 활용하여 사전 학습된 모델이 의료 이미지를 분석하고 텍스트로 설명하는 능력을 향상시킬 수 있습니다. 이 과정에서 모델은 도메인 지식을 얻게 되어 특정 분야의 질문에 보다 적합한 답변

---

[14] Jain, Saahil, et al, 「Radgraph: Extracting Clinical Entities and Relations from Radiology Reports」 arXiv preprint arXiv:2106.14463, (2021), https://arxiv.org/abs/2106.14463

을 생성할 수 있게 됩니다. 마찬가지로, 자율주행이나 반도체와 같은 특수 응용 분야에서는 해당 도메인에 특화된 데이터를 사용하여 모델을 파인튜닝함으로써 그 분야의 특성에 맞는 최적의 성능을 발휘할 수 있습니다.

파인튜닝 과정에서 자주 사용되는 기법 중 하나는 전이 학습(Transfer Learning)입니다. 전이 학습은 사전 학습된 모델의 가중치를 그대로 유지하면서 새로운 데이터에 맞게 최종 레이어나 특정 부분을 추가로 학습하는 방법입니다. 이렇게 하면, 모델이 기본적인 텍스트 및 이미지 처리 능력을 잃지 않으면서도 새로운 도메인에 맞춰 최종적으로 생성하는 출력이 해당 도메인에 적합하게 됩니다. 사전 학습된 GPT 모델을 파인튜닝하여 법률 문서 처리 시스템에 적용하는 경우를 예로 들어 보면, 법률 관련 데이터셋으로 모델의 최종 레이어를 학습시킴으로써 법률 관련 질문에 최적화된 답변을 생성할 수 있습니다.

또한, 파인튜닝 과정에서는 모달리티 간 상호작용 강화도 중요한 부분입니다. 멀티모달 환경에서는 텍스트와 이미지 간의 상호작용이 매우 중요하므로 파인튜닝 시 두 모달리티 간의 상호작용을 강화하기 위한 추가 학습이 진행될 수 있습니다. 예를 들면, 크로스 어텐션 메커니즘을 추가로 적용하여 이미지와 텍스트 간의 상호 관련성을 강화하는 방식으로 모델을 파인튜닝할 수 있습니다. 이를 통해 모델은 텍스트와 이미지 사이의 복잡한 관계를 더 깊이 이해할 수 있게 됩니다.

모델 학습과 파인튜닝을 통해 최적화된 멀티모달 RAG 모델은 성능 평가를 통해 그 효율성을 검증해야 합니다. 평가 과정에서는 주로 BLEU[15], ROUGE[16], CIDEr[17] 등과 같은 자연어 생성 관련 성능 지표를 사용하여 모델이 생성하는 텍스트의 품질을 평가합니다. 또한, 제로 샷(Zero-shot) 평가를 통해 사전 학습과 파인튜닝된 모델이 새로운 데이터에 얼마나 잘 일반화되는지도 평가할 수 있습니다. 성능 개선을 위해서는 역전파(Backpropagation)와 옵티마이저(Optimizer)를 적절히 사용하여 파라미터를 미세 조정하는 것이 중요합니다. 또

15 Papineni, Kishore, et al, 「BLEU: A Method for Automatic Evaluation of Machine Translation」 Proceedings of the 40th Annual Meeting of the Association for Computational Linguistics, (2002), https://aclanthology.org/P02-1040

16 Lin, Chin-Yew, 「ROUGE: A Package for Automatic Evaluation of Summaries」 Text Summarization Branches Out, (2004), https://aclanthology.org/W04-1013

17 Vedantam, Ramakrishna, C. Lawrence Zitnick, and Devi Parikh, 「CIDEr: Consensus-based Image Description Evaluation」 Proceedings of the IEEE Conference on Computer Vision and Pattern Recognition, (2015), https://openaccess.thecvf.com/content_cvpr_2015/html/Vedantam_CIDEr_Consensus-Based_Image_2015_CVPR_paper.html

한, 데이터 증강(Data Augmentation) 기법을 활용하여 모델이 다양한 입력에 대해 견고한 성능을 발휘하도록 할 수 있습니다. 예로는 이미지 데이터를 증강하여 여러 각도나 조명 조건에서 동일한 물체를 인식할 수 있도록 학습시키는 방식이 있습니다.

3.3 _ [실습] 멀티모달 RAG

멀티모달 모델에서 문서를 처리할 때는 주로 다음의 세 가지 방법을 고려합니다.

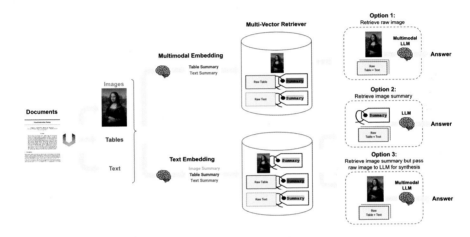

그림 3.11 멀티모달 문서 처리 방법

첫 번째 방법은 CLIP과 같은 멀티모달 임베딩을 사용하여 이미지와 텍스트를 임베딩하고 유사도 기반으로 이미지와 텍스트를 찾아 멀티모달 LLM에 전달하는 방식입니다. 두 번째 는 GPT-4o와 같은 멀티모달 LLM을 활용하여 이미지에서 텍스트 요약을 생성하는 방법으로, 유사도 기반으로 텍스트를 찾고 텍스트만 LLM에게 전달하는 방법입니다. 마지막으로, GPT-4o와 같은 멀티모달 임베딩을 사용하여 이미지에서 텍스트 요약을 생성했다가 원본 이미지와 함께 저장하고 검색된 결과를 이미지와 텍스트 모두 멀티모달 LLM에게 제공해 주는 방식이 있습니다. 이번 실습에서는 마지막 방법으로 GPT를 활용하여 간단한 멀티모달 RAG를 구현해 보겠습니다. [18]

---

18 https://github.com/langchain-ai/langchain/blob/master/cookbook/Multi_modal_RAG.ipynb를 기반으로 작성된 튜토리얼입니다.

3.3.1 멀티모달 정보 추출

실습 환경은 코랩(Colab)을 기준으로 진행합니다. 이번 실습에서는 OPEN AI API로 GPT-4o 모델을 사용할 예정으로 코랩의 런타임은 CPU로 진행해도 괜찮습니다. 먼저 실습을 위한 패키지 설치를 진행하겠습니다.

예제 3.1 멀티모달 RAG 패키지 설명   ch03/01_Multimodal_RAG_Tutorial.ipynb

```
01  import os
02  from google.colab import userdata
03  os.environ["OPENAI_API_KEY"] = userdata.get('OPENAI_API_KEY')
04  from google.colab import drive
05  drive.mount('/content/drive')
06
07  !pip install -U \
08  langchain==0.3.7 \
09  …(생략)
10  pydantic-settings==2.6.1
11  !pip install \
12  unstructured[all-docs]==0.16.6 \
13  …(생략)
14  tiktoken==0.8.0
15  !sudo apt-get update
16  !pip install pdf2image==1.17.0
17  !pip install --user -U nltk==3.9.1
18  !apt-get install poppler-utils
19  !apt install tesseract-ocr
20  !apt install libtesseract-dev
21
22  !pip install --upgrade \
23  nltk==3.9.1 \
24  …(생략)
25  tqdm==4.66.6
26  import nltk, os
27  nltk.download('punkt')
28  os.makedirs('/root/nltk_data/tokenizers/punkt/PY3_tab', exist_ok=True)
29  from langchain_text_splitters import CharacterTextSplitter
```

```
30  from unstructured.partition.pdf import partition_pdf
31
32  import os
33  os.environ['PATH'] += ':/usr/local/bin/tesseract'
34  !pip install \
35  langchain-openai==0.2.9 \
36  ...(생략)
37  urllib3==2.2.3
38  figures_path = "/content/figures/"
```

필요한 패키지와 도구들을 설치하는데, 여기에는 langchain, openai, pdf2image, pillow, tesseract-ocr 등 문서 처리, 이미지 처리, 데이터 검증, PDF 분석, 자연어 처리, OCR 작업에 필요한 다양한 라이브러리가 포함됩니다. 시스템 패키지와 nltk를 업데이트하고 필요한 데이터를 다운로드하며, 텍스트 분할과 PDF 분석을 위한 설정도 진행합니다. 또한 langchain-openai를 설치하고, 생성된 도표를 저장할 경로를 설정합니다.

다음으로 PDF 문서에서 unstructured를 사용하여 테이블과 텍스트를 로딩하는 부분을 작성합니다.

예제 3.2 PDF에서 텍스트와 테이블을 구분하여 처리　　　　　　ch03/01_Multimodal_RAG_Tutorial.ipynb

```
01  def extract_pdf_elements(path, fname):
02      return partition_pdf(
03          filename=path + fname,
04          extract_images_in_pdf=True,
05          infer_table_structure=True,
06          chunking_strategy="by_title",
07          max_characters=4000,
08          new_after_n_chars=3800,
09          combine_text_under_n_chars=2000,
10          image_output_dir_path=path,
11      )
12
13  def categorize_elements(raw_pdf_elements):
14      tables = []
15      texts = []
```

```
16     for element in raw_pdf_elements:
17         if "unstructured.documents.elements.Table" in str(type(element)):
18             tables.append(str(element))
19         elif "unstructured.documents.elements.CompositeElement" in
str(type(element)):
20             texts.append(str(element))
21     return texts, tables
22
23 fpath = "/content/drive/MyDrive/Colab Notebooks/pdf/"
24 fname = "fire.pdf"
25
26 raw_pdf_elements = extract_pdf_elements(fpath, fname)
27
28 texts, tables = categorize_elements(raw_pdf_elements)
29
30 text_splitter = CharacterTextSplitter.from_tiktoken_encoder(
31     chunk_size=4000, chunk_overlap=0
32 )
33 joined_texts = " ".join(texts)
34 texts_4k_token = text_splitter.split_text(joined_texts)
```

1~11: extract_pdf_elements 함수는 PDF 파일에서 이미지, 표, 텍스트를 추출합니다. path는 파일 경로, fname은 파일 이름을 인자로 받습니다. PDF 추출 과정에서 이미지와 표를 감지하고 텍스트를 청크 단위로 나눕니다.

13~21: categorize_elements 함수는 PDF에서 추출된 요소들을 표와 텍스트로 분류합니다. raw_pdf_elements는 추출된 요소들의 리스트이며, 각각의 요소가 표인지 텍스트인지 구분하여 적절한 리스트에 추가합니다.

26: extract_pdf_elements 함수를 사용하여 PDF 파일에서 추출한 원본 요소들을 raw_pdf_elements에 저장합니다.

28: categorize_elements 함수를 사용하여 추출된 요소를 텍스트와 표로 분류하여 각각 texts와 tables에 저장합니다.

30~33: CharacterTextSplitter 객체를 생성하여 텍스트 청크의 최대 토큰 크기를 설정합니다. chunk_size는 4000이며, 청크 간 겹침은 0으로 설정합니다.

34: 모든 텍스트 요소들을 하나로 합친 후, split_text 함수를 통해 텍스트를 4000 토큰 크기로 나누어 texts_4k_token 변수에 저장합니다.

텍스트와 테이블 요약을 진행합니다.

예제 3.3 텍스트와 테이블 요약   ch03/01_Multimodal_RAG_Tutorial.ipynb

```python
01 from langchain_core.output_parsers import StrOutputParser
02 from langchain_core.prompts import ChatPromptTemplate
03 from langchain_openai import ChatOpenAI
04
05 def generate_text_summaries(texts, tables, summarize_texts=False):
06     prompt_text = """당신은 테이블과 텍스트를 요약하여 검색에 사용할 수 있도록 돕는 어시스턴트입니다. \
07 이 요약은 임베딩되어 원문 텍스트 또는 테이블 요소를 검색하는 데 사용됩니다. \
08 테이블 또는 텍스트를 간결하게 요약하고 검색에 최적화된 내용을 작성하세요. 테이블 또는 텍스트: {element} \
09 한국어로 작성하세요."""
10     prompt = ChatPromptTemplate.from_template(prompt_text)
11
12     model = ChatOpenAI(temperature=0, model="gpt-4o")
13     summarize_chain = {"element": lambda x: x} | prompt | model | StrOutputParser()
14
15     text_summaries = []
16     table_summaries = []
17
18     if texts and summarize_texts:
19         text_summaries = summarize_chain.batch(texts, {"max_concurrency": 5})
20     elif texts:
21         text_summaries = texts
22
23     if tables:
24         table_summaries = summarize_chain.batch(tables, {"max_concurrency": 5})
25
26     return text_summaries, table_summaries
```

```
27
28  text_summaries, table_summaries = generate_text_summaries(
29      texts_4k_token, tables, summarize_texts=True
30  )
```

5: generate_text_summaries 함수는 텍스트와 테이블 데이터를 요약하여 검색 최적화를 위해 사용할 수 있도록 간결한 표현을 생성합니다. 이 과정에서 텍스트와 테이블의 요약 결과를 반환합니다.

6~9: prompt_text 변수는 요약을 생성하기 위한 지침을 포함합니다. 사용자는 테이블 또는 텍스트를 입력하며, 요약된 결과는 검색 친화적인 방식으로 한국어로 작성됩니다.

10: ChatPromptTemplate.from_template을 사용하여 지침 텍스트를 모델 입력 프롬프트로 변환합니다.

12: ChatOpenAI 객체는 OpenAI의 챗 모델(GPT-4o)을 호출하며, 출력의 일관성을 위해 temperature는 0으로 설정되어 있습니다.

13: summarize_chain은 텍스트 또는 테이블 데이터를 모델로 전달하고 요약된 출력을 파싱하는 체인입니다. lambda x: x는 데이터를 체인으로 전달하기 위한 변환입니다.

15~16: text_summaries와 table_summaries는 각각 텍스트와 테이블의 요약 결과를 저장할 빈 리스트입니다.

18~19: texts가 존재하고 summarize_texts가 True이면 summarize_chain.batch를 통해 텍스트 데이터를 병렬 처리하여 요약합니다. 동시 실행을 제한하기 위해 max_concurrency를 설정합니다.

20~21: texts만 제공되었을 경우, 텍스트 데이터를 그대로 요약 없이 반환합니다.

23~24: 테이블 데이터(tables)가 존재하면 summarize_chain.batch를 사용해 테이블 데이터를 병렬로 요약합니다.

26: 함수는 텍스트 요약과 테이블 요약 결과를 각각 리스트 형태로 반환합니다.

28~30: 마지막 줄에서 generate_text_summaries 함수는 texts_4k_token과 tables를 입력받아 텍스트 요약(summarize_texts=True)과 테이블 요약을 수행하며, 결과를 각각 text_summaries와 table_summaries에 저장합니다.

이미지 요약을 진행하겠습니다. 먼저 랭체인을 사용하여 GPT-4o를 사용해 이미지를 요약하는 함수를 정의합니다.

예제 3.4 이미지 요약   ch03/01_Multimodal_RAG_Tutorial.ipynb

```python
01  import base64
02  import os
03  from langchain_core.messages import HumanMessage
04
05  def encode_image(image_path):
06      with open(image_path, "rb") as image_file:
07          return base64.b64encode(image_file.read()).decode("utf-8")
08
09  def image_summarize(img_base64, prompt):
10      chat = ChatOpenAI(model="gpt-4o", max_tokens=1024)
11
12      msg = chat.invoke(
13          [
14              HumanMessage(
15                  content=[
16                      {"type": "text", "text": prompt},
17                      {
18                          "type": "image_url",
19                          "image_url": {"url":
f"data:image/jpeg;base64,{img_base64}"},
20                      },
21                  ]
22              )
23          ]
24      )
25      return msg.content
```

1~3: 이 코드는 이미지를 base64로 인코딩하고 AI 모델을 호출하여 이미지를 요약하는 기능을 제공합니다.

5~7: encode_image 함수는 파일 경로(image_path)를 입력받아 해당 이미지를 base64로 인코딩된 문자열로 변환합니다. 파일은 바이너리 읽기 모드로 열리며, base64로 인코딩한 뒤 UTF-8 문자열로 반환됩니다.

9~25: image_summarize 함수는 base64로 인코딩된 이미지 데이터와 요약 요청을 포함하는 프롬프트를 AI 모델에 전달하여 요약된 결과를 반환합니다.

10: ChatOpenAI 객체를 생성하며, 모델은 GPT-4o를 사용하고, 출력 길이를 제한하기 위해 max_tokens를 1024로 설정합니다.

12~24: chat.invoke 메서드는 AI 모델에 메시지를 전달합니다. 메시지는 HumanMessage 형식으로 작성됩니다.

25: AI 모델이 반환한 메시지 내용(msg.content)을 반환하여 요약 결과를 제공합니다.

다음으로 이미지 요약에 적절한 프롬프트를 이용하여 이전에 생성한 이미지 요약 함수를 활용하여 이미지 요약을 생성합니다.

예제 3.5 이미지 요약 생성   ch03/01_Multimodal_RAG_Tutorial.ipynb

```
01 def generate_img_summaries(path):
02     img_base64_list = []
03     image_summaries = []
04
05     prompt = """당신은 이미지를 요약하여 검색에 사용할 수 있도록 돕는
어시스턴트입니다.
06 이 요약은 임베딩되어 원본 이미지를 검색하는 데 사용됩니다.
07 이미지를 간결하게 요약하고 검색에 최적화된 내용을 작성하세요.
08 한국어로 작성하세요."""
09
10     for img_file in sorted(os.listdir(path)):
11         if img_file.endswith(".jpg"):
12             img_path = os.path.join(path, img_file)
```

```
13                base64_image = encode_image(img_path)
14                img_base64_list.append(base64_image)
15                image_summaries.append(image_summarize(base64_image, prompt))
16
17      return img_base64_list, image_summaries
18
19  img_base64_list, image_summaries = generate_img_summaries(figures_path)
```

1~3: generate_img_summaries 함수는 디렉터리에서 이미지를 처리하여 base64로 인코딩된 데이터와 요약된 텍스트를 생성합니다.

5~8: prompt는 AI 모델에 제공할 요약 지침으로, 이미지를 간결하게 요약하고 검색 최적화를 목표로 한국어로 작성된 내용을 요청합니다.

10~15 디렉터리 내 .jpg 파일을 찾아 base64로 인코딩하고 AI 모델을 호출하여 요약 텍스트를 생성합니다.

17: 함수는 base64 인코딩된 이미지 리스트와 요약 텍스트 리스트를 반환합니다.

19: 마지막 줄에서는 generate_img_summaries 함수가 호출되어 figures_path 디렉터리 내 .jpg 파일을 처리하고 결과를 각각 img_base64_list와 image_summaries에 저장합니다.

3.3.2 멀티모달 RAG 구현

생성한 문서의 요약을 멀티 벡터 저장소에 저장합니다.

예제 3.6 멀티 벡터 저장소 저장   ch03/01_Multimodal_RAG_Tutorial.ipynb

```
01  import uuid
02  from langchain.retrievers.multi_vector import MultiVectorRetriever
03  from langchain.storage import InMemoryStore
04  from langchain_chroma import Chroma
05  from langchain_core.documents import Document
06  from langchain_openai import OpenAIEmbeddings
07
```

```
08 def create_multi_vector_retriever(
09     vectorstore, text_summaries, texts, table_summaries, tables, image_summaries,
images
10 ):
11     store = InMemoryStore()
12     id_key = "doc_id"
13
14     retriever = MultiVectorRetriever(
15         vectorstore=vectorstore,
16         docstore=store,
17         id_key=id_key,
18     )
19
20     def add_documents(retriever, doc_summaries, doc_contents):
21         doc_ids = [str(uuid.uuid4()) for _ in doc_contents]
22         summary_docs = [
23             Document(page_content=s, metadata={id_key: doc_ids[i]})
24             for i, s in enumerate(doc_summaries)
25         ]
26         retriever.vectorstore.add_documents(summary_docs)
27         retriever.docstore.mset(list(zip(doc_ids, doc_contents)))
28
29     if text_summaries:
30         add_documents(retriever, text_summaries, texts)
31     if table_summaries:
32         add_documents(retriever, table_summaries, tables)
33     if image_summaries:
34         add_documents(retriever, image_summaries, images)
35
36     return retriever
37
38 vectorstore = Chroma(
39     collection_name="multimodal_rag", embedding_function=OpenAIEmbeddings()
40 )
41
42 retriever_multi_vector_img = create_multi_vector_retriever(
43     vectorstore,
44     text_summaries,
```

```
45        texts,
46        table_summaries,
47        tables,
48        image_summaries,
49        img_base64_list,
50    )
```

1~6: 다중 벡터 검색기를 생성하고 텍스트, 테이블, 이미지 데이터를 검색 가능한 형태로 저장하는 코드를 정의하고, 필요한 외부 라이브러리와 langchain 모듈을 가져옵니다.

8~18: create_multi_vector_retriever 함수는 벡터 저장소와 입력 데이터를 기반으로 다중 벡터 검색기를 초기화합니다.

14~18: MultiVectorRetriever는 벡터 저장소와 문서 저장소를 연결하는 검색기입니다.

20~27: add_documents 함수는 요약 데이터와 원본 데이터를 받아 고유 ID와 함께 검색기에 추가합니다.

29~36: 텍스트, 테이블, 이미지 데이터가 존재할 경우, 각각을 검색기에 추가하고, 완성된 검색기를 반환합니다.

38~40: Chroma를 사용해 벡터 저장소를 초기화하며, 임베딩 함수로 OpenAIEmbeddings 를 설정합니다.

42~50: create_multi_vector_retriever를 호출해 텍스트, 테이블, 이미지 데이터를 포함하는 검색기를 생성합니다.

검색기에 사용할 이미지와 텍스트 처리 함수를 정의하겠습니다. 먼저 base64로 이미지를 처리하는 함수부터 정의합니다.

예제 3.7 base64로 이미지 처리   ch03/01_Multimodal_RAG_Tutorial.ipynb

```
01  import io
02  import re
03
04  from IPython.display import HTML, display
```

```
05  from langchain_core.runnables import RunnableLambda, RunnablePassthrough
06  from PIL import Image
07
08  def plt_img_base64(img_base64):
09      image_html = f'<img src="data:image/jpeg;base64,{img_base64}" />'
10      display(HTML(image_html))
11
12  def looks_like_base64(sb):
13      return re.match("^[A-Za-z0-9+/]+[=]{0,2}$", sb) is not None
```

1~2: 이미지를 처리하고, base64 데이터를 판별하거나 시각적으로 출력하는 유틸리티 코드를 정의합니다.

4~6: 필요한 라이브러리를 가져옵니다. io는 I/O 작업, re는 정규 표현식 처리, IPython.display는 HTML 콘텐츠를 표시하는 데 사용됩니다.

8~10: plt_img_base64 함수는 base64 인코딩된 이미지를 HTML로 렌더링하여 시각적으로 출력합니다.

12~13: looks_like_base64 함수는 입력 문자열이 base64 형식인지 정규 표현식을 사용해 확인합니다.

다음으로 이미지 데이터 여부를 체크하는 함수를 정의합니다.

예제 3.8 이미지 데이터 체크　　　　　　　　　　　　ch03/01_Multimodal_RAG_Tutorial.ipynb

```
01  def is_image_data(b64data):
02      image_signatures = {
03          b"\xff\xd8\xff": "jpg",
04          b"\x89\x50\x4e\x47\x0d\x0a\x1a\x0a": "png",
05          b"\x47\x49\x46\x38": "gif",
06          b"\x52\x49\x46\x46": "webp",
07      }
08      try:
09          header = base64.b64decode(b64data)[:8]
10          for sig, format in image_signatures.items():
11              if header.startswith(sig):
```

```
12              return True
13          return False
14      except Exception:
15          return False
```

1: is_image_data 함수는 입력된 base64 인코딩 데이터가 이미지인지 확인합니다.

2~7: image_signatures는 각 이미지 형식(JPG, PNG, GIF, WebP)의 파일 헤더 시그니처를 저장한 딕셔너리입니다.

9: base64.b64decode(b64data)[:8]은 base64 데이터를 디코딩하여 처음 8바이트의 헤더를 추출합니다.

10~13: 추출된 헤더와 각 이미지 시그니처를 비교하여 일치하는 경우 True를 반환합니다.

14~15: 예외가 발생하면 False를 반환하여 데이터가 유효하지 않거나 이미지 형식이 아님을 나타냅니다.

이미지 크기를 조절하는 함수를 정의합니다.

예제 3.9 이미지 리사이즈   ch03/01_Multimodal_RAG_Tutorial.ipynb

```
01  def resize_base64_image(base64_string, size=(128, 128)):
02      img_data = base64.b64decode(base64_string)
03      img = Image.open(io.BytesIO(img_data))
04
05      resized_img = img.resize(size, Image.LANCZOS)
06
07      buffered = io.BytesIO()
08      resized_img.save(buffered, format=img.format)
09
10      return base64.b64encode(buffered.getvalue()).decode("utf-8")
```

1~2: resize_base64_image 함수는 base64로 인코딩된 이미지 데이터를 주어진 크기 (size)로 리사이즈한 뒤 다시 base64 형식으로 반환합니다.

2: base64.b64decode를 사용해 입력된 base64 문자열을 디코딩하여 바이너리 이미지 데이터를 생성합니다.

3: Image.open과 io.BytesIO를 사용해 디코딩된 이미지 데이터를 PIL 이미지 객체로 변환합니다.

5: img.resize를 호출해 이미지를 지정된 크기(size)로 리사이즈하며, 고품질 리샘플링(Image.LANCZOS)을 적용합니다.

7~8: io.BytesIO를 사용해 리사이즈된 이미지를 메모리 버퍼에 저장하며, 원본 이미지 포맷(img.format)을 유지합니다.

10: 리사이즈된 이미지를 base64로 재인코딩하여 UTF-8 문자열로 반환합니다.

문서에서 이미지와 텍스트를 구분하여 분리하는 함수를 정의합니다.

예제 3.10 이미지와 텍스트 분리   ch03/01_Multimodal_RAG_Tutorial.ipynb

```
01 def split_image_text_types(docs):
02     b64_images = []
03     texts = []
04     for doc in docs:
05         if isinstance(doc, Document):
06             doc = doc.page_content
07         if looks_like_base64(doc) and is_image_data(doc):
08             doc = resize_base64_image(doc, size=(1300, 600))
09             b64_images.append(doc)
10         else:
11             texts.append(doc)
12     return {"images": b64_images, "texts": texts}
```

1: split_image_text_types 함수는 입력된 문서 리스트(docs)를 이미지 데이터와 텍스트 데이터로 분류합니다.

4~6: 각 문서(doc)가 Document 객체일 경우, 해당 문서의 내용을 page_content로 추출합니다.

7: `looks_like_base64`와 `is_image_data`를 사용해 문서가 base64로 인코딩된 이미지 데이터인지 확인합니다.

8~9: 이미지 데이터일 경우, `resize_base64_image`를 호출해 이미지를 지정된 크기 (1300x600)로 리사이즈한 뒤 b64_images에 추가합니다.

10~11: 이미지가 아닌 데이터는 텍스트로 간주하고 texts 리스트에 추가합니다.

12: 이미지와 텍스트 데이터를 각각 images와 texts 키를 가진 딕셔너리로 반환합니다.

이미지 프롬프트를 정의하겠습니다.

예제 3.11 이미지 프롬프트 생성   ch03/01_Multimodal_RAG_Tutorial.ipynb

```python
01 def img_prompt_func(data_dict):
02     formatted_texts = "\n".join(data_dict["context"]["texts"])
03     messages = []
04
05     if data_dict["context"]["images"]:
06         for image in data_dict["context"]["images"]:
07             image_message = {
08                 "type": "image_url",
09                 "image_url": {"url": f"data:image/jpeg;base64,{image}"},
10             }
11             messages.append(image_message)
12
13     text_message = {
14         "type": "text",
15         "text": (
16             "당신은 인텔리전트 Q&A 챗봇입니다. \n"
17             "사용자가 제공하는 텍스트, 표, 그리고 주로 차트나 그래프 형태의 이미지를
바탕으로 정보를 분석합니다.\n"
18             "이 정보를 활용하여 사용자 질문에 관련된 조언을 제공합니다. \n"
19             f"사용자가 제공한 질문: {data_dict['question']}\n\n"
20             "텍스트나 테이블:\n"
21             f"{formatted_texts}"
22         ),
23     }
```

```
24        messages.append(text_message)
25        return [HumanMessage(content=messages)]
```

1: `img_prompt_func` 함수는 입력 데이터(`data_dict`)를 사용하여 AI 모델에 전달할 메시지를 생성합니다.

2: `formatted_texts`는 입력 데이터의 텍스트를 개행 문자(\n)로 구분하여 하나의 문자열로 변환합니다.

5~11: 입력 데이터에 이미지가 있으면 각 이미지를 `image_url` 형식의 메시지로 변환하여 `messages` 리스트에 추가합니다.

13~25: 텍스트 데이터를 기반으로 질문과 관련된 메시지를 생성하여 `messages` 리스트에 추가하고, 모든 메시지를 `HumanMessage` 객체로 포장하여 반환합니다.

예제 3.12 멀티모달 RAG 체인 구성   ch03/01_Multimodal_RAG_Tutorial.ipynb

```
01  def multi_modal_rag_chain(retriever):
02      model = ChatOpenAI(temperature=0, model="gpt-4o", max_tokens=1024)
03      chain = (
04          {
05              "context": retriever | RunnableLambda(split_image_text_types),
06              "question": RunnablePassthrough(),
07          }
08          | RunnableLambda(img_prompt_func)
09          | model
10          | StrOutputParser()
11      )
12
13      return chain
14
15  chain_multimodal_rag = multi_modal_rag_chain(retriever_multi_vector_img)
```

1~13: `multi_modal_rag_chain` 함수는 검색기와 AI 모델을 결합하여 다중 모달 데이터를 처리하고 질문에 대한 답변을 생성하는 체인을 구성합니다.

2: ChatOpenAI 객체는 OpenAI의 GPT-4o 모델을 호출하며, 안정적이고 길이가 제한된 응답을 생성합니다.

3~11: 체인은 검색기에서 데이터를 검색한 후, 이미지와 텍스트로 분리하고 이를 AI 모델에 전달해 답변을 생성하며, 최종 결과를 문자열로 변환합니다.

13: 생성된 체인을 반환합니다.

15: `multi_modal_rag_chain` 함수를 호출하여 `retriever_multi_vector_img`를 입력으로 사용하는 다중 모달 RAG 체인을 생성하고, 결과를 `chain_multimodal_rag`에 저장합니다.

멀티모달 검색 결과를 확인해 봅니다.

예제 3.13 멀티모달 검색기 결과 확인   ch03/01_Multimodal_RAG_Tutorial.ipynb

```
16 query = "소화전 사용 방법을 알려주세요"
17 docs = retriever_multi_vector_img.invoke(query, limit=6)
18 print(image_summaries[19])
```

`query`는 사용자가 검색하려는 질문으로, '소화전 사용 방법을 알려주세요'라는 문자열을 저장합니다. `retriever_multi_vector_img.invoke`를 호출하여 검색기를 사용해 질문에 관련된 문서를 검색하고 최대 6개의 문서를 반환합니다. 소화전 사용 방법에 해당하는 이미지에 대한 요약을 출력합니다.

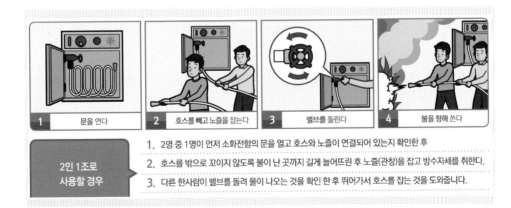

소화전 사용 방법:

1. 소화전 문을 엽니다.

2. 호스를 빼고 노즐을 잡습니다.

3. 밸브를 돌립니다.

4. 불을 향해 물을 쏩니다.

2인 1조로 사용할 때, 한 명이 소화전 문을 열고 연결 확인 후 호스를 길게 늘린 후 노즐을 잡고 다른 사람이 밸브를 돌려 물을 쏩니다.

마지막으로 멀티모달 RAG 체인을 통해 결과를 확인합니다.

예제 3.14 멀티모달 RAG 결과 확인   ch03/01_Multimodal_RAG_Tutorial.ipynb

```
19 result = chain_multimodal_rag.invoke(query)
20 print(result)
```

chain_multimodal_rag를 사용하여 쿼리에 대한 멀티모달 RAG 체인을 실행합니다. 출력된 결과는 텍스트나 이미지, 혼합된 데이터를 바탕으로 생성된 응답입니다.

소화전 사용 방법은 다음과 같습니다:

1. **문을 연다**: 소화전함의 문을 열고 호스와 노즐이 연결되어 있는지 확인합니다.

2. **호스를 빼고 노즐을 잡는다**: 호스를 밖으로 끌어내어 불이 난 곳까지 길게 늘어뜨린 후 노즐을 잡습니다.

3. **밸브를 돌린다**: 밸브를 돌려 물이 나오는 것을 확인합니다.

4. **불을 향해 쏜다**: 노즐을 불 쪽으로 향해 물을 뿌립니다.

이 방법을 통해 화재를 진압할 수 있습니다.

예제 3.14의 실행 결과를 확인해 보면, 소화전 사용 방법에 대한 응답으로 예제 3.13의 실행 결과와 같이 제공된 PDF 문서의 이미지와 텍스트 정보를 충실히 반영하여 답변하는 것을 확인할 수 있습니다. 이처럼 멀티모달 RAG를 통해서 단순히 텍스트 정보뿐만 아니라 이미지 정보와 같이 다른 유형의 데이터 영역까지 확장함으로써 보다 정확하고 유용하게 활용할 수 있습니다.

04

GraphRAG

이 장에서는 LLM을 통해 그래프 데이터를 활용하는 GraphRAG에 대해서 살펴보겠습니다. GraphRAG는 기존 RAG 시스템의 한계를 극복하고 더 정교한 정보 검색과 생성을 가능하게 하는 새로운 접근 방식입니다. 특히 복잡한 관계성을 가진 데이터를 처리할 때 그래프 구조의 장점을 활용하여 더 정확하고 맥락에 맞는 응답을 생성할 수 있습니다. GraphRAG의 기본 개념에 대해 소개하고 지식 그래프의 기본 구조인 노드와 엣지의 개념부터 시작하여, 이들이 어떻게 실제 정보와 관계를 표현하는지 살펴봅니다. 또한 4.1절에서는 간단한 예제를 통해 그래프 구조를 직접 구현해 보고, LLM을 활용하여 자연어 질문에 대한 답변을 추출하는 실습을 진행하겠습니다.

4.2절에서는 더 실전적인 응용으로 넘어가 실제 텍스트 데이터를 다루는 방법을 배우게 됩니다. 랭체인(LangChain) 모듈을 활용하여 비정형 텍스트로부터 자동으로 지식 그래프를 생성하고 변환하는 과정을 상세히 다룰 것입니다. 특히 그래프 리트리버와 벡터 리트리버를 결합한 하이브리드 검색 방식을 통해 더 정확하고 관련성 높은 정보를 추출하는 방법을 소개합니다. 이러한 과정을 종합하여 실제로 동작하는 GraphRAG 파이프라인을 구성해 보겠습니다.

4.1 _ GraphRAG란?

우선 GraphRAG는 그 이름에서도 알 수 있듯이 Graph(그래프) 데이터+RAG(Retrieval-Augmented Generation)의 합성어입니다. 이는 기존 RAG 시스템의 장점을 유지하면서 그래프 데이터의 구조적 특성을 활용하여 정보 검색과 생성 과정을 개선합니다.

여기서 말하는 그래프 데이터는 정확히는 지식 그래프(Knowledge Graph) 데이터를 뜻하며, 지식 그래프 데이터란 데이터 간의 관계를 노드와 엣지로 표현한 데이터를 말합니다. 이때 노드는 엔티티(Entity)를, 엣지는 개체 간의 관계(Relationship)를 나타냅니다. 엔티티는 사람이나 사물, 어떠한 개념이 될 수 있는데, 간단한 지식 그래프를 시각화해 보면 다음과 같습니다.

그림 4.1 노드(엔티티)와 엣지(관계) 추가 1

그림 4.1은 축구선수인 'Messi'와 'Neymar'라는 2개의 노드를 가지고 있으며, 이 둘은 'friend'라는 엣지로 이어져 있습니다. 다음으로, 생성된 지식 그래프에서 새로운 엔티티인 'Barcelona'가 추가된 모습을 살펴보겠습니다.

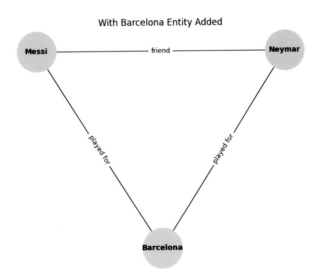

그림 4.2 노드(엔티티)와 엣지(관계) 추가 2

그림 4.2는 'Barcelona' 노드가 추가되었을 때의 지식 그래프를 나타냅니다. Messi와 Neymar라는 축구선수 모두 Barcelona라는 클럽에서 선수 생활을 했기 때문에 'Played for'라는 관계로 이어집니다. 만약 축구선수인 Messi, Neymar가 둘 다 속하지 않았던 농구팀 'LA Lakers'가 새로운 노드로 추가된다면 해당 노드와 두 선수 노드들 간의 관계는 생성되지 않을 것으로 쉽게 예상할 수 있습니다. 이처럼 지식 그래프, 즉 그래프 데이터는 복잡한 관계와 연결성을 효과적으로 표현할 수 있어 네트워크 분석, 경로 최적화 등의 분야에서 효율적으로 활용됩니다.

GraphRAG의 작동 원리를 위 그래프 예시를 통해 살펴보면 다음과 같습니다. 예를 들어 사용자가 GraphRAG 기반 AI 서비스에 "메시와 네이마르가 함께 뛴 팀은 어디야?"라는 질문을 했다고 가정하겠습니다. 먼저 사용자의 질문이 입력되면 시스템은 이를 분석하여 관련된 그래프 노드와 관계를 식별합니다. 아마도 이때 시스템은 관련도 높은 '메시', '네이마르', '팀'이라는 핵심 개념을 추출할 것입니다. 그래프에서 '메시'와 '네이마르' 노드를 찾아 시작점으로 삼습니다.

다음으로 이 시작점을 기반으로 그래프를 탐색하기 시작합니다. 이때 그래프 노드, 관계에 대한 벡터 알고리즘 혹은 그래프 탐색 알고리즘을 사용하여 유사도 높은 다른 노드들과 그들 사이의 관계를 따라가며 필요한 정보를 수집합니다. 예시에서는 'Played for'라는 관계를 따라가면 두 선수 모두 'Barcelona' 노드와 연결되어 있음을 찾아낼 수 있습니다. 이 과정에서 직접적으로 연결된 노드뿐만 아니라, 여러 단계를 거쳐 연결된 노드들의 정보도 함께 고려됩니다.

그래프 탐색을 통해 수집된 정보는 다음 단계에서 LLM이 이해할 수 있는 형태로 변환됩니다. 이 과정에서는 그래프의 구조적 특성(특히 관계)을 유지하면서도 LLM이 효과적으로 처리할 수 있는 텍스트 형태로 정보를 구성합니다. 예시로 "메시와 네이마르는 모두 Barcelona와 'Played for' 관계를 가지고 있다"는 형태로 변환됩니다.

마지막으로, 이렇게 준비된 정보들이 다시 한 번 프롬프트로 가공되어 LLM이 이를 기반으로 사용자 질문에 대한 최종 응답을 생성합니다. LLM은 그래프에서 추출한 구조화된 정보와 자신의 사전 학습된 지식을 결합하여 "메시와 네이마르가 함께 뛴 팀은 바르셀로나입니다"라는 응답을 생성할 것입니다. 이 과정에서 LLM은 '함께 뛰다'라는 표현이 같은 팀에서 선수로 활동했다는 의미라는 것을 사전 학습된 언어 이해 능력을 통해 해석합니다.

더 나아가 시스템은 두 선수의 바르셀로나에서의 활약 기간이나 성과 등 추가적인 정보도 그래프에서 찾아 응답에 포함시킬 수 있습니다. 이러한 과정을 통해 GraphRAG는 단순한 키워드 매칭을 넘어서 복잡한 관계와 맥락을 고려한 응답을 제공할 수 있게 됩니다. 그래프의 구조적 특성과 LLM의 언어 이해 능력을 결합하여 단순한 사실 검색을 넘어선 풍부하고 맥락에 맞는 응답을 제공하는 것이 GraphRAG의 핵심입니다.

4.2 _ 기존 RAG와 차이점

새로운 모델 및 증강 방식이 등장하면서 RAG 기법들도 다양해졌습니다. 하지만 그중에서도 GraphRAG가 다른 RAG에 비해 가지는 대표적인 차이점은 크게 세 가지로 나눌 수 있습니다.

첫 번째로 GraphRAG는 단순한 벡터 유사도 검색을 넘어서 복잡한 관계와 맥락을 포착할 수 있게 해줍니다. 기존 벡터 및 검색엔진 기반 RAG 시스템이 주로 키워드나 문장 단위의 유사도에 의존했다면 GraphRAG는 개체 간의 관계를 그래프로 구조화하여 복잡한 정보 검색과 추론이 가능합니다.

두 번째, GraphRAG는 전체 데이터셋에 대한 개선된 종합적인 추론 및 요약 능력을 갖추고 있습니다. "이 문서의 핵심 주제 5가지는?"과 같은 전체적인 분석 질문에 효과적으로 대응할 수 있습니다. GraphRAG는 데이터 전체를 의미론적 클러스터로 조직화하고 이를 요약합니다. 이 과정에서 LLM은 지식 그래프의 구조를 활용하여 데이터셋의 전반적인 주제와 패턴을 인식합니다.

그리고 LLM은 이러한 클러스터를 참조해 더 포괄적이고 정확한 요약을 제공할 수 있습니다. 예를 들면 특정 주제에 관한 문서의 내용을 연결하거나 시간별 주제의 변화를 트래킹하여 복잡한 분석이 가능합니다. 단순히 개별 문서나 문장 단위의 검색에 의존하는 기존 RAG 시스템과는 차별화되며 대규모 텍스트 데이터나 긴 문서에 대한 전체적인 이해를 증진시키고 통찰 있는 RAG 구조를 가능하게 합니다.

세 번째, GraphRAG는 응답 생성 시 출처 정보를 함께 제공하여 AI 서비스 결과의 신뢰성과 검증성을 높입니다. 이는 연관된 정보 구조가 담겨있기 때문에 가능합니다. 특히 기존의 다른 RAG 시스템들이 종종 간과하는 특징으로, GraphRAG를 통해 사용자는 LLM의 출력을 원본 소스 자료와 직접 비교하여 정확성을 확인할 수 있습니다. 이러한 투명성은 특히 기업의 독점적 데이터셋이나 중요한 의사결정을 위한 합리적인 근거 마련에서 강점을 지닙니다.

4.3 _ GraphRAG를 위한 환경 설정

이 섹션에서는 GraphRAG 실습을 위한 환경과 필요 설정을 하나씩 알아보겠습니다. 코드를 실습하기 위해 구글 코랩(https://colab.google/)에서 랭체인 라이브러리를 통해 Neo4j를 연결하는 법을 설명하고 간단한 그래프 데이터를 조회해 보겠습니다. Neo4j는 대표적인 Graph Database 중 하나로, 복잡한 관계형 데이터를 효율적으로 저장하고 쿼리할 수 있는 기능을 제공합니다.

또한 Neo4j는 데스크톱 프로그램을 설치하지 않고 웹으로도 간단한 그래프 데이터베이스를 실습할 수 있는 샌드박스 서비스를 제공합니다. 실습을 위해 코랩 노트북에서 필요한 랭체인 라이브러리 및 Neo4j 라이브러리를 설치하겠습니다.

예제 4.1 라이브러리 설치   ch04/01_graphrag.ipynb

```
# langchain, openAI, neo4j
01  !pip install langchain==0.3.14
02  !pip install langchain_openai==0.3.0
03  !pip install neo4j==5.27.0
04  !pip install langchain-community==0.3.14
```

설치가 완료되면 각 라이브러리를 임포트하고 앞 챕터에서 진행했던 **OPEN_API_KEY**를 세팅합니다. 그리고 Neo4j 샌드박스(https://sandbox.neo4j.com)에 접속합니다. [New Project] 버튼을 통해 프로젝트를 생성합니다. 프로젝트 하단의 'Connection details'에서 [Bolt URL], [username], [password]를 입력하고 코랩에 프로젝트를 연결합니다. 이어지는 연결 예시는 Neo4j에서 기본으로 제공하는 Stack Overflow 데이터를 사용했습니다.

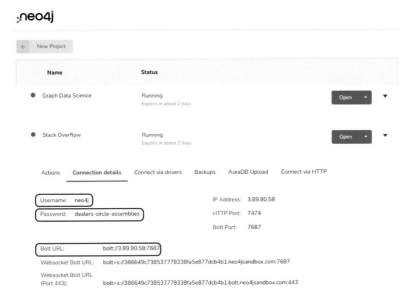

그림 4.3 Neo4j 샌드박스 연결 정보

위 샌드박스 환경에서 Stack Overflow 프로젝트의 [OPEN] 버튼을 눌러 웹 환경에서 그래프 데이터를 조회하고 조작할 수 있습니다. 하지만 이번 장의 목표는 LLM과 연동하기 위한 실습이므로 코랩에서 코드를 실행하겠습니다.

예제 4.2 그래프 및 LLM API 연결   ch04/01_graphrag.ipynb

```
01  from langchain_community.graphs import Neo4jGraph
02  import os
03  os.environ['OPENAI_API_KEY'] = " " # API 키를 입력해주세요.
```

필요 라이브러리를 임포트하고 OPEN AI API 키 및 Neo4j 그래프 연동이 끝났다면 networkx라는 라이브러리를 이용해 다음과 같이 현재 그래프 데이터의 스키마를 간단하게 시각화할 수 있습니다.

예제 4.3 그래프 노드 엣지 추가 및 시각화   ch04/01_graphrag.ipynb

```python
01  import matplotlib.pyplot as plt
02  import networkx as nx
03
04  # Neo4j Graph 객체 사용
05  # Neo4j Bolt URL, Username, Password를 입력하세요
06  graph = Neo4jGraph(url=" ", username=" ", password=" ")
07
08  # 스키마 가져오기
09  query = """
10  CALL db.schema.visualization;
11  """
12  results = graph.query(query)
13
14  # 결과 구조 확인
15  print("Results structure:", results)
16
17  # NetworkX 그래프 생성
18  G = nx.Graph()
19
20  # 결과가 리스트의 딕셔너리 형태로 반환됨
21  for result in results:
22      # 노드 추가
23      for node in result['nodes']:
24          G.add_node(node['name'], name=node['name'])
25
26      # 엣지 추가
27      for rel in result['relationships']:
28          start_node = rel[0]['name']
29          end_node = rel[2]['name']
30          rel_type = rel[1]
31          G.add_edge(start_node, end_node, name=rel_type)
32
```

```
33  # 그래프 레이아웃 설정
34  pos = nx.spring_layout(G)
35
36  # 그래프 그리기
37  plt.figure(figsize=(10, 6))
38  nx.draw(G, pos, with_labels=True, node_color='lightblue', node_size=3000,
font_size=10, font_weight='bold')
39
40  # 엣지 레이블 추가
41  edge_labels = nx.get_edge_attributes(G, 'name')
42  nx.draw_networkx_edge_labels(G, pos, edge_labels=edge_labels)
43
44  # 노드 레이블 추가
45  node_labels = nx.get_node_attributes(G, 'name')
46  nx.draw_networkx_labels(G, pos, node_labels, font_size=12)
47
48  plt.title("Neo4j Stackoverflow Schema Visualization")
49  plt.axis('off')
50  plt.tight_layout()
51  plt.show()
```

1~6: matplotlib.pyplot과 networkx를 불러와 그래프 시각화에 필요한 라이브러리를 준비하고, Neo4jGraph 객체를 생성해 url, username, password를 설정하여 Neo4j 데이터베이스에 연결합니다.

8~15: 데이터베이스 스키마 정보를 가져오기 위해 CALL db.schema.visualization; 쿼리를 작성하고 실행한 뒤, results에 저장하여 데이터 구조를 확인합니다.

17~31: results 리스트를 순회하며 노드와 관계 데이터를 추출해 G 그래프 객체에 추가합니다. for node in result['nodes']는 각 노드를 이름 속성으로 추가합니다. for rel in result['relationships']는 관계 데이터를 통해 시작 노드와 종료 노드를 연결하는 엣지를 추가합니다.

33~46: nx.spring_layout을 통해 노드 위치를 설정하고, nx.draw를 사용해 노드와 엣지를 그립니다. nx.get_edge_attributes와 nx.get_node_attributes로 레이블을 가

져온 뒤, nx.draw_networkx_edge_labels와 nx.draw_networkx_labels로 그래프에 표시합니다.

48~51: 그래프 제목을 plt.title로 설정하고, plt.axis('off')로 축을 숨깁니다. plt.tight_layout으로 레이아웃을 조정한 뒤 plt.show로 최종 시각화 결과를 출력합니다.

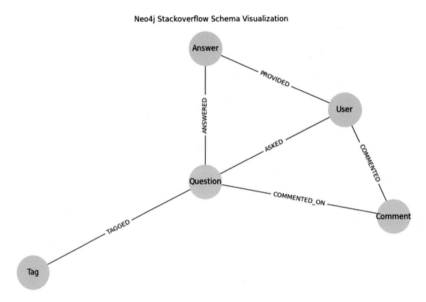

그림 4.4 Stackoverflow 데이터 시각화

그림 4.4는 Stackoverflow의 기본 그래프 구조(엔티티, 엣지)를 시각화한 것입니다. 여기까지 실행되었다면 기본적인 세팅은 완료된 것입니다. 이제 그래프 데이터베이스를 연동하여 데이터 구조를 노트북 환경에서 쿼리를 실행하여 조회할 수 있습니다.

4.3.1 Neo4j

정형 데이터를 처리하는 대표 언어인 SQL과 달리, 그래프 데이터는 각 데이터베이스마다 고유한 쿼리 언어 및 데이터 구조에 대한 이해가 필요합니다. 이 책에서 소개하는 Neo4j의 경우 Cypher라는 언어 외에도 대표적으로 Apache에서 지원하는 Gremlin, API 쿼리 언어로도 사용되는 GraphQL 등을 지원합니다. Neo4j가 제공하는 그래프 데이터의 구조를 Cypher 쿼리를 직접 수행해 보면서 살펴보겠습니다.

우선 Cypher 쿼리의 기본 구조는 크게 다음과 같습니다. 1) MATCH 절: 그래프 패턴을 지정합니다. 2) WHERE 절: 조건을 지정합니다(선택적). 3) RETURN 절: 결과를 반환합니다. 4) ORDER BY 절: 결과를 정렬합니다(선택적). 5) LIMIT 절: 결과의 수를 제한합니다(선택적). 간단한 쿼리 예시를 살펴보겠습니다.

예제 4.4 cypher 쿼리 실행   ch04/01_graphrag.ipynb

```
01  result = graph.query("""
02  MATCH (u:User)
03  WHERE  u.display_name CONTAINS 'ch'
04  RETURN
05      u.display_name AS DisplayName
06  ORDER BY u.display_name DESC
07  LIMIT 3""")
08
09  print(result)
```

위 내용을 해석하면 다음과 같습니다. `MATCH (u:User)`는 데이터베이스에서 `User` 레이블을 가진 모든 노드를 찾습니다. 여기서 `u`는 각 User 노드를 나타내는 변수입니다. `WHERE u.display_name CONTAINS 'ch'`는 찾은 User 노드들 중에서 `display_name` 속성에 ch라는 문자열이 포함된 노드만 선택합니다. `RETURN u.display_name AS DisplayName`은 선택된 노드들의 `display_name` 속성값을 반환합니다. `ORDER BY u.display_name DESC`는 결과를 `display_name` 속성값을 기준으로 내림차순(`DESC`)으로 정렬합니다. `LIMIT 3`은 정렬된 결과 중 상위 3개만 반환합니다.

```
[{'DisplayName': 'vyaches'}, {'DisplayName': 'vasant kumar chinnipilli'},
{'DisplayName': 'tzach'}]
```

정형 DBMS의 표준 SQL과 유사한 부분이 많아 직관적으로 이해할 수 있습니다. Cypher 쿼리에 대한 내용은 이 책에서는 이 정도만 이해하면 충분합니다. 뒤에서 설명하겠지만, GraphRAG를 사용하면 쿼리 문법에 대한 이해가 부족하더라도 자연어로 쿼리하여 결과를 얻을 수 있기 때문입니다.

앞서 언급했듯이 그래프는 기본적으로 노드와 엣지로 구성되어 있습니다. Neo4j 그래프 노드의 특징을 좀 더 설명하면, 노드는 데이터의 주요 엔티티를 표현하며 레이블(Label)과 속성(Property)을 가집니다. 레이블은 노드의 역할이나 유형을 나타냅니다. 그리고 속성은 노드의 특성을 key-value 형태로 저장하며 노드가 가지는 특성을 저장합니다. 다음에서 그래프 내부 노드를 조회하고 속성과 레이블 함수를 사용하여 살펴보겠습니다.

예제 4.5 그래프 조회 1   ch04/01_graphrag.ipynb

```
01 # 그래프 내부 고유 노드 레이블(DISTINCT) 조회
02 result = graph.query("""
03 MATCH (n)
04 RETURN
05     DISTINCT labels(n) AS Labels
06 LIMIT 100""")
07 print(result)
```

graph.query() 메서드를 사용하여 Neo4j 데이터베이스의 고유한 노드 레이블을 조회합니다. RETURN DISTINCT labels(n) AS Labels는 각 노드의 레이블 목록에서 중복을 제거한 고유 레이블을 Labels라는 별칭으로 반환합니다. 출력된 결과는 데이터베이스 내 모든 고유 노드 레이블의 리스트이며, 최대 100개의 레이블을 보여줍니다.

```
[{'Labels': ['Question']}, {'Labels': ['User']}, {'Labels': ['Tag']}, {'Labels':
['Answer']}, {'Labels': ['Comment']}]
```

stackoverflow 그래프 데이터에는 총 4개의 고유한 노드 레이블이 있는 것을 알 수 있습니다. DISTINCT를 사용한 이유는 레이블이 같은 노드가 여러 개일 수 있기 때문인데, 이러한 같은 레이블의 노드들을 구분하는 고유 노드 id가 존재합니다. Neo4j에서는 elementid 함수를 통해 노드의 고유 id를 조회할 수 있습니다. USER 노드의 개수를 확인해 보겠습니다.

예제 4.6 그래프 조회 2   ch04/01_graphrag.ipynb

```
01 # 'User' 노드ID 카운트
02 result = graph.query("""
03 MATCH (n:User)
04 WITH
```

```
05        count(DISTINCT elementId(n)) AS Node_Unique_Count
06 RETURN
07        Node_Unique_Count """)
08 print(result)
```

graph.query() 메서드를 사용하여 User 노드의 고유 ID 개수를 조회합니다.

MATCH (n:User)는 User 레이블을 가진 모든 노드를 검색합니다. WITH count(DISTINCT elementId(n)) AS Node_Unique_Count는 고유한 노드 ID를 세어 Node_Unique_Count 라는 별칭으로 저장합니다. RETURN Node_Unique_Count는 카운트된 값인 노드의 유니크한 값을 반환합니다.

```
[{'Node_Unique_Count': 1365}]
```

레이블이 User인 노드가 1365개인 것을 확인할 수 있습니다. 다음은 1365개의 노드 중 User 노드 하나를 선택하여 속성과 관련 정보를 확인해보겠습니다.

예제 4.7 그래프 조회 3   ch04/02_graphrag.ipynb

```
01 # 'User' 노드 1개 살펴보기
02 result = graph.query("""
03 MATCH (n:User)
04 RETURN
05      elementId(n) AS NodeID,
06      labels(n) AS Labels,
07      keys(n) AS key,
08      properties(n) AS Properties,
09      size(keys(n)) AS PropertyCount
10 LIMIT 1 """)
11 print(result)
```

3: MATCH (n:User): User 레이블을 가진 노드를 검색합니다.

5: elementId(n) AS NodeID는 해당 노드의 고유 ID를 NodeID라는 별칭으로 반환합니다

6: labels(n) AS Labels는 노드의 레이블 목록을 Labels라는 별칭으로 반환합니다.

7: `keys(n) AS key`는 노드의 모든 속성 키를 key라는 별칭으로 반환합니다.

8: `properties(n) AS Properties`는 노드의 모든 속성 및 값을 Properties라는 별칭으로 반환합니다.

9: `size(keys(n)) AS PropertyCount`는 노드에 있는 속성의 개수를 PropertyCount라는 별칭으로 반환합니다.

```
[{'NodeID': '4:6505161b-8ed5-41c6-b525-2c3749429170:604', 'Labels': ['User'], 'key':
['uuid', 'display_name'], 'Properties': {'display_name': 'schernichkin', 'uuid':
2236092}, 'PropertyCount': 2}]
```

속성(Properties)은 key-value 형태로 저장됩니다. 해당 노드는 Keys(n) 함수로 key가 uuid, display_name 2개인 경우만을 확인할 수 있으며 properties(n) 함수를 통해 key-value 전체를 확인할 수 있습니다. 위 예제에서는 display_name이 schernichkin이라는 유저 이름을 가진 노드인 것을 알 수 있습니다.

4.4 _ [실습] GraphRAG

이번 섹션에서는 지식 그래프 데이터에서 LLM을 활용하는 GraphRAG의 실제 구현과 활용 방법을 두 가지 실습을 통해 상세히 살펴보겠습니다. 첫 번째로 랭체인의 GraphCypherQAChain을 활용하여 그래프 데이터베이스에 대해 자연어로 쿼리하고 조작하는 방법을 실습합니다. 이를 통해 복잡한 그래프 쿼리 언어를 몰라도 자연어만으로 데이터를 다룰 수 있는 방법을 배우게 됩니다. 두 번째로는 실제 PDF 문서로부터 LLM을 활용해지식 그래프를 구축하고, 그래프 리트리버와 벡터 리트리버를 결합한 GraphRAG 기반의 Q&A 챗봇을 구현해 보겠습니다. 이러한 실습을 통해 GraphRAG의 실제 적용 방법과 정보 간의 관계를 활용한 검색 및 답변 생성의 장점을 확인할 수 있습니다.

4.4.1 [실습] 자연어 쿼리를 통한 그래프 데이터 조회 및 조작

GraphRAG의 장점은 이러한 각 데이터베이스별 쿼리 언어에 대한 사전 지식이 부족하더라도, 자연어 쿼리를 통해 LLM이 쿼리를 생성하고 원하는 정보에 접근할 수 있다는 것입니다.

실습은 랭체인의 GraphCypherQAChain 클래스를 사용합니다. GraphCypherQAChain은 자연어 쿼리를 Cypher 쿼리로 변환할 수 있고, 생성된 Cypher 쿼리를 실행하고 얻은 결과를 기반으로 답변을 생성하는 기능을 제공합니다. 랭체인에서는 제공하는 각 모듈별 기초 템플릿을 제공합니다. 먼저 간단하게 GraphCypherQAChain에서 제공하는 기초 프롬프트 템플릿 2가지, CYPHER_QA_TEMPLATE과 CYPHER_GENERATION_TEMPLATE을 알아보겠습니다.

```
01  CYPHER_QA_TEMPLATE = """You are an assistant that helps to form nice and human
    understandable answers.
02  The information part contains the provided information that you must use to
    construct an answer.
03  The provided information is authoritative, you must never doubt it or try to use
    your internal knowledge to correct it.
04  Make the answer sound as a response to the question. Do not mention that you
    based the result on the given information.
05  Here is an example:
06
07  Question: Which managers own Neo4j stocks?
08  Context:[manager:CTL LLC, manager:JANE STREET GROUP LLC]
09  Helpful Answer: CTL LLC, JANE STREET GROUP LLC owns Neo4j stocks.
10
11  Follow this example when generating answers.
12  If the provided information is empty, say that you don't know the answer.
13  Information:
14  {context}
15
16  Question: {question}
17  Helpful Answer:"""
18  CYPHER_QA_PROMPT = PromptTemplate(
19      input_variables=["context", "question"], template=CYPHER_QA_TEMPLATE
20  )
21
```

```
22 CYPHER_GENERATION_TEMPLATE = """Task:Generate Cypher statement to query a graph
database.
23 Instructions:
24 Use only the provided relationship types and properties in the schema.
25 Do not use any other relationship types or properties that are not provided.
26 Schema:
27 {schema}
28 Note: Do not include any explanations or apologies in your responses.
29 Do not respond to any questions that might ask anything else than for you to
construct a Cypher statement.
30 Do not include any text except the generated Cypher statement.
31
32 The question is:
33 {question}"""
34 CYPHER_GENERATION_PROMPT = PromptTemplate(
35     input_variables=["schema", "question"], template=CYPHER_GENERATION_TEMPLATE
36 )
```

간단히 요약하면 CYPHER_QA_TEMPLATE은 주어진 정보(context)를 기반으로 질문에 대한 명확하고 신뢰할 수 있는 답변을 생성하도록 지시하는 프롬프트입니다. 핵심은 제공된 정보를 의심하거나 지식을 추가하지 않고, 질문에 대한 친절한 답변을 작성하도록 설계됐다는 것입니다. 정보가 없는 경우, 답을 알 수 없다고 답변하도록 유도합니다. CYPHER_GENERATION_TEMPLATE은 제공된 스키마 정보(schema)를 바탕으로 Cypher 쿼리를 생성하는 템플릿입니다. 주어진 관계 유형과 속성만 사용하여 질문에 대한 Cypher 쿼리를 생성하고, 쿼리 외의 불필요한 설명이나 텍스트는 포함하지 않도록 지침을 제공합니다. GraphCypherQAChain을 사용하면 두 가지 프롬프트가 기본적으로 사용됩니다. GraphCypherQAChain 클래스에 대한 더 자세한 설명은 랭체인 공식 깃허브 cypher.py에서 확인할 수 있습니다.

- 랭체인 GraphCypherQAChain 정보: https://github.com/langchain-ai/langchain/blob/master/libs/community/langchain_community/chains/graph_qa/cypher.py

자연어로 그래프 데이터 조회하기

이번 실습에서는 자연어 쿼리를 하면 LLM을 통해 Cypher 쿼리를 생성한 후 결과를 얻고 답변을 얻는 실습을 진행하겠습니다. 이전 장에서 사용했던 스택 오버플로 데이터를 사용했으며, 먼저 GraphCypherQAChain 모듈을 임포트하여 체인을 생성합니다.

이제 chain.invoke를 통해 자연어 쿼리를 해보겠습니다. 가장 질문을 많이 한 유저와 그 횟수를 물어보겠습니다. chain.invoke("Who answered the most? and tell me count")를 실행하면 결과는 다음과 같습니다.

예제 4.8 자연어로 데이터 조회하기 1　　　　　　　　　　　ch04/02_graphrag_practice1.ipynb

```
01 from langchain.chains import GraphCypherQAChain
02 from langchain_openai import ChatOpenAI
03 from langchain_community.graphs import Neo4jGraph
04 import os
05 os.environ['OPENAI_API_KEY'] = "" # API 키를 입력
06
07 chain = GraphCypherQAChain.from_llm(
08     ChatOpenAI(temperature=0), model="gpt-4o-mini", graph=graph, verbose=True,
allow_dangerous_requests=True
09 )
10 chain.invoke("누가 가장 많이 답변을 달았어? 답변 횟수도 같이 알려줘.")
```

7: GraphCypherQAChain.from_llm() 메서드를 호출하여 chain 객체를 생성합니다. 이 객체는 랭체인과 OpenAI의 모델을 사용하여 그래프 데이터베이스에 대한 질문 응답 체인을 설정합니다.

8~9: ChatOpenAI(temperature=0)으로 응답의 일관성을 높이기 위해 temperature=0 으로 설정된 OpenAI 모델 인스턴스를 생성합니다. model = "GPT-4o-mini"는 사용할 OpenAI 모델의 이름을 지정할 수 있는 인자입니다. 이번 실습에서는 GPT-4o-mini 모델을 사용했습니다.

10: chain.invoke는 chain 객체를 통해 질문을 실행하는 명령어입니다. 이 명령은 언어 모델을 사용하여 질문을 Cypher 쿼리로 변환하고, Neo4j 그래프 데이터베이스에 쿼리하여 질문에 대한 응답을 제공합니다. 결과는 '가장 많이 답변한 사람과 답변 횟수'입니다.

```
> Entering new GraphCypherQAChain chain...
Generated Cypher:
MATCH (u:User)-[:PROVIDED]->(a:Answer)
WITH u, COUNT(a) AS answerCount
RETURN u.display_name AS user, answerCount
ORDER BY answerCount DESC
LIMIT 1;
Full Context:
[{'user': 'cybersam', 'answerCount': 211}]

> Finished chain.
{'query': '누가 가장 많이 답변을 달았어? 답변 횟수도 같이알려줘.',
 'result': 'cybersam님이 211번의 답변을 작성했습니다.',
 'intermediate_steps': [{'query': 'MATCH (u:User)-[:PROVIDED]->(a:Answer)\nWITH
u, COUNT(a) AS answerCount\nRETURN u.display_name AS user, answerCount\nORDER BY
answerCount DESC\nLIMIT 1;'},
  {'context': [{'user': 'cybersam', 'answerCount': 211}]}]}
```

질문을 통해 LLM이 만든 Cypher 문을 확인할 수 있으며, 쿼리의 결과는 **cybersam**이라는 유저가 **AnswerCount 211**인 것을 확인할 수 있습니다. 마지막으로 LLM은 이 결과를 자연어로 다시 정리하여 결과를 도출합니다.

이번에는 조금 더 복잡한 자연어 쿼리에 대해서도 잘 응답하는지 확인해보겠습니다. 스택오버플로 데이터에서 사용자 간 질문–답변을 가장 많이 한 유저 쌍을 찾고 두 명의 질문, 답변 평균 점수를 자연어로 질문했습니다. 이번에는 한국어로 쿼리했으며 이전 예제보다 더 높은 수준의 이해 및 추론이 필요하므로 ChatGPT 모델을 **GPT-4**로 설정하겠습니다.

예제 4.9 자연어로 데이터 조회하기 2   ch04/02_graphrag_practice1.ipynb

```
01  chain = GraphCypherQAChain.from_llm(
02      ChatOpenAI(temperature=0.5, model="gpt-4"), # gpt-4 모델 설정
03      graph=graph,
04      verbose=True,
05      return_intermediate_steps=True,
06      allow_dangerous_requests=True
07  )
```

```
08
09  chain.invoke("유저간의 상호작용을 분석하여 서로의 질문에 가장 자주 답변한 사용자
쌍을 찾아줘. 그리고 그 둘의 질문과 답변의 평균 점수도 출력해줘")
```

ChatOpenAI(temperature=0.5, model="gpt-4")는 OpenAI의 GPT-4 모델을 사용하여 응답을 생성하며, temperature=0.5로 설정하여 답변의 창의성을 조금 높입니다. graph=graph는 연결할 Neo4j 그래프 객체를 지정합니다. return_intermediate_steps=True는 중간 처리 단계들을 반환하도록 설정하여 실행 과정에 대한 더 자세한 정보를 제공합니다. 체인을 통해 주어진 질문을 실행하고 결과를 확인하겠습니다.

```
> Entering new GraphCypherQAChain chain...
Generated Cypher:
MATCH (u1:User)-[:PROVIDED]->(a:Answer)-[:ANSWERED]->(q:Question)<-[:ASKED]-(u2:User)
WITH u1, u2, COUNT(*) as interaction_count, AVG(a.score) as avg_answer_score,
AVG(q.view_count) as avg_question_score
ORDER BY interaction_count DESC LIMIT 1
RETURN u1.display_name, u2.display_name, interaction_count, avg_answer_score,
avg_question_score
Full Context:
[{'u1.display_name': 'Graphileon', 'u2.display_name': 'A. L', 'interaction_count': 5,
'avg_answer_score': 1.0, 'avg_question_score': 59.0}]

> Finished chain.
'
사용자 'Graphileon'과 'A. L'이 서로의 질문에 가장 자주 답변하였으며, 그들의 상호작용 횟수는
5회입니다. 'Graphileon'의 질문 평균 점수는 59.0이고, 'A. L'의 답변 평균 점수는 1.0입니다.
```

질문과 답변을 가장 많이 주고받은 두 사용자의 이름('Graphileon', 'A. L')과 그들의 질문, 답변 평균 점수를 잘 답변했습니다.

그래프 노드, 관계 추가하기

LLM을 통해 그래프 데이터 조회뿐만 아니라 노드 및 관계 추가/삭제/변형도 수행할 수 있습니다. 유저와 질문 엔티티를 자연어로 생성하고 두 노드에 대해 관계를 자연어로 생성하

겠습니다. 'Gavin'이라는 유저 엔티티와 "What is GraphRAG?"라는 질문 엔티티를 추가합니다. 이번에는 모델을 GPT-4o로 지정해서 수행해 보겠습니다.

예제 4.10 자연어로 데이터 조작하기   ch04/02_graphrag_practice1.ipynb

```
01  chain = GraphCypherQAChain.from_llm(
02      ChatOpenAI(temperature=0 , model="gpt-4o"), #gpt-4o
03      graph=graph,
04      verbose=True,
05      return_intermediate_steps=True,
06      allow_dangerous_requests=True
07  )
08  # 자연어로 엔티티 추가
09  result = chain.invoke("'Gavin'이라는 유저와 이 유저의 'What is GraphRAG?'라는
    질문을 그래프에 추가해줘.")
10
```

```
> Entering new GraphCypherQAChain chain...
Generated Cypher:
cypher
CREATE (u:User {uuid: 1, display_name: 'Gavin'})
CREATE (q:Question {link: '', accepted_answer_id: 0, creation_date: timestamp(),
view_count: 0, answer_count: 0, body_markdown: '', uuid: 1, title: 'What is Grap?'})
CREATE (u)-[:ASKED]->(q)
```

Create 문이 생성되었으며, 잘 생성되었는지 확인하기 위해 조회 쿼리를 해보겠습니다.

```
result = chain.invoke("GraphRAG 단어가 포함된 질문을 남긴 유저는 누구야?")
```

```
> Entering new GraphCypherQAChain chain...

Generated Cypher:
cypher
MATCH (u:User)-[:ASKED]->(q:Question)
WHERE q.title CONTAINS 'GraphRAG' OR q.body_markdown CONTAINS 'GraphRAG'
RETURN u.display_name
```

```
Full Context:
[{'u.display_name': 'Gavin'}, {'u.display_name': 'Gavin'}]

> Finished chain.
GraphRAG 단어가 포함된 질문을 남긴 유저는 Gavin입니다.
```

별도의 Cypher 쿼리 없이 Gavin이라는 노드와 GraphRAG에 대한 질문 관계를 LLM으로 그래프에 생성했습니다.

이번 섹션에서는 LLM을 활용하여 그래프 데이터베이스 쿼리 언어에 대한 깊은 지식 없이도 자연어로 데이터를 조회하고 조작할 수 있음을 확인했습니다. 특히 랭체인에서 제공하는 GraphCypherQAChain을 사용하면 별도의 추가 프롬프트 없이 자연어 쿼리를 Cypher 쿼리로 변환하고, 자연어로 답변할 수 있는 시스템을 쉽게 구현할 수 있습니다.

4.4.2 [실습] LLM 기반 지식그래프 구축 및 RAG 실습

지식그래프 구축하기

이번 실습에서는 특정 문서(pdf)에 대해 LLM을 사용하여 지식 그래프를 구축한 뒤, GrpahRAG를 사용하여 사용자 쿼리에 답변하는 챗봇을 만들어 보겠습니다. 앞 실습에서는 Neo4j 샌드박스에서 Neo4j에서 자체 제공하는 데이터(Stackoverflow)를 사용했다면, 이번에는 자체 데이터 사용을 위해 Neo4j AuraDB 인스턴스를 사용하겠습니다. Neo4j AuraDB에 회원가입을 하면 30일간 무료 그래프 데이터베이스 인스턴스를 사용할 수 있습니다.

- Neo4j aura: https://neo4j.com/product/auradb/

위 홈페이지에서 [Get Start Free] 버튼을 누르고 [New Instance] 버튼을 통해 인스턴스를 생성합니다. 그리고 생성된 인스턴스의 URI, USER, PASSWORD를 따로 기록해 둡니다. 3가지 정보는 코랩 노트북에서 이 데이터베이스의 인스턴스에 접근할 때 필요합니다. 다음은 인스턴스가 생성된 모습입니다.

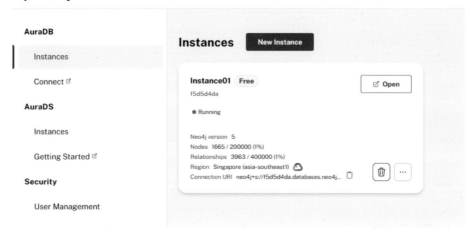

그림 4.5 Neo4j Aura Instance 연결 정보

우선 코랩 환경에서 실습을 위해 필요한 환경을 설치하겠습니다. 다음 코드는 필요한 패키지를 설치하는 명령어입니다.

예제 4.11 라이브러리 설치   ch04/02_graphrag_practice2.ipynb

```
01  !pip install langchain_openai==0.3.0 langchain_core==0.3.29 langchain-
community==0.3.14 langchain_experimental==0.3.4
02  !pip install neo4j==5.27.0 #그래프 데이터베이스
03  !pip install tiktoken==0.8.0 #OpenAI의 토크나이저로, 텍스트를 토큰 단위로 분할하는
데 사용
04  !pip install --upgrade --quiet yfiles_jupyter_graphs # 노트북에서 그래프
데이터를 시각화하기 위한 라이브러리
05  !pip install --upgrade -- python-dotenv==1.0.1 # .env 파일에 저장된 환경 변수를
쉽게 불러와 사용
06  !pip install transformers_stream_generator==0.0.5 # Hugging Face의 Transformers
라이브러리를 스트림 형태로 활용할 수 있게 해주는 라이브러리
07  !pip install PyPDF2 # PDF 파일을 파싱하고 조작
```

이제 코랩에서 그래프 데이터베이스와 LLM을 연동하여 GraphRAG를 실습할 수 있는 환경을 구축했습니다. 설치가 끝났다면 실습에 필요한 클래스를 임포트(import)하겠습니다.

```
01  import os
02  from langchain_core.runnables import  RunnablePassthrough
03  from langchain_core.prompts import ChatPromptTemplate
04  from langchain_core.pydantic_v1 import BaseModel, Field
05  from langchain_core.output_parsers import StrOutputParser
06  from langchain_community.graphs import Neo4jGraph
07  from langchain_community.vectorstores import Neo4jVector
08  from langchain_community.document_loaders import TextLoader
09  from langchain_community.vectorstores.neo4j_vector import remove_lucene_chars
10  from langchain.text_splitter import RecursiveCharacterTextSplitter
11  from langchain_openai import ChatOpenAI, OpenAIEmbeddings
12  from langchain_experimental.graph_transformers import LLMGraphTransformer
13  from neo4j import GraphDatabase
14  from yfiles_jupyter_graphs import GraphWidget
15  from PyPDF2 import PdfReader
```

2~5: 랭체인 코어 하위 모듈을 사용합니다. `langchain_core.runnables`의 RunnablePassthrough는 데이터를 변형하지 않고 그대로 전달하는 데 사용되는 클래스입니다. `langchain_core.prompts`의 ChatPromptTemplate은 채팅용 프롬프트 템플릿을 생성하는 데 사용됩니다. `langchain_core.pydantic_v1`의 BaseModel과 Field는 데이터 모델을 정의하기 위해 사용됩니다. `langchain_core.output_parsers`의 StrOutputParser는 출력된 문자열을 파싱하는 데 사용됩니다.

6~9: 랭체인 커뮤니티 하위 모듈을 사용합니다. `langchain_community.graphs`의 Neo4jGraph는 Neo4j 그래프 데이터베이스와 상호작용하기 위한 클래스입니다. `langchain_community.vectorstores`의 Neo4jVector는 Neo4j를 벡터 스토어로 사용하기 위한 클래스입니다. `langchain_community.document_loaders`의 TextLoader는 문서 파일을 로드하는 데 사용됩니다. `langchain_community.vectorstores.neo4j_vector`의 remove_lucene_chars는 Lucene에서 사용하는 특수 문자를 제거하기 위한 함수입니다.

10: langchain.text_splitter의 RecursiveCharacterTextSplitter는 텍스트를 재귀적으로 분할하는 데 사용됩니다.

11: langchain_openai의 ChatOpenAI는 OpenAI의 언어 모델 사용을 위한 클래스입니다. langchain_openai의 OpenAIEmbeddings는 임베딩 모델을 사용하여 텍스트 임베딩 벡터를 생성하기 위해 사용됩니다.

12: langchain_experimental.graph_transformers의 LLMGraphTransformer는 LLM을 활용하여 그래프 데이터를 변환하는 데 사용됩니다.

13~14: neo4j의 GraphDatabase는 Neo4j 데이터베이스에 연결하기 위한 클래스입니다. yfiles_jupyter_graphs의 GraphWidget은 그래프 데이터를 시각화하기 위한 위젯입니다.

각 클래스에 대한 역할은 실제 실습에서 사용하면서 다시 한 번 설명하겠습니다. 이제 코랩에서 그래프 데이터베이스와 LLM을 연동하여 GraphRAG를 실습할 수 있는 환경을 구축했습니다. 다음은 Neo4j 그래프 드라이버 연결이 정상적으로 수행됐는지 확인하는 과정입니다.

예제 4.13 Aura DB 연결 체크　　　　　　　　　　　　ch04/02_graphrag_practice2.ipynb

```
01 from neo4j import GraphDatabase
02 # 연결 정보 설정
03 uri = " " # AuraDB에서 제공한 connection uri를 입력하세요
04 user = "neo4j" # 기본 사용자 이름은 'neo4j'입니다
05 password = " " # AuraDB에서 제공한 비밀번호를 입력하세요
06
07 # 드라이버 생성
08 driver = GraphDatabase.driver(uri, auth=(user, password))
09 # 연결 테스트
10 def test_connection(tx):
11     result = tx.run("RETURN 1 AS num")
12     return result.single()["num"]
13
14 with driver.session() as session:
```

```
15      try:
16          result = session.read_transaction(test_connection)
17          print(f"neo4j 연결 성공: {result}")
18      except Exception as e:
19          print(f"neo4j 연결 실패: {e}")
```

1~5: neo4j 모듈에서 GraphDatabase 클래스를 Neo4j 데이터베이스 연결을 설정하는 데 사용됩니다. uri는 AuraDB에서 제공한 연결 URI를 입력하는 자리입니다. user는 기본 사용자 이름인 neo4j로 설정하고, password에는 AuraDB에서 제공한 비밀번호를 입력해야 합니다. 위에서 그래프 데이터베이스 인터페이스를 생성할 때 기억해둔 것들을 입력하면 됩니다.

7~12: driver 객체를 생성하여 GraphDatabase.driver() 메서드로 Neo4j 데이터베이스와의 연결을 설정합니다. uri와 auth=(user, password)를 사용하여 데이터베이스 연결에 필요한 인증 정보를 전달합니다. test_connection() 함수는 데이터베이스와 연결을 테스트하기 위한 함수입니다. tx.run("RETURN 1 AS num")을 통해 간단한 쿼리를 실행하고, 반환된 결과에서 숫자 값을 가져와 연결 상태를 확인합니다.

14~19: with driver.session() as session: 구문을 사용하여 Neo4j 세션을 열고, 연결을 테스트합니다. session.read_transaction(test_connection)으로 test_connection 함수를 실행하여 연결 상태를 확인합니다. try 블록에서 연결이 성공하면 결과를 출력하고, except Exception as e 블록에서 오류 발생 시 오류 메시지를 출력하여 연결 실패를 알립니다. 이 코드를 실행하여 neo4j 연결 성공 :1이라는 메시지가 나오면 연결이 성공한 것입니다.

다음으로, 실습에 필요한 PDF 파일을 로드하여 전처리를 진행합니다. 이번 실습에서는 한국은행에서 발간한 "[24.5월 중장기 심층연구] 혁신과 경제성장 – 우리나라 기업의 혁신활동 분석 및 평가" 문서를 활용했습니다.

- 한국은행 발간 자료:
  https://www.bok.or.kr/portal/bbs/B0000368/view.do?menuNo=201140&nttId=10084306

전체 48페이지 분량의 우리나라 기업의 혁신 활동, 벤처기업과 경제 성장에 대한 내용을 담고 있습니다. LLM을 통해 다른 PDF를 사용해도 무방합니다. 해당 문서를 구글 드라이브 /content/drive/MyDrive/에 업로드합니다. 그리고 LLM이 긴 문서를 더 잘 이해할 수 있도록 청킹(chunking)을 수행합니다.

예제 4.14 PDF 불러오기 및 청킹   ch04/02_graphrag_practice2.ipynb

```
01  from langchain.schema import Document
02
03  # PDF 파일 경로
04  pdf_path = "/content/drive/MyDrive/[24.5월 중장기 심층연구] 혁신과 경제성장 –
    우리나라 기업의 혁신활동 분석 및 평가.pdf 의 사본.pdf"
05
06  # PDF에서 텍스트 추출
07  def extract_text_from_pdf(pdf_path):
08      reader = PdfReader(pdf_path)
09      text = ""
10      for page in reader.pages:
11          text += page.extract_text() #페이지별로 순회하며 text 문자열 추가
12      return text
13
14  # PDF에서 텍스트 추출
15  pdf_text = extract_text_from_pdf(pdf_path)
16
17  # 텍스트 분할
18  text_splitter = RecursiveCharacterTextSplitter(chunk_size=250, chunk_overlap=24)
19  chunks = text_splitter.split_text(pdf_text)
20
21  documents = [Document(page_content=chunk) for chunk in chunks]
22
23  # 결과 확인
24  print(f"총 {len(chunks)}개의 청크로 분할되었습니다.")
25  print("첫 번째 청크의 내용:")
26  print(chunks[0],'\n')
```

1: 맨 먼저 Document 클래스를 langchain.schema에서 불러옵니다. 이 클래스는 텍스트를 랭체인에서 문서 형식으로 관리할 수 있게 합니다.

7~16: `extract_text_from_pdf()` 함수는 지정된 PDF 파일에서 텍스트를 추출합니다. `PdfReader` 클래스를 사용하여 PDF 파일을 읽고, 각 페이지에서 텍스트를 추출하여 `text` 변수에 저장합니다. 모든 페이지의 텍스트를 결합하여 반환합니다.

17~21: `RecursiveCharacterTextSplitter` 클래스를 사용하여 텍스트를 분할하기 위한 `text_splitter` 객체를 생성합니다. `chunk_size=250`은 각 청크의 최대 길이를 250자로 설정하고, `chunk_overlap=24`는 각 청크 간에 24자의 중복을 허용합니다. `split_text()` 메서드를 사용해 `pdf_text`를 청크 단위로 분할하고, 결과를 `chunks` 리스트에 저장합니다. 각 청크를 Document 형식으로 변환하여 `documents` 리스트에 저장합니다. 여기서 `page_content=chunk`는 청크 내용을 Document 인스턴스의 페이지 콘텐츠로 설정합니다.

23~26: 마지막으로 분할된 청크의 총 개수를 출력하고, 첫 번째 청크의 내용을 확인합니다. `chunks[0]`을 통해 첫 번째 청크의 텍스트를 표시합니다. 실행 결과는 다음과 같습니다.

```
총 288개의 청크로 분할되었습니다.
첫 번째 청크의 내용:
III. 중장기 심층연구
혁신과 경제성장 -우리나라 기업의 혁신활동 분석 및 평가
KEY TAKEAWAYS
ㅁ1우리나라는 초저출산 ·초고령화에 대응하여 생산성을 제고해야 하나 2010년
대 들어 기업의 생산성 증가세가 크게 둔화되었다 . 혁신활동지표인 우리나라
기업의 R&D지출규모와미국내특허출원건수는 각각세계 2위(22년,GDP
의4.1%)와4위(20년,국가별비중 7.6%)를나타냈다 .그러나기업의생산성
```

이제 GraphRAG 구축을 위한 사전 준비가 끝났습니다. LLM을 통해 전처리된 문서 텍스트 `documents`를 읽고 그래프의 노드와 관계를 구축하겠습니다. 우선 앞선 실습에서 진행한 것처럼 GPT-4o를 이용하기 위해 API 키를 OS 환경 변수로 설정합니다. 그리고 랭체인에서 제공하는 랭체인 `LLMGraphTransformer` 모듈을 기반으로 GPT-4o를 활용하여 `documents`를 그래프로 변환합니다. GPT-4o의 경우 48페이지의 문서를 그래프로 변환하는 데 20분 가량 소요됩니다.

```
01  os.environ['OPENAI_API_KEY'] = "  #API 키를 입력.
02
03  llm = ChatOpenAI(temperature=0, model="gpt-4o")
04  llm_transformer = LLMGraphTransformer(llm=llm)
05  graph_documents = llm_transformer.convert_to_graph_documents(documents) #약 20분
소요 (gpt-4o 기준)
06  graph_documents[0]
```

3: LLM으로 GPT-4o 모델을 사용하고 무작위성을 최소화하기 위해 temperature=0으로 설정했습니다.

4: 그리고 랭체인 LLMGraphTransformer 클래스를 사용하여 llm_transformer 객체를 생성합니다. 이 객체는 언어 모델을 활용하여 청크된 문서를 그래프 데이터베이스에 맞게 변환하는 역할을 수행합니다.

5~6: convert_to_graph_documents(documents) 메서드를 호출하여 documents 리스트에 있는 문서들을 그래프 문서 형식으로 변환하고, 변환된 결과를 graph_documents에 저장합니다. (GPT-4o 모델 기준으로 약 20분이 소요될 수 있습니다. PDF 문서의 크기에 따라 달라질 수 있습니다.)

생성된 graph_document에서 하나의 graph_document[0] 실행 결과는 다음과 같습니다.

```
GraphDocument(nodes=[Node(id='우리나라', type='Country', properties={}), Node(id='기업의
혁신활동', type='Activity', properties={}), Node(id='R&D지출규모', type='Indicator',
properties={}), Node(id='특허출원건수', type='Indicator', properties={}), Node(id='생산성',
type='Concept', properties={})], relationships=[Relationship(source=Node(id='우리나라',
type='Country', properties={}), target=Node(id='기업의 혁신활동', type='Activity',
properties={}), type='HAS', properties={}),
…(중략)
source=Document(metadata={}, page_content='III. 중장기 심층연구\n혁신과 경제성장 -우리나라
기업의 혁신활동 분석 및 평가\nKEY TAKEAWAYS\n□1우리나라는 초저출산 ·초고령화에 대응하여 생산성을
제고해야 하나 2010년\n대 들어 기업의 생산성 증가세가 크게 둔화되었다 . 혁신활동지표인 우리나라\
n기업의 R&D지출규모와미국내특허출원건수는 각각세계 2위(22년,GDP\n의4.1%)와4위(20년,국가별비중
7.6%)를나타냈다 .그러나기업의생산성'))
```

graph_document는 위에서 나눈 청크 단위로 생성되기 때문에 총 288개가 존재합니다. 따라서 만약 len(graph_document)을 실행한다면 실행 결과는 288입니다. 여기서 확인할 수 있는 내용은 생성된 그래프는 문서 청크 개수에 영향을 많이 받는다는 것입니다. 무조건적으로 청크 개수가 적으면 문맥을 보존할 수 있고 그래프의 연결성이 더욱 좋지만, 반대로 메모리 효율성과 세분화된 분석을 놓칠 가능성이 있습니다. 반면 반대로 청크 개수가 많으면 메모리 효율성은 좋지만, 그래프의 연결성은 조금 떨어질 수 있습니다. 따라서 생성된 그래프를 기반으로 노드와 관계를 점검하고 적절한 청킹 사이즈를 찾는 것이 GraphRAG의 주요 전략이 될 수 있습니다.

이제 그래프 객체를 생성하고 생성된 객체에 graph_document를 모두 추가하겠습니다. 그 다음 그래프에서 노드와 관계의 개수를 확인해 보겠습니다.

예제 4.16 지식 그래프 노드와 관계 확인   ch04/02_graphrag_practice2.ipynb

```
01 graph = Neo4jGraph(uri,user,password)
02
03 graph.add_graph_documents(
04     graph_documents,
05     baseEntityLabel=True,
06     include_source=True
07 )
08
09 # 노드의 총 개수 쿼리
10 node_count_query = """
11 MATCH (n)
12 RETURN count(n) AS TotalNodes """
13 node_result = graph.query(node_count_query)
14 print("전체 노드의 수:", node_result)
15
16 # 관계의 총 개수 쿼리
17 relationship_count_query = """
18 MATCH ()-[r]->()
19 RETURN count(r) AS TotalRelationships
20 """
21 relationship_result = graph.query(relationship_count_query)
22 print("전체 관계의 수:", relationship_result)
```

1~7: Neo4j 데이터베이스에 연결합니다. `graph.add_graph_documents()` 메서드를 호출하여 생성된 `graph_documents`를 Neo4j 데이터베이스에 추가합니다. `baseEntityLabel=True`는 기본 엔티티 레이블을 포함하도록 설정하고, `include_source=True`는 각 문서의 출처 정보를 포함합니다.

9~22: `node_count_query`, `relationship_count_query`에 정의된 Cypher 쿼리를 사용하여 전체 노드의 개수, 관계의 개수를 조회합니다.

실행 결과는 다음과 같습니다.

```
전체 노드의 수: [{'TotalNodes': 1881}]
전체 관계의 수: [{'TotalRelationships': 6467}]
```

전체 노드는 1881개, 관계는 6467개입니다. 이제 그래프를 시각화해 보겠습니다. 다만 코랩 환경에서 가독성을 위해 우선 500개의 관계만을 시각화하겠습니다.

예제 4.17 지식 그래프 시각화   ch04/02_graphrag_practice2.ipynb
```
01  from google.colab import output
02  output.enable_custom_widget_manager()
03
04  def showGraph():
05      driver = GraphDatabase.driver(
06          uri = uri,
07          auth = (user,password))
08      session = driver.session()
09      widget = GraphWidget(graph = session.run("MATCH (s)-[r]->(t)  RETURN s,r,t
LIMIT 500").graph())
10      widget.node_label_mapping = 'id'
11      return widget
12
13  showGraph()
```

1~2: 코랩의 output 모듈에서 enable_custom_widget_manager()를 호출하여 코랩에서 커스텀 위젯을 사용할 수 있도록 설정합니다.

4~13: showGraph() 함수를 정의합니다. session = driver.session()으로 데이터 베이스 세션을 엽니다. GraphWidget을 사용하여 Neo4j 쿼리의 결과를 시각화할 수 있는 widget 객체를 생성합니다. session.run("MATCH (s)-[r]->(t) RETURN s,r,t LIMIT 500")을 통해 최대 500개의 노드와 관계를 조회하고 이를 그래프 형식으로 반환합니다. widget.node_label_mapping = 'id'를 통해 노드의 레이블을 id로 설정하여 시각화에서 사용합니다. return widget으로 showGraph() 함수를 호출할 때 그래프 위젯을 반환한 뒤 showGraph()를 호출하여 Neo4j 데이터베이스의 그래프를 코랩 환경에서 시각화합니다.

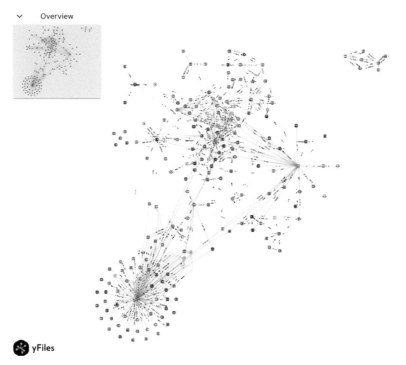

그림 4.6 지식 그래프 전체 모습 (관계 500개)

위 그림은 생성된 그래프 중 500개의 관계에 대해서만 시각화한 결과입니다. 위젯의 장점은 스크롤을 통해 데이터를 조금 더 확대해 볼 수 있는 것입니다. 위젯에 마우스를 올려놓고 스크롤해서 일부분을 확대해 보겠습니다.

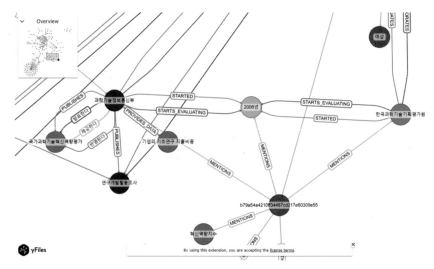

그림 4.7 지식 그래프 일부 확대 모습 (관계 500개)

자세히 보면 '과학기술정보통신부'와 '한국과학기술기획평가원' 노드가 '2006년' 노드를 가운데 두고 관계가 맺어진 것을 볼 수 있습니다. 실제로 500개의 관계 제한을 없앤 전체 그래프는 다음과 유사합니다. 대신 관계 중 가장 많은 부분을 차지한 MENTIONS만 제외했는데, 한눈에 봐도 매우 복잡한 그래프임을 알 수 있습니다.

그림 4.8 지식 그래프 전체 확대 모습

리트리버(retriever) 생성

이번 실습에서는 쿼리와 관련된 정보를 가져오기 위한 도구로써 그래프 리트리버, 벡터 리트리버라는 두 가지 방법을 사용합니다. 먼저 그래프 리트리버는 쿼리에서 도출된 요소와 매칭되는 주변 정보를 탐색하는 역할을 합니다. 그래프의 노드와 관계들을 활용하여, 특정 쿼리와 연관된 개체와 이웃 노드들의 정보를 검색할 수 있습니다. 즉, 쿼리 내 키워드와 매칭되는 노드를 찾고, 해당 노드와 연결된 인접 노드를 함께 검색함으로써 쿼리에 대한 구조적 정보를 얻습니다. 이는 관계 기반의 정보 탐색이 필요할 때 유용하게 사용됩니다. 반면 벡터 리트리버는 임베딩 벡터를 기반으로 시맨틱 공간에서 유사한 그래프 데이터를 탐색합니다. 각 문서나 노드에 대한 벡터를 사용하여 입력 쿼리와 의미적으로 유사한 데이터를 검색할 수 있습니다. 벡터 리트리버는 단어 수준의 키워드 매칭에 국한되지 않고 문장 및 문서의 의미적 유사성을 기반으로 검색 결과를 제공합니다.

결과적으로, 그래프 리트리버는 구조적 연관성에 중점을 둔 검색을, 벡터 리트리버는 의미적 유사성에 기반한 검색을 제공합니다. 두 리트리버의 조합은 키워드 기반 정보와 의미 기반 정보 모두를 포함한 풍부한 검색 결과를 제공하여 개선된 검색 결과를 도출합니다.

그래프 리트리버

먼저 그래프 리트리버를 구성하겠습니다. 먼저 자연어 문장에서 핵심 노드를 추출하기 위한 Entities 클래스를 선언하겠습니다. Entities 클래스의 LLM 모델이 문장에서 추출해야 할 정보의 구조를 미리 정의합니다. 이 클래스는 사람, 조직, 주요 키워드 등 텍스트에서 중요 개념을 추출하는 구조화된 필드를 포함합니다. people 필드는 텍스트에 언급된 사람, 조직, 비즈니스 엔티티 이름을, organizations 필드는 텍스트에 언급된 특정 조직명을, keywords 필드는 중요한 개념이나 키워드를 담습니다. 이를 통해 LLM은 사전 정의된 데이터 구조에 따라 자연어에서 정보를 추출하여 이를 구조화된 데이터로 반환하게 됩니다. 다음으로, 모델이 자연어에서 Entities에 정의된 정보를 추출하도록 ChatPromptTemplate과 결합하여 지시를 전달합니다. 시스템 메시지에서 LLM에게 사람, 조직, 주요 개념을 추출하라는 지침을 명확히 전달하고, 휴먼 메시지에서 해당 정보를 특정 텍스트에서 추출하여 반환하도록 합니다. 실습 코드를 살펴보겠습니다.

```python
01 class Entities(BaseModel):
02     """텍스트에서 명명된 개체와 주요 개념을 추출하는 모델"""
03     people: list[str] = Field(
04         ...,
05         description="텍스트에서 언급된 사람 이름 리스트"
06 )
07     organizations: list[str] = Field(
08         default_factory=list,
09         description="텍스트에서 언급된 조직 리스트"
10 )
11     keywords: list[str] = Field(
12         default_factory=list,
13         description="텍스트에서 언급된 주요 개념이나 키워드 리스트"
14 )
15 llm= ChatOpenAI(temperature=0, model="gpt-4o")
16 prompt = ChatPromptTemplate.from_messages(
17 [
18         ("system",
19         "당신은 자연어 처리 어시스턴트입니다. 제공된 텍스트에서 사람, 조직,
주요 개념과 같은 "
20         "명명된 개체를 식별하고 추출해주세요"),
21         ("human",
22         "다음 텍스트에서 관련 개체들을 추출해 주세요. "
23         "다음 카테고리에 맞춰 개체들을 제공해 주세요: "
24         "1. 사람, 2. 조직, 3. 주요 키워드 \n\n"
25         "텍스트: {question}"),
26     ]
27 )
28 entity_chain = prompt | llm.with_structured_output(Entities)
```

1~14: Entities라는 클래스를 정의하며, BaseModel을 상속받아 명명된 엔티티와 주요
개념을 추출하는 모델을 만듭니다. People 필드는 list[str] 형식으로, 텍스트에서 언급
된 사람, 인물 엔티티를 저장합니다. Field의 description 인자를 통해 필드 설명을 추가
합니다. organizations 필드는 list[str] 형식으로, 텍스트에서 언급된 조직을 저장합
니다. keywords 필드는 list[str] 형식으로, 텍스트에서 언급된 주요 개념이나 키워드

를 저장합니다. `default_factory=list`로 기본값을 빈 리스트로 설정하고, 설명을 추가합니다.

15~27: `ChatPromptTemplate.from_messages()` 메서드를 사용하여 `prompt` 객체를 생성합니다. `system` 메시지는 AI에게 작업을 안내하며, 텍스트에서 사람, 조직, 주요 개념과 같은 명명된 엔티티를 식별하고 추출하는 작업을 설명합니다. `human` 메시지는 사용자가 AI에게 텍스트를 분석하여 지정된 카테고리에 따라 엔티티를 추출해 달라고 요청하는 템플릿을 만듭니다. `{question}` 변수는 사용자 쿼리를 나타냅니다.

28: `entity_chain` 객체는 `prompt`와 언어 모델을 파이프 연산자(|)로 연결하여 생성합니다. `llm.with_structured_output(Entities)`를 통해 AI 모델이 `Entities` 클래스에 정의된 형식에 맞춰 구조화된 출력을 생성하게 합니다.

파이프 연산자에 대해 부연 설명하자면 `entity_chain = prompt | llm.with_structured_output(Entities)`는 프롬프트와 언어 모델을 결합하여 특정한 형식으로 구조화된 데이터를 반환하도록 설정하는 코드입니다. 이때 파이프 연산자 |는 이 둘을 이어주는 결합 연산자로 사용됩니다.

그리고 Pydantic이라는 개념이 사용됩니다. Pydantic을 사용하면 데이터 구조를 정의하고, 데이터의 일관성을 보장할 수 있어 API 개발과 데이터 처리 등에 매우 유용합니다. 위 코드에서 `people`, `organizations`, `keywords`는 모두 리스트 타입으로 지정되어 있으며, 이 필드에는 리스트 형식의 데이터만 할당할 수 있습니다. 타입 검증이 포함되어 있어서 만약 리스트가 아닌 다른 형식의 데이터를 할당하려고 하면 오류가 발생합니다. 또한 코드 중 `Field(...): ...`은 필드를 반드시 포함해야 한다는 것을 나타내며, `Field`를 통해 필드의 설명이나 추가 옵션을 지정할 수 있습니다. `Field(default_factory=list):`의 `organizations`와 `keywords` 필드는 기본값이 빈 리스트로 설정되어 있습니다. 이 덕분에 해당 필드에 값이 주어지지 않으면 자동으로 빈 리스트가 할당됩니다. 랭체인에서는 `with_structured_output()` 메서드를 사용하여 모델이 일반적인 텍스트 응답 대신 위처럼 Pydantic 모델 형식으로 결과를 제공하도록 지시할 수 있습니다. 이를 활용하면 LLM이 복잡한 정보를 구조화된 방식으로 쉽게 반환하게 할 수 있어 다양한 데이터 처리와 후속 작업에서 유용하게 사용할 수 있습니다.

entity_chain의 예시를 확인해 보겠습니다.

```
entity_chain.invoke("한국은행에서 발표한 2024년에 발표된 최근 중소 벤처 투자 관련
동향을 알려줘.")
```

```
Entities(people=[], organizations=['한국은행'], keywords=['2024', '중소 벤처 투자',
'동향'])
```

한국은행은 organizations로, 나머지 핵심 명사들은 keywords로 잘 분류되었습니다.

이제 만들어진 entity_chain을 통해 그래프 리트리버 함수를 생성하겠습니다. 원리는 간단합니다. 자연어 쿼리를 entity_chain을 통해 분석하여 사람, 조직, 키워드 등의 주요 엔티티를 추출하고, 이 엔티티들 중 각각의 단어가 그래프의 노드 id나 text 속성에 포함되어 있는지 확인합니다. 일치하는 노드가 발견되면 해당 노드를 중심으로 인접한 노드 및 관계들을 수집하여 결과로 반환합니다. 이때, 엔티티와 매칭된 노드와 그 인접 노드 간의 관계 중 MENTIONS가 아닌 관계만 필터링하여 수집하여 불필요한 정보를 줄이도록 설정했고 50개의 결과만 사용하도록 했습니다.

예제 4.19 그래프 리트리버 2   ch04/02_graphrag_practice2.ipynb

```
01  def graph_retriever(question: str) -> str:
02      """
03      Collects the neighborhood of entities mentioned
04      in the question
05      """
06      result = ""
07      entities = entity_chain.invoke({"question": question})
08
09      # names, organizations, keywords 모두를 검색에 사용
10      all_entities = entities.people + entities.organizations + entities.keywords
11
12      for entity in all_entities:
13          response = graph.query(
14              """
15              MATCH (node)
```

```
16              WHERE toLower(node.id) CONTAINS toLower($query) OR toLower(node.text)
CONTAINS toLower($query)
17              MATCH (node)-[r]-(neighbor)
18              WHERE type(r) <> 'MENTIONS'
19              RETURN CASE
20                  WHEN startNode(r) = node
21                  THEN node.id + ' - ' + type(r) + ' -> ' + neighbor.id
22                  ELSE neighbor.id + ' - ' + type(r) + ' -> ' + node.id
23              END AS output
24              LIMIT 50
25              """,
26              {"query": entity.lower()},
27          )
28          result += "\n".join([el['output'] for el in response])
29          if result:
30              result += "\n"  # 각 엔티티의 결과 사이에 빈 줄 추가
31
32      return result.strip()  # 마지막 빈 줄 제거
33
34 # 사용 예
35 question = "저업력 중소기업이 겪는 어려움에 대해 말해줘"
36 print(graph_retriever(question))
```

1~7: graph_retriever() 함수는 질문(question) 문자열을 입력으로 받아 해당 질문에 언급된 엔티티의 이웃을 수집하여 반환하는 함수입니다.

9~11: entities = entity_chain.invoke({"question": question})에서는 질문을 entity_chain에 전달하여 엔티티를 추출합니다. entity_chain은 언급된 엔티티를 people, organizations, keywords와 같은 필드로 구분해 반환합니다. all_entities는 entities에서 반환된 모든 엔티티(사람, 조직, 키워드)를 하나의 리스트로 합쳐 저장합니다. 이를 통해 질문에 언급된 모든 엔티티를 대상으로 검색합니다.

12~27: for 루프를 사용해 all_entities 리스트의 각 엔티티에 대해 쿼리를 실행하여 해당 엔티티와 연결된 노드와 관계를 찾습니다. Cypher 쿼리를 사용하여 node와 neighbor 노드 사이의 관계를 찾고 그 관계를 형식화하여 반환합니다. MATCH (node) WHERE toLower(node.id) CONTAINS toLower($query) OR toLower(node.text) CONTAINS toLower($query)는 입력된 엔티티의 ID나 텍스트 속성이 검색어를 포함하는 노드를 찾는 조건입니다. MATCH (node)-[r]-(neighbor) WHERE type(r) <> 'MENTIONS'는 node와 이웃 노드 neighbor 사이의 MENTIONS 외의 관계를 찾습니다. RETURN에서는 CASE 문을 사용하여 방향을 정의합니다. 관계가 node에서 시작되면 node -> neighbor 형식으로, 반대 방향이면 neighbor -> node 형식으로 출력합니다. LIMIT 50은 검색 결과를 50개로 제한하여 성능을 최적화합니다.

28~32: 쿼리 결과는 result에 추가됩니다. result에는 각 관계가 output 형식으로 저장되고, 각 엔티티의 결과 사이에 줄을 추가합니다. return result.strip()은 마지막 빈 줄을 제거한 뒤 결과 문자열을 반환합니다. 이 함수는 주어진 질문에 언급된 엔티티와 관련된 모든 인접 노드의 정보를 문자열 형식으로 제공합니다. 그래프 리트리버 결과 예시를 살펴보겠습니다.

```
# 사용 예
question = "저업력 중소기업이 겪는 어려움에 대해 말해줘"
print(graph_retriever(question))
```

```
혁신기업 - 구분 -> 저업력 중소기업
저업력 중소기업 - IS_A_TYPE_OF -> 혁신기업
저업력 중소기업 - 생산성_증가 -> 2010년대 이전
저업력 중소기업 - 생산성_둔화 -> 2010년대
저업력 중소기업 - 제한 -> 특허출원
저업력 중소기업 - 중심으로 -> 고령화
혁신자금조달의어려움 - HAS_EFFECT -> 기업의혁신실적
중소기업의 혁신자금조달 어려움 가중 - 영향 -> 둔화
중소기업 - 어려움 -> 혁신자금조달 어려움
```

저업력 중소기업 관련 노드와 관계들이 잘 출력된 것을 확인할 수 있습니다.

벡터 리트리버

이번에는 벡터 리트리버를 생성해 사용해 보겠습니다. 벡터 리트리버는 Neo4j의 `Neo4jVector.from_existing_graph` 메서드를 사용하여 그래프에 저장된 문서의 임베딩을 자동으로 생성하고 인덱싱합니다.

예제 4.20 벡터 리트리버 1   ch04/02_graphrag_practice2.ipynb

```
01 # Neo4jVector를 이용해 벡터 인덱스 구성
02 vector_index = Neo4jVector.from_existing_graph(
03     OpenAIEmbeddings(),          # OpenAI 임베딩 모델 사용
04     search_type="hybrid",        # 키워드 + 벡터 검색 방식 사용
05     node_label="Document",       # 검색 대상 노드 레이블
06     text_node_properties=["text"], # 벡터화할 텍스트 속성
07     embedding_node_property="embedding", # 임베딩 저장 속성
08     url=uri,
09     username=user,
10     password=password
11 )
12 vector_retriever = vector_index.as_retriever()
```

위 예제는 Neo4jVector를 사용해 벡터 인덱스를 구성합니다. OpenAI의 임베딩 모델을 사용하며, 키워드와 벡터 검색을 모두 활용하기 위해 search_type을 hybrid로 설정했습니다. 다른 옵션으로는 vector(순수 벡터 검색)가 있습니다. Document 레이블을 가진 노드들의 text 속성에서 텍스트를 추출하여 임베딩을 생성하고, 이를 embedding 속성에 저장합니다. 실습 데이터에서는 Document 레이블 노드 개수가 텍스트 속성을 많이 가진 레이블이기에 선정했습니다. 그래프에 따라 다른 node_label을 한 개 이상 사용할 수 있습니다. 이렇게 저장된 임베딩은 이후 유사 문서 검색에 활용됩니다. 실제로 Document 노드 중 하나에 embedding 속성이 생성됐는지 살펴보겠습니다.

예제 4.21 벡터 리트리버 2   ch04/02_graphrag_practice2.ipynb

```
01 # Cypher 쿼리 실행
02 query = """
03 MATCH (n:Document)
04 RETURN n.embedding AS embedding, properties(n) AS all_properties
```

```
05  LIMIT 1;
06  """
07  result = graph.query(query)
08  print(result)
09
```

{'embedding': [-0.005192119628190994, -0.03737786039710045, …(이하 생략)]}

Document라는 노드에서 하나를 살펴봤을 때 임베딩 속성이 잘 생성된 것을 확인했습니다. 이제 벡터 리트리버를 통해 검색하여 유사도 높은 Document를 불러와보겠습니다.

```
vector_retriever.invoke("저업력 중소기업이 겪는 어려움에 대해 말해줘")
```

```
[Document(metadata={}, page_content='\ntext: 가중되고
있다.「한국기업혁신조사」원시자료 13)에따르면 ,저업력중소기업 14)중에\
n서외부자금및내부자금부족을혁신저해요인이라고응답한기업의비중은제조업\n의경우 2007년9.9%, 12.8%에서
2021년45.4%, 77.6%로각각늘어났다(그림 2.13) .\n또한서비스업의경우에도 2011년9.8%, 19.7%에서
2020년44.9%, 66.8%로각각크게 \n증가하였다 .이처럼혁신자금조달의어려움이가중되면서중소기업의
R&D지출은'),
 … (중략)
 Document(metadata={}, page_content='\ntext: 생기업 15)의비중은 2010년대들어감소세를지속하여
10%를하회하고있다(그림 \n2.15) .이에따라중소기업의업력은 2001년1.6세에서 2020년12.5세로
8배정도높\n아졌다(그림 2.16) .특히특허생산능력을 가진신생기업의진입이상대적으로더크\
n게줄면서혁신기업과일반기업간업력격차가 2001년2.6세에서 2020년8.3세로\n크게벌어졌다
.이처럼혁신역량을갖추어생산성제고속도가빠른신생기업의진')]
```

위 결과를 보면 '저업력 중소기업이 겪는 어려움'과 관련도 높은 Document들을 가져왔습니다. 여기서 최종적으로 LLM에게 GraphRAG를 통해 줄 수 있는 관련 정보는 Document 노드의 page_content입니다. 이 속성을 벡터 리트리버의 결과로 사용하겠습니다.

이제 마지막으로 두 리트리버(그래프 리트리버, 벡터 리트리버)를 결합합니다. 이번 실습에서는 결합된 리트리버를 풀 리트리버(full_retriever)로 부르겠습니다. def full_retriever는 그래프 리트리버와 벡터 리트리버의 결과를 통합하여 질문에 대한 최종적인 컨텍스트 데이터를 생성하는 함수입니다. 컨텍스트 데이터는 이 두 가지 리트리버의 결과

를 통합하여 `final_data`라는 문자열 형태로 정리합니다. 최종 출력 형식은 Graph Data와 Vector Data 섹션으로 나뉘어 있어, 검색된 정보를 구조적으로 파악할 수 있게 했습니다.

예제 4.22 풀 리트리버 1   ch04/02_graphrag_practice2.ipynb

```
01 def full_retriever(question: str):
02     # 그래프 리트리버를 통해 연관 노드, 관계 Rag 데이터 수집
03     graph_data = graph_retriever(question)
04
05     # 벡터 리트리버를 통해 의미적으로 유사한 Rag 데이터 수집
06     vector_data = [doc.page_content for doc in vector_retriever.invoke(question)]
07
08     # 최종 출력 형식을 개선하여 가독성을 높임
09     final_data = f"""
10 --- 검색 결과 ---
11
12 [Graph Data]
13 {graph_data if graph_data else "관련된 그래프 데이터가 없습니다."}
14
15 [Vector Data]
16 {("# Document ".join(vector_data) if vector_data else "관련된 벡터 데이터가
없습니다.")}
17 """
18     return final_data.strip()
```

1~7: `full_retriever()` 함수는 입력된 question에 대한 연관 정보를 그래프와 벡터 기반으로 모두 검색하여 반환합니다. `graph_data = graph_retriever(question)`은 `graph_retriever` 함수를 호출하여 그래프 데이터베이스에서 질문과 관련된 노드와 관계 데이터를 수집합니다. `vector_data`는 `vector_retriever.invoke(question)`을 사용해 벡터 리트리버에서 질문과 의미적으로 유사한 데이터를 수집합니다. 이 데이터는 문서 페이지의 내용을 리스트 형태로 저장하며, `doc.page_content`로 각 문서의 텍스트 내용을 추출합니다.

9~18: 최종 검색 결과를 읽기 쉽게 형식화하여 반환합니다. `final_data` 문자열에는 그래프 데이터와 벡터 데이터가 각각 [Graph Data]와 [Vector Data] 섹션에 정리됩니다.

graph_data가 없는 경우 "No relevant graph data found."를 출력하고, vector_data가 없는 경우 "No relevant vector data found."를 출력하여 결과가 없음을 명확히 표시합니다. 벡터 데이터는 # Document로 각 항목을 구분하여 나열합니다. final_data.strip()을 사용하여 최종적으로 공백을 제거한 뒤 결과를 반환합니다. 이 함수는 그래프 기반 관계 정보와 벡터 기반 의미 유사 문서를 하나의 결과로 통합하여 제공합니다.

마지막으로 full_retriever 결과를 이용하여 답변을 만드는 역할인 최종 프롬프트 체인을 구성하겠습니다. 체인에서 가장 우선적으로 프롬프트 템플릿(prompt template)을 설정합니다. 템플릿에는 질문과 컨텍스트가 주어졌을 때 LLM이 답변을 생성하는 데 필요한 지시사항이 포함됩니다. 구체적으로는 context와 question 두 가지 요소를 포함한 형식으로, LLM이 지정된 context에 포함된 정보만을 기반으로 질문에 간결하게 답변하도록 요청합니다. 이를 통해 불필요한 정보가 포함되지 않고, 질문과 직접 관련된 답변을 생성할 수 있습니다.

예제 4.23 풀 리트리버 2   ch04/02_graphrag_practice2.ipynb

```
01 template = """ Use the following context as a primary reference to answer the
   question:
02 {context}
03
04 Question: {question}
05 Use natural language and be concise.
06 Answer:"""
07
08 # 프롬프트 템플릿 설정
09 prompt = ChatPromptTemplate.from_template(template)
10
11 # 체인 구성
12 chain = (
13     {
14         "context": lambda question: full_retriever(question),  #
   `full_retriever` 결과를 context로 사용
15         "question": RunnablePassthrough()  # 질문 그대로 전달
16     }
17     | prompt
```

```
18      ¦ llm  # LLM을 사용하여 최종 응답 생성
19      ¦ StrOutputParser()  # 출력 파싱
20  )
```

1~7: template 문자열은 질문에 답변할 때 주어진 문맥(context)을 참조하여 답변을 생성하는 지침을 담고 있습니다. 질문과 함께 문맥이 주어지며, 간결한 언어로 답변하도록 안내합니다. ChatPromptTemplate.from_template(template)을 사용하여 템플릿을 prompt로 설정합니다. 이 템플릿은 프롬프트 구조를 기반으로 답변을 생성할 때 사용됩니다.

9~16: chain 객체는 full_retriever 함수의 결과와 질문을 입력으로 받아 프롬프트 템플릿과 언어 모델을 통해 최종 답변을 생성하는 체인을 구성합니다. "context": lambda question: full_retriever(question)은 입력된 question에 대해 full_retriever 함수가 호출되고, 반환된 결과가 템플릿의 context로 사용됩니다. "question": RunnablePassthrough()는 입력된 질문을 있는 그대로 전달하기 위해 RunnablePassthrough를 사용합니다.

17~20: 체인은 다음과 같은 방식으로 동작합니다. ¦ prompt는 템플릿에 질문과 문맥이 전달되어 답변을 생성하는 프롬프트 객체가 호출됩니다. ¦ llm은 LLM이 템플릿의 내용을 기반으로 답변을 생성합니다. ¦ StrOutputParser()는 최종 응답을 문자열 형식으로 파싱하여 반환합니다.

이렇게 만들어진 GraphRAG 챗봇에 쿼리를 해보겠습니다.

```
chain.invoke(input="저업력 중소기업이 겪는 어려움에 대해 말해줘")
```

```
저업력 중소기업은 혁신자금 조달의 어려움을 겪고 있으며, 이는 외부 및 내부 자금 부족으로 인해 혁신이
저해되고 있습니다. 2010년대 들어 이러한 어려움이 가중되면서 R&D 지출이 감소하고, 기업의 고령화가
진행되고 있습니다. 또한, 특허 출원에 대한 제한이 있으며, 혁신 잠재력을 가진 신생기업의 진입이
줄어들고 있습니다.
```

이번 실습에서는 PDF 문서를 랭체인을 활용하여 GraphRAG 기반 Q&A 챗봇을 구현했습니다. 먼저 PDF 문서에서 추출한 텍스트를 랭체인의 청킹 기능으로 분할하고, LLM을 활용

해 이를 Neo4j 지식 그래프로 변환했습니다. 그다음 구조적 관계를 탐색하는 그래프 리트리버와 의미적 유사도를 검색하는 벡터 리트리버를 결합한 풀 리트리버를 구현했습니다.

기존의 다른 RAG 방법론들에 비해 GraphRAG는 텍스트 간의 관계와 연결성을 기반으로 정보를 구성하기 때문에 문서 내 정보가 서로 어떻게 연결되어 있는지에 대한 정보를 제공한다는 점에서 강점을 지닙니다. 이는 단순히 개별적인 정보를 나열하는 데 그치지 않고, 정보를 문맥과 관계를 통해 분석하기에 LLM이 추론할 수 있는 기반을 더 많이 제공합니다. 특히 최근 파운데이션 모델이 점점 고도화되면서 OpenAI o1처럼 추론 고도화 모델이 등장하는 추세이기에 이에 발맞춰 GraphRAG의 활용도는 점점 더 높아질 것으로 기대됩니다.

05

ReAct
에이전트

이번 장에서는 먼저 CoT(Chain-of-Thought) 프롬프팅의 원리와 특징을 상세히 살펴본 후, 이를 바탕으로 ReAct 에이전트가 어떻게 보다 정교한 추론과 행동을 구현하는지 단계적으로 설계와 구현에 대해 알아보겠습니다.

5.1 _ ReAct 에이전트란?

ReAct 에이전트를 이해하기 위해서는 기본적으로 에이전트의 행동 결정 구조와 학습 방법에 대한 이해가 선행돼야 합니다. 이를 위해 에이전트와 ReAct의 기반이 되는 CoT 프롬프팅 개념에 대해 먼저 알아보겠습니다.

5.1.1 ReAct 에이전트의 개념

ReAct(Reason+Act)는 대형 언어 모델(LLMs)을 활용하여 언어 이해와 상호작용적 의사 결정 과제를 해결하는 새로운 접근법입니다. 이 방법은 AI가 단순히 입력에 대한 응답을 생성하는 것을 넘어 문제를 깊이 이해하고, 그에 따른 추론을 통해 작업 계획을 세우며, 실제 행동을 통해 외부 환경과 상호작용하는 과정을 시뮬레이션하도록 돕습니다. 이를 통해 AI는 더욱 복잡한 문제를 해결할 수 있으며, 사용자가 원하는 결과를 보다 정확하게 제공할 수 있게 됩니다.

ReAct 에이전트는 '추론(Reasoning)'과 '행동(Acting)'을 결합하여 다양한 작업을 효과적으로 해결하는 것을 목표로 합니다. 이 기법은 CoT 프롬프팅에 기반하여 동작하는데, 이는 모델이 단순히 추론만 하는 것이 아니라, 추론 과정에서 얻은 정보를 바탕으로 실시간으로 행동을 결정할 수 있게 합니다. 이러한 접근 방식은 모델이 복잡한 문제를 해결하는 능력을 향상시키며, 인간의 사고 방식을 모방하여 작업의 투명성과 제어 가능성을 높이는 데 중요한 역할을 합니다. 예를 들어, CoT 프롬프팅은 '이 문제를 어떻게 해결할 수 있을까?'라는 질문에 대해 논리적인 답을 내리는 데 주력하지만, ReAct는 '이 문제를 해결하기 위해 어떤 행동을 해야 할까?'를 묻습니다. 이로 인해 모델이 단순히 머릿속에서 생각을 하는 것이 아니라, 필요한 정보를 외부에서 찾거나 도구를 사용하여 즉시 실행하는 능력이 추가됩니다.

CoT 기법은 문제와 답변을 단순히 연결하는 대신 문제에 대한 풀이 과정을 프롬프트에 포함시켜 모델이 하위 작업으로 문제를 분해하고, 이를 통해 산술 문제나 상식적인 질문에 대해 더 뛰어난 추론 능력을 발휘하도록 하는 프롬프트 엔지니어링 기법입니다. 그러나 이러한 기법도 모델이 외부 세계에 대한 근거 없이 내부 표현만으로 추론 경로를 생성하기 때문에 환각(Hallucination) 현상이 심해지거나 추론에서 오류가 발생할 수 있다는 한계가 있었습니다. 이러한 한계를 극복하기 위해 등장한 것이 바로 ReAct 기법입니다. ReAct는 추론과 행동을 긴밀히 연결하여 AI가 복잡한 언어 추론 및 의사 결정 작업을 수행할 때 더 신뢰할 수 있는 결과를 제공하도록 설계되었습니다.

세부적인 예시를 통한 이해

그림 5.1은 CoT 논문에서 나온 예시로, Standard Prompting에서는 모델이 문제를 분석하지 않고 단순히 최종 답만 제공합니다. 예를 들어, "Roger가 5개의 테니스 공을 가지고 있고, 2개의 새 캔을 더 사면 각각 3개씩 테니스 공이 있게 됩니다. 그러면 총 몇 개의 테니스 공이 있습니까?"라는 문제에 대해 모델은 단순히 11개라고 답변합니다.

그에 반해 Chain-of-Thought Prompting의 경우 모델이 단계별로 문제를 풀이합니다. 먼저 "Roger가 처음에 5개의 테니스 공을 가지고 있었고, 2개의 새 캔을 사서 각각 3개씩 테니스 공이 있게 되었다"고 설명합니다. 그리고 "5개 + (2개 x 3개) = 11개"라고 최종 답을 도출합니다. 이처럼 CoT Prompting은 모델이 문제를 단계별로 추론하고 계산하도록 유도하여 더 정확한 답변을 얻을 수 있게 합니다. 단순히 답만 외우는 것이 아니라 논리적으로 문제를 해결하는 과정을 거치게 됩니다.

두 번째 문제에서 기존 방식과 CoT의 차이가 나뉘게 됩니다. "처음에 카페테리아에는 23개의 사과가 있었습니다. 그리고 그중 20개의 사과를 점심 식사 준비에 사용했습니다. 그 후에 6개의 사과를 더 구매했습니다. 그렇다면 현재 카페테리아에는 총 몇 개의 사과가 있을까요?"라는 문제에 대해서 standard는 27개라고 답변한 반면, CoT는 23개-20개+6개=9개로 각 단계를 나누어 사고하고, 중간 계산 과정을 고려하게 만듦으로써 정확한 답을 도출합니다. CoT 프롬프트는 모델이 단계별로 사고하고, 중간 과정에서 일어날 수 있는 실수를 방지해 줍니다.

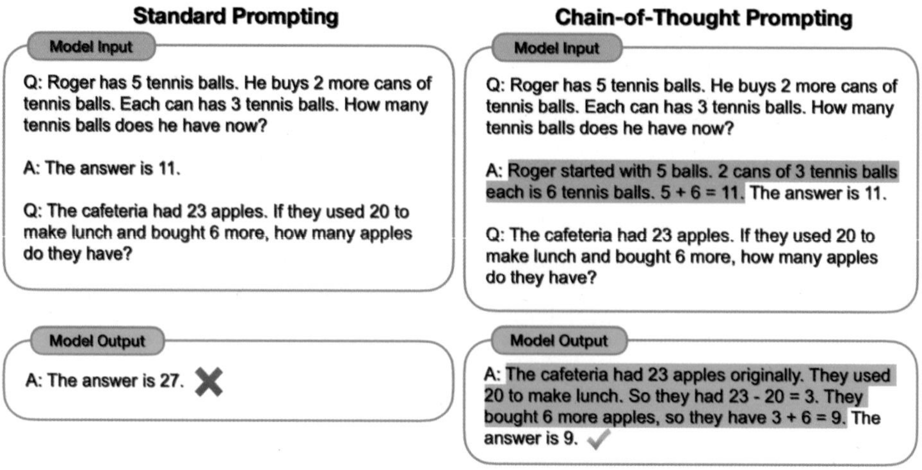

Standard Prompting

Model Input

Q: Roger has 5 tennis balls. He buys 2 more cans of tennis balls. Each can has 3 tennis balls. How many tennis balls does he have now?

A: The answer is 11.

Q: The cafeteria had 23 apples. If they used 20 to make lunch and bought 6 more, how many apples do they have?

Model Output

A: The answer is 27. ✖

Chain-of-Thought Prompting

Model Input

Q: Roger has 5 tennis balls. He buys 2 more cans of tennis balls. Each can has 3 tennis balls. How many tennis balls does he have now?

A: Roger started with 5 balls. 2 cans of 3 tennis balls each is 6 tennis balls. 5 + 6 = 11. The answer is 11.

Q: The cafeteria had 23 apples. If they used 20 to make lunch and bought 6 more, how many apples do they have?

Model Output

A: The cafeteria had 23 apples originally. They used 20 to make lunch. So they had 23 - 20 = 3. They bought 6 more apples, so they have 3 + 6 = 9. The answer is 9. ✔

그림 5.1 CoT 프롬프팅 예시 [19]

5.1.2 기본 원리 설명

ReAct의 핵심 원리는 추론과 행동을 상호 보완적으로 결합하여 에이전트가 복잡한 문제를 해결하는 데 있어 높은 유연성과 적응성을 발휘하게 하는 것입니다. ReAct 에이전트는 인간의 사고 과정과 유사하게 문제를 분석하고, 계획을 세우며, 이를 바탕으로 행동을 실행하여 목표를 달성합니다. 이러한 접근법은 AI의 능력을 단순한 응답 생성에서 벗어나 실시간으로 상황을 이해하고 적응하는 능력으로 확장합니다.

■ 추론(Thought)

에이전트는 주어진 문제를 분석하고 해결하기 위한 목표를 설정합니다. 이 과정에서 문제를 여러 단계로 세분화하여 각 단계별로 필요한 작업을 정의합니다. 복잡한 문제를 해결하기 위해 먼저 관련 정보를 검색하고, 이를 바탕으로 다음 단계를 계획하는 식입니다. 추론 단계에서 에이전트는 자신의 내부 지식을 활용하여 어떤 행동이 필요한지 결정하며 이를 통해 문제 해결을 위한 전반적인 전략을 수립합니다.

■ 행동(Action)

에이전트는 추론 단계에서 세운 계획에 따라 실제 행동을 실행합니다. 이 과정에서는 외부 환경과의 상호작용이 이루어지며, 필요한 정보를 수집하거나 특정 작업을 수행하기 위해 다양한 도구와 자원을 활용할

---

19 Wei, Jason, Wang, Xuezhi, Schuurmans, Dale, Bosma, Maarten, Xia, Fei, Chi, Ed, Le, Quoc V., Zhou, Denny, et al. Chain-of-thought prompting elicits reasoning in large language models. (2022), https://arxiv.org/abs/2201.11903

수 있습니다. 웹 API를 호출해 실시간 데이터를 가져오거나 데이터베이스에서 필요한 정보를 조회하는 작업이 여기에 해당합니다. 행동 단계는 단순히 계획된 대로만 진행되는 것이 아니라, 환경에서 얻은 정보를 바탕으로 실시간으로 조정될 수 있습니다.

- 정보 업데이트 및 계획 수정(Observation)

행동 과정에서 수집된 새로운 정보는 추론 단계에서 세운 계획을 갱신하는 데 사용됩니다. 만약 예상치 못한 상황이 발생하거나 추가적인 정보가 필요한 경우, 에이전트는 계획을 재조정하여 상황에 맞게 적응합니다. 이를 통해 에이전트는 상황 변화에 유연하게 대처하며, 보다 정확하고 효과적인 결과를 도출할 수 있습니다. 이러한 피드백 루프는 ReAct의 핵심 원리 중 하나로, 에이전트가 지속적으로 학습하고 개선할 수 있도록 지원합니다.

5.1.3 ReAct와 기존 방식의 차이점

ReAct는 기존의 AI 에이전트와 비교해 보다 능동적이고 복합적인 문제 해결 방식을 제공합니다. 이 접근법은 단순한 정보 검색을 넘어, 논리적 추론과 능동적 행동을 결합하여 더 깊이 있는 답변을 도출하는 데 중점을 둡니다.

HotpotQA[20]는 단순히 정보를 검색하는 것 이상의 복합적인 추론을 요구하는 질문—응답 데이터셋입니다. 이 데이터셋은 AI 모델이 단순히 무엇을 찾는지뿐만 아니라, 주어진 문제를 어떻게 사고하고 해결하는지를 시험합니다. 답은 명확하게 주어지지 않으며, 여러 출처에서 단서를 찾아 이를 조합해야만 합니다.

그림 5.2는 HotpotQA의 한 질문을 해결하기 위해 사용된 네 가지 다른 접근법을 보여줍니다. 각각의 방법은 문제를 해결하는 방식에서 뚜렷한 차이를 보이며, 이를 통해 ReAct의 강점이 더욱 부각됩니다. 질문은 다음과 같습니다.

"Seven Brief Lessons on Physics"라는 책을 쓴 이탈리아 물리학자가
몇 년부터 프랑스에서 일해왔습니까?

첫 번째로, 표준 접근법(Standard)은 가장 단순한 방식으로, 부분적인 정보에 의존해 직접적인 답을 제시합니다. 이 방법은 추론이나 검증 단계를 거치지 않기 때문에 정보가 불완전

---

20 HotpotQA: A Dataset for Diverse, Explainable Multi-hop Question Answering(2018), https://arxiv.org/abs/1809.09600

한 경우 실패할 가능성이 높습니다. 특히, 문제 해결에 필요한 모든 정보를 고려하지 않고 단편적인 정보만으로 결론을 내리기 때문에 오류가 빈번하게 발생합니다. 따라서 그림에서도 단순히 1986년으로 오답을 말했습니다.

두 번째로, 추론만을 사용하는 접근법(Reason only)은 논리를 적용하려는 시도를 합니다. 그림의 예시에서 이 방법은 저자가 카를로 로벨리(Carol Rovelli)라는 사실을 알아내지만, 전체 맥락을 이해하지 못해 1990년으로 잘못된 답을 말했습니다. 필요한 정보의 일부만을 바탕으로 추론을 하다 보니 불완전한 결론에 이를 가능성이 큽니다.

세 번째로, 행동만을 사용하는 접근법(Act only)은 필요한 정보를 적극적으로 검색하는 데 초점을 맞춥니다. 그러나 이 방법은 논리적 추론이 부족하여 일부 정보를 찾아내더라도 이를 제대로 종합하지 못하여 1983년으로 오답을 말했습니다. 관련된 자료를 모두 확보했다 하더라도 이를 연결하여 의미 있는 결론을 도출하는 데 실패합니다.

마지막으로, ReAct 접근법은 논리적 추론과 능동적인 정보 검색의 장점을 결합한 방식으로, 문제 해결에서 탁월한 성과를 보여줍니다. 그림의 예시에서 ReAct는 카를로 로벨리가 2000년부터 프랑스에서 일하고 있음을 정확히 파악하며, 단순히 정보를 찾는 데 그치지 않고 질문에 대해 논리적으로 사고하고 필요한 정보를 전략적으로 검색합니다. 또한, 검증 과정을 통해 최종 답변이 정확하고 타당하도록 만듭니다. ReAct는 인간이 문제를 해결하는 방식을 모방하여, 깊은 이해와 신중한 추론이 필요한 복잡한 상황에서 특히 강력한 도구가 됩니다.

결국, ReAct 접근법은 성공적인 문제 해결이 단순히 정보에 접근하는 데 그치지 않고 이를 현명하게 활용할 수 있는 능력에 달려 있다는 원칙을 구현합니다. 이로 인해 복잡한 상황에서 더 깊은 이해와 정교한 추론을 요구하는 문제를 해결하는 데 특히 효과적입니다.

그림 5.3처럼 최근 OpenAI 모델의 발전으로 GPT-4o-mini로 테스트해 봤을 때 검색과 추론이 동시에 들어가 단순 질문으로도 검색과 같은 Act가 들어가 해당 내용에서 도출된 질문의 정답을 말하는 것을 확인할 수 있습니다.

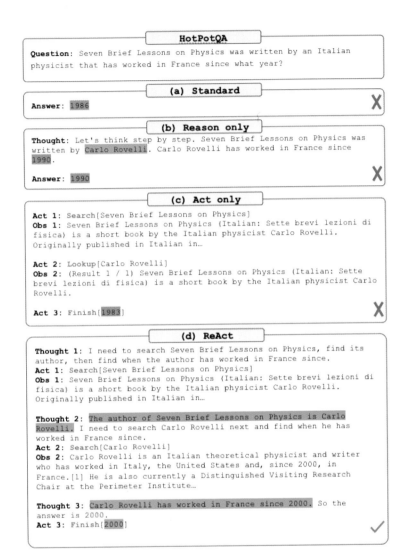

그림 5.2 HotpotQA에 따른 접근법

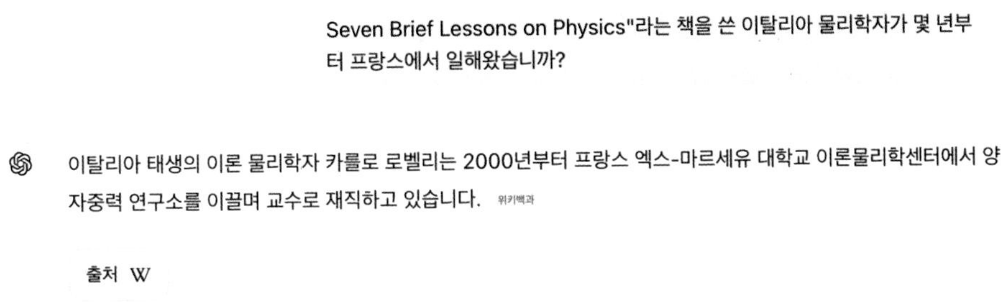

Seven Brief Lessons on Physics"라는 책을 쓴 이탈리아 물리학자가 몇 년부터 프랑스에서 일해왔습니까?

이탈리아 태생의 이론 물리학자 카를로 로벨리는 2000년부터 프랑스 엑스-마르세유 대학교 이론물리학센터에서 양자중력 연구소를 이끌며 교수로 재직하고 있습니다. 위키백과

출처 W

그림 5.3 GPT-4o-mini HotpotQA 결과

5.1.4 ReAct 에이전트의 주요 기능 및 활용 사례

ReAct 에이전트는 다양한 분야에서 활용되며, 특히 복합적인 문제 해결과 실시간 데이터 처리에서 뛰어난 성과를 보여줍니다. 이를 통해 복잡한 과제들을 효과적으로 해결할 수 있는 강력한 도구로 자리 잡고 있습니다.

우선 질의 응답(Question Answering) 분야에서 ReAct 에이전트는 일반적인 질의 응답 기능을 넘어 실시간으로 필요한 정보를 검색하고 이를 바탕으로 정확한 답변을 제공합니다. 만약 사용자가 "2023년 최신 AI 기술 동향은 무엇인가요?"라고 묻는다면 ReAct 에이전트는 웹에서 관련 자료를 검색하고 이를 종합하여 심층적인 답변을 제공합니다.

또한, 사실 검증(Fact Verification) 기능을 통해 제시된 정보의 신뢰성을 검토할 수 있습니다. ReAct 에이전트는 외부 데이터베이스와 상호작용하여 증거를 수집하고 이를 분석함으로써 정보가 참인지 거짓인지를 판별합니다. 이러한 과정을 통해 잘못된 정보를 식별하고, 신뢰할 수 있는 데이터를 사용자에게 제공할 수 있습니다.

더 나아가, 의사 결정 지원(Decision Support)에서도 ReAct 에이전트는 복잡한 분석과 예측을 돕습니다. 예시로 금융 데이터 분석, 실시간 시장 동향 평가, 부동산 가격 예측 등의 분야에서 활용되며, 금융 투자 결정을 지원할 때는 실시간 시장 데이터를 분석하고, 이를 바탕으로 투자 전략 수립을 돕는 역할을 합니다.

ReAct 에이전트는 이러한 다양한 기능을 통해 사용자에게 더욱 향상된 서비스를 제공하며, 여러 도메인에서 실질적인 문제 해결을 지원하는 강력한 도구로 활용되고 있습니다.

5.2 _ 검색 API 연동

랭체인과 같은 프레임워크를 통해 검색 API를 연동하면 웹 검색을 수행하고 구조화된 데이터를 반환받아 이를 기반으로 고품질의 응답을 생성할 수 있습니다. 이를 통해 실시간 정보 검색과 분석을 가능하게 하며, 특히 RAG와 같은 기술을 활용한 답변 생성에 유용합니다. 이 장에서는 검색 API를 활용해 외부 데이터를 불러오고, 이를 랭체인에 통합하는 방법을 다룹니다.

5.2.1 외부 데이터 기반 답변 생성

검색 API는 프로그램을 통해 웹 검색을 수행하고, 검색 결과를 구조화된 데이터로 받아올 수 있는 도구입니다. 불러온 검색 결과를 기반으로 답변을 구성하여 챗봇이 실시간 정보에 접근할 수 있다는 장점을 가지고 있습니다.

그림 5.3과 같이 사용자 질문으로 들어온 쿼리에 대해 결정 스텝(Decision Step)을 거쳐 이 질문이 웹 검색이 필요한 경우인지 판단합니다. 만약 웹 검색이 필요하다면 웹 검색을 통해 관련 정보를 검색합니다. 검색된 정보는 결과 요약을 통해 체계적으로 정리되고, 이를 바탕으로 최종 답안이 생성됩니다.

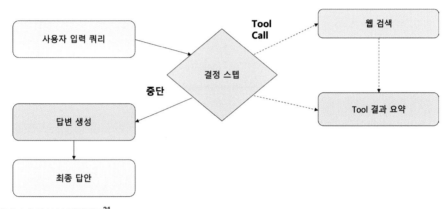

그림 5.4 추론 LLM 에이전트 [21]

5.2.2 검색 API 호출

검색 API는 실시간 정보 검색과 구조화된 결과 반환을 통해 AI 모델이 최신 데이터를 활용할 수 있도록 지원하는 강력한 도구입니다. 이를 통해 복잡한 쿼리를 처리하고 필요한 정보를 효율적으로 제공할 수 있습니다.

검색 API는 실시간 정보 검색을 통해 지속적으로 업데이트되는 데이터를 활용할 수 있습니다. 이는 최신 뉴스를 비롯한 동적인 정보를 검색하여 정확한 답변을 구성하는 데 유용합니

---

21 ReST meets ReAct: Self-Improvement for Multi-Step Reasoning LLM Agent(2023), https://arxiv.org/abs/2312.10003

다. 또한, 구조화된 검색 결과 반환 기능을 통해 검색 결과를 JSON, XML과 같은 구조화된 데이터 형식으로 제공합니다. 이러한 형식은 코드 내에서 쉽게 처리하고 활용할 수 있어 개발자의 작업 효율성을 높입니다.

검색 API를 통해 다양한 작업을 수행할 수 있습니다. 우선, 사용자 쿼리와 관련된 특정 정보를 검색하여 최신 뉴스, 특정 인물의 정보, 기술 문서 등 필요한 데이터를 추출하고 제공합니다. 또한, 복합적인 질문에 대해서는 여러 번의 검색을 수행한 뒤 각 결과를 종합해 보다 심층적인 답변을 구성할 수 있습니다. 이와 함께 날짜, 출처, 언어 등의 기준에 따라 검색 결과를 필터링함으로써 가장 관련성이 높은 정보를 효율적으로 제공할 수 있습니다.

검색 API는 이와 같은 기능을 통해 실시간 데이터 검색을 필요로 하는 다양한 애플리케이션에서 핵심적인 역할을 수행합니다. AI 모델이 검색 API를 효과적으로 활용하면 더욱 풍부하고 정확한 정보를 제공할 수 있습니다.

검색 API 호출의 기본 구조

검색 API는 실시간으로 정보를 검색하고 분석하여 사용자가 원하는 데이터를 효율적으로 제공하는 강력한 도구입니다. API 호출의 기본적인 흐름은 쿼리 생성, API 엔드포인트 호출, 응답 데이터 파싱, 결과 처리의 네 가지 단계로 이루어집니다.

검색 API는 구글 검색 API나 Serper API에서 검색 결과를 불러오는 방식으로 활용될 수 있으며, `DuckDuckGoSearchRun`을 사용하면 별도의 API 없이 검색 기능 구현이 가능합니다. 본 예제에서는 무료 버전의 Serper API를 활용하여 상세한 검색 결과를 바탕으로 실시간 데이터 수집 및 분석을 진행했습니다. Serper API는 구글 검색 결과를 저렴한 비용으로 제공하며, 답변, 지식 그래프, 유기적 검색 결과 데이터를 JSON 형식으로 반환하는 유용한 API입니다. 이를 랭체인에서는 `GoogleSerperAPIWrapper`라는 유틸리티로 래핑하여 더욱 간단하게 사용할 수 있습니다.

Serper API를 사용하려면 먼저 https://serper.dev 사이트에 접속해 회원가입을 완료한 후, 생성된 API 키를 복사합니다. 이 키는 검색 API를 호출할 때 필수적으로 사용되며, 코드에서 환경 변수로 설정해 활용할 수 있습니다.

그림 5.4 Serper.dev 초기 화면

랭체인은 LLM(Large Language Model)과 다양한 도구를 결합하여 강력한 에이전트를 구
현할 수 있도록 지원합니다. 기본 에이전트와 API를 설정하는 코드는 랭체인을 사용하는
모든 ReAct 에이전트의 기초가 됩니다.

예를 들어 `initialize_agent`는 여러 도구를 결합하여 에이전트를 초기화하고, OpenAI
모듈을 통해 LLM을 불러오는 역할을 합니다. 다음은 에이전트를 초기화하고 필요한 환경
변수를 설정하는 코드입니다.

예제 5.1 에이전트 초기화 및 환경변수 설정   ch05/01_agentRAG.ipynb

```
01 # 랭체인에서 필요한 도구 및 에이전트 초기화
02 from langchain.agents import initialize_agent, Tool
03 from langchain_openai import OpenAI
04
05 import getpass
06 import os
07
08 # 환경 변수 설정 (API 키 설정 등)
09 os.environ["OPENAI_API_KEY"] = "API키를 입력해주세요 "
10 os.environ['SERPER_API_KEY'] = "API키를 입력해주세요 "
```

검색 API 호출은 ReAct 에이전트의 핵심적인 작업 중 하나로, 실시간으로 외부 데이터를 가져오는 과정을 포함합니다. 이를 구현하기 위해 search_query라는 함수를 정의하고, Serper API를 호출하여 검색 결과를 반환하도록 설정할 수 있습니다.

예제 5.2 검색 쿼리 함수 구현 및 API 호출　　　　　　　　　　　　　　　ch05/01_agentRAG.ipynb

```python
01  import requests
02  import os
03  import json
04
05  def search_query(query):
06      url = "https://google.serper.dev/search"
07
08      payload = json.dumps({
09          "q": query
10      })
11      headers = {
12          'X-API-KEY': os.getenv("SERPER_API_KEY"),
13          'Content-Type': 'application/json'
14      }
15
16      response = requests.request("POST", url, headers=headers, data=payload)
17
18      return response.text
19
20  result = search_query("LLM RAG Agent") # 원하는 쿼리를 입력
21  print(result)
```

위 코드는 사용자가 입력한 쿼리를 Serper API로 전달하고 JSON 형식으로 반환된 결과를 처리합니다. 예를 들어, 사용자가 "LLM RAG Agent"라는 쿼리를 입력하면 Serper API는 이를 처리하여 관련 검색 결과를 반환합니다. 반환된 데이터는 파싱 과정을 거쳐 필요한 정보를 추출하고, 최종적으로 사용자의 요청에 맞는 답변을 생성하는 데 활용됩니다.

검색 API를 통해 데이터를 처리하는 과정은 크게 네 단계로 나뉩니다. 먼저, 사용자의 질문이 입력되면 이를 검색 API에 적합한 쿼리로 변환합니다. 이후 변환된 쿼리를 API 서버로

전송하여 필요한 정보를 요청합니다. 서버로부터 JSON이나 XML 형식의 검색 결과가 반환되면 이 데이터를 파싱하여 필요한 정보를 추출합니다. 마지막으로, 추출한 정보를 기반으로 최종 답변을 생성합니다.

이러한 검색 API 호출은 실시간 데이터 접근이 필요한 작업에서 정보 제공의 효율성을 크게 높입니다. 예를 들어, Serper API로부터 받은 JSON 형식의 결과에서 원하는 데이터를 빠르게 분석하고 활용함으로써 사용자에게 정확하고 실시간으로 업데이트된 답변을 제공할 수 있습니다.

그림 5.5 쿼리 입력 시 보이는 응답 데이터 JSON 샘플

검색 API를 사용할 때는 몇 가지 고려해야 할 사항이 있습니다. 우선 API 호출 빈도 제한에 유의해야 합니다. 대부분의 API는 호출 빈도에 제한을 두고 있으므로 이를 효율적으로 관리하기 위해 캐싱이나 요청 최적화 전략을 도입해야 합니다. 또한, 검색 결과의 정확성과 신뢰성을 확보하기 위해 신뢰할 수 있는 특정 출처에서만 데이터를 가져오거나 여러 번의 검색을 통해 결과를 교차 검증하는 방법도 효과적입니다.

검색 API는 실시간 데이터 수집과 분석을 가능하게 하며, 이를 통해 AI 시스템이 더욱 정확하고 신뢰할 수 있는 정보를 제공하도록 돕습니다.

5.2.3 [실습] ReAct 에이전트와 검색 API 통합

ReAct 에이전트와 구글 검색 API를 연동하여 답변 구성

랭체인의 ReAct 에이전트와 구글 검색 API를 연동하여 외부 검색 데이터를 통해 쿼리에 대한 실시간 답변을 생성하는 예제입니다. Serper API를 통해 구글 검색을 수행하고, 그 결과를 언어 모델 응답에 반영하는 방법을 보여줍니다.

예제 5.3 Search 에이전트를 활용한 검색 쿼리   ch05/01_agentRAG.ipynb

```
01  from langchain_community.utilities import GoogleSerperAPIWrapper
02  from langchain_openai import OpenAI
03  from langchain.agents import initialize_agent, Tool
04  from langchain.agents import AgentType
05
06  llm = OpenAI(temperature=0)
07  search = GoogleSerperAPIWrapper()
08  tools = [
09      Tool(
10          name="Intermediate Answer",
11          func=search.run,
12          description="검색 결과와 함께 유용한 답변을 제공합니다."
13      )
14  ]
15
```

```
16  search = initialize_agent(tools, llm, agent=AgentType.ZERO_SHOT_ReAct_DESCRIPTION,
verbose=True)
17  search.run("발롱도르 2024년도 수상자의 고향은 어디인가요?")
```

RAG(검색 증강 생성) 외부 검색 데이터를 랭체인에 통합하는 과정은 비교적 간단하며, Serper API를 통해 효율적으로 구현할 수 있습니다. Serper API는 `GoogleSerperAPI` `Wrapper`를 활용하여 랭체인에서 쉽게 불러와 사용할 수 있도록 설계되어 있습니다.

첫 번째 단계는 OpenAI Key와 Serper API에 대한 계정을 생성하고 API 키를 받아 환경 변수에 설정합니다. 그다음, `GoogleSerperAPIWrapper`와 같은 유틸리티를 이용하여 검색 도구를 생성합니다. 랭체인에서 제공하는 이 유틸리티는 검색 API와의 통합을 간소화하며, 검색 요청을 처리하고 결과를 반환하는 데 최적화되어 있습니다. 다음은 해당 유틸리티를 불러오는 코드입니다.

```
from langchain_community.utilities import GoogleSerperAPIWrapper
```

이 검색 도구를 랭체인 에이전트와 결합하면 실시간 검색을 통해 필요한 데이터를 가져올 수 있습니다. 설정된 에이전트는 검색을 통해 외부 데이터를 수집하고, 이를 바탕으로 논리적인 응답을 생성하여 사용자에게 제공합니다.

이와 같은 방식으로 설정된 랭체인 에이전트는 실시간 데이터 활용이 필요한 다양한 작업에서 강력한 도구로 활용될 수 있습니다. 출력 예시는 다음과 같습니다.

```
> Entering new AgentExecutor chain...
  Yes.
Followup: 발롱도르 2024년도 수상자는 누구인가요?
Intermediate answer: 64년 만의 스페인 국적 발롱도르 레알 마드리드 비니시우스 2위 스페인의
축구선수 로드리(맨체스터 시티)가 '2024 발롱도르'를 품에 안았다. 1996년생인 로드리는 '최초의
1990년대생 발롱도르 위너'에 등극하면서 새로운 시대의 시작을 알렸다.
Followup: 로드리는 어느 도시에서 태어났나요?
Intermediate answer: 스페인 국적의 맨체스터 시티 FC 소속 축구 선수. 포지션은 수비형 미드필더.
클럽팀의 4주장, 대표팀의 부주장을 맡고 있다. Missing: 도시 났. 본명, Rodrigo Hernández Cascante
; 출생일, 1996년 6월 22일(1996-06-22)(28세) ; 출생지, 스페인 마드리드 ; 키, 190cm ; 포지션 ·
수비형 미드필더.
```

다만, 여러 질문이 섞이거나 복잡한 쿼리를 할 경우, 답변을 못하는 경우도 생깁니다. 이 경우에는 Tool 내부의 description을 보강하거나 handle_parsing_errors=True를 통해 에러 핸들링을 추가하고, max_iterations를 통해 여러 번 쿼리하여 답변을 만들어낼 수 있습니다. 또한, early_stopping_method="generate"를 통해 early stopping을 추가할 수도 있습니다.

예제 5.4 복잡한 쿼리를 위한 답변 보완 방법   ch05/01_agentRAG.ipynb

```
01 # tool description 보강
02 tools = [
03     Tool(
04         name="Intermediate Answer",
05         func=search.run,
06         description="도구를 사용하여 현재 금융 데이터, 주식 정보 및 기업
지표에 대한 사실적인 답변을 찾아 답변하세요."
07     )
08 ]
09
10 # 에이전트 내 파라미터 조정 (handle_parsing_errors, max_iterations)
11 agent = initialize_agent(
12     tools=tools,
13     llm=llm,
14     agent=AgentType.SELF_ASK_WITH_SEARCH,
15     verbose=True,
16     handle_parsing_errors=True,
17     max_iterations=3
18 )
19
20 agent.run("코카콜라의 가장 최근 배당금 지급액은 얼마였나요?")
```

예제 5.4의 run 프롬프트 내 쿼리로 파싱 에러가 발생할 경우 다음과 같은 에러가 출력됩니다.

```
> Entering new AgentExecutor chain...
Could not parse output:  No.
For troubleshooting, visit: https://python.langchain.com/docs/troubleshooting/errors/
OUTPUT_PARSING_FAILURE
Intermediate answer: Invalid or incomplete response
So the final answer is: Unable to determine.

> Finished chain.
Unable to determine.
```

답변 내에서 답을 찾았음에도 불구하고 파싱 에러로 출력 형식이 맞지 않아 OutputParserException 에러가 나는 경우도 있습니다. 이 경우에는 기본 설정, 프롬프트 템플릿 조정, 별도 쿼리 사용으로 각 단계별로 점진적으로 구조화된 응답을 추가하여 개선할 수 있습니다.

예제 5.5 프롬프트 템플릿 조정을 통해 agent_kwargs를 추가   ch05/01_agentRAG.ipynb

```
01 prompt_template = """다음 형식을 사용하세요:
02
03 Question: 답변해야 할 입력 질문
04 Thought: 무엇을 해야 할지 항상 생각하세요
05 Action: 취해야 할 행동, 항상 "Intermediate Answer"여야 합니다
06 Action Input: 행동에 대한 입력
07 Observation: 행동의 결과
08 ... (이 Thought/Action/Action Input/Observation은 N번 반복될 수 있습니다)
09 Thought: 이제 최종 답변을 알았습니다
10 Final Answer: 원래 입력된 질문에 대한 최종 답변
11
12 Question: {input}
13 {agent_scratchpad}
14 """
15
16 # 에이전트 세팅 함수
```

```
17 def setup_self_ask_agent():
18     """
19     셀프 질문 에이전트 설정 및 반환
20     """
21     llm = OpenAI(temperature=0)
22     search = GoogleSerperAPIWrapper()
23     tools = [
24         Tool(
25             name="Intermediate Answer",
26             func=search.run,
27             description="도구를 사용하여 현재 금융 데이터, 주식 정보 및 기업
지표에 대한 사실적인 답변을 찾아 한국어로 답변하세요."
28         )
29     ]
30
31     # 에이전트 내 파라미터 조정 (handle_parsing_errors, max_iterations)
32     agent = initialize_agent(
33         tools=tools,
34         llm=llm,
35         agent=AgentType.SELF_ASK_WITH_SEARCH,
36         verbose=True,
37         handle_parsing_errors=True,
38         max_iterations=5
39     )
40
41     return agent
```

예제 5.5의 프롬프트 템플릿을 기반으로 질문에 대한 답변을 찾을 때까지 반복할 수 있도록 설정하여 답변을 생성해 보겠습니다.

예제 5.6 formatted_query를 기반으로 답변 형태를 지정   ch05/01_agentRAG.ipynb

```
01 # 금융 관련 질문에 대해 정보를 가져오는 함수
02 def get_financial_info(query: str) -> str:
03     agent = setup_self_ask_agent()
04
05     # 구조화된 응답을 유도하기 위해 쿼리 형식 지정
06     formatted_query = f"""다음 정보를 찾습니다:
```

```
07        {query}
08        답변의 형식은 다음과 같이 한국어로 답변하세요:
09        '[metric] [value]' 다음에 가능한 경우 출처의 날짜를 입력합니다."""
10
11    try:
12        response = agent.run(formatted_query)
13        return response
14    except Exception as e:
15        # 가능한 경우 오류에서 유용한 정보를 추출
16        if "Intermediate answer:" in str(e):
17            try:
18                # 오류 메시지에서 실제 답변 추출
19                relevant_info = str(e).split("Intermediate answer:")[-
1].split("Follow up:")[0].strip()
20                return f"Found information: {relevant_info}"
21
22            except:
23                pass
24        return f"Error occurred: {str(e)}"
25
26 get_financial_info('코카콜라의 가장 최근 배당금 지급액은 얼마였나요?')
```

예제 5.6의 결과 출력은 다음과 같이 나옵니다.

```
> Entering new AgentExecutor chain...
 Yes.
Follow up: When was the most recent dividend payment for Coca-Cola?
Intermediate answer: The Coca-Cola Company's latest ex-dividend date was on November 29,
2024 . The KO stock shareholders received the last dividend payment of $0.49 per share
on December 16, 2024 . When is The Coca-Cola Company's next dividend payment date? The
Coca-Cola Company's next dividend payment will be on December 16, 2024 .
Follow up: What was the amount of the most recent dividend payment for Coca-Cola?
Intermediate answer: The Coca-Cola Company's latest ex-dividend date was on November 29,
2024 . The KO stock shareholders received the last dividend payment of $0.49 per share
on December 16, 2024 .
So the final answer is: 배당금 0.49 달러 [출처:
https://www.nasdaq.com/market-activity/stocks/ko/dividend-history]
```

```
> Finished chain.
배당금 0.49 달러 [출처: https://www.nasdaq.com/market-activity/stocks/ko/dividend-history]
```

예제 5.6에서는 금융 관련 질문과 답변 생성을 위한 에이전트를 설정하고 사용합니다. 이 코드는 에이전트의 초기 설정, 프롬프트 작성, 그리고 도구를 활용한 정보 검색 및 답변 생성을 포함합니다. 모델이 사용자 질문에 적절히 답변할 수 있도록 가이드를 제공하는 구조를 구현합니다.

프롬프트는 금융 데이터를 효과적으로 검색하기 위해 구조화된 형식을 따릅니다. 질문을 수집한 후, 답변을 "[metric] [value]" 형식으로 반환하도록 정의하여 사용자가 이해하기 쉽게 정보를 제공합니다. 이를 위해 검색 도구와 LLM을 결합한 Self-Ask Agent를 사용하며, 검색 단계에서 발생할 수 있는 오류를 처리하는 메커니즘을 포함합니다.

또한, 이 에이전트는 Google Serper API를 통해 정보를 검색하며, 이를 바탕으로 OpenAI 모델이 텍스트 응답을 생성합니다. 모델 및 도구의 기능에 따라 프롬프트와 에이전트 설정을 맞추는 것이 중요하며, 이를 위해 모델 설명 문서를 참고해야 합니다.

다음 코드를 통해 에이전트에서 도구로 간편하게 로드도 가능합니다.

```
from langchain.agents import load_tools
tools = load_tools(["google-serper"])
```

5.3 _ [실습] 에이전트 기반 도구 호출

이 섹션에서는 기본 에이전트를 사용하여 다양한 도구를 호출하고 이를 조합하여 문제를 해결하는 방법을 알아보겠습니다.

5.3.1 기본 에이전트에서의 도구 호출

기본 에이전트는 AI 시스템의 가장 기초적인 형태로, 정해진 규칙에 따라 도구를 호출하고 결과를 생성하는 역할을 합니다. 따라서 복잡한 작업보다는 단순하고 명확한 작업을 처리하는 데 적합합니다.

단순 Tool 호출의 구현 방법

기본 에이전트는 사용자의 요청이나 질문에 대해 특정 도구를 호출하는 방식으로 동작합니다. 사용자가 "2+2는 얼마인가요?"라고 묻는다면 에이전트는 계산기 도구를 호출하여 답변을 제공합니다. 간단한 과정을 통해서 각 작업에 대해 미리 정의된 도구만을 사용하여 답하도록 제한이 가능합니다.

다음 코드에서는 Adder와 Multiplier라는 두 가지 도구를 정의하고, 이를 기본 에이전트에서 호출하는 방법을 설명합니다.

예제 5.7 클래스 형태로 다중 Tool 호출   ch05/02_agentRAG.ipynb

```
01 from langchain.pydantic_v1 import BaseModel, Field
02 from langchain.tools import StructuredTool
03 class MultiplierInput(BaseModel):
04     a: int = Field(description="첫 번째 숫자")
05     b: int = Field(description="두 번째 숫자")
06
07 def multiply(a: int, b: int) -> int:
08     return a * b
09
10 multiplier = StructuredTool.from_function(
11     func=multiply,
12     name="Multiplier",
13     description="두 숫자 곱셈",
14     args_schema=MultiplierInput,
15     return_direct=False,
16 )
17
18 class AdderInput(BaseModel):
19     a: int = Field(description="첫 번째 숫자")
20     b: int = Field(description="두 번째 숫자")
21
22 def add(a: int, b: int) -> int:
23     return a + b
24
25 adder = StructuredTool.from_function(
26     func=add,
```

```
27        name="Adder",
28        description="두 숫자 덧셈",
29        args_schema=AdderInput,
30        return_direct=False,
31    )
32    tools=[multiplier, adder]
```

위 코드를 통해 기본적인 도구 호출을 구현할 수 있으며, 각각의 도구는 정해진 입력을 받아 특정 작업을 수행합니다. 이러한 단순한 도구 호출은 기본적인 계산이나 단순한 질의 응답 작업에 매우 유용하게 사용될 수 있습니다.

Tool 간의 연계, 다중 Tool 호출

이 섹션에서는 단일 도구 호출에서 더 나아가, 여러 도구를 연계하여 복잡한 작업을 처리하는 방법을 다룹니다. 에이전트는 다양한 도구를 조합하여 더 복잡한 작업을 수행할 수 있으며, 이러한 연계 작업은 특히 복잡한 계산이나 다단계 문제 해결에서 유용합니다.

우선 에이전트를 설정하는 방법을 살펴보겠습니다.

예제 5.8 openai tool 에이전트 생성   ch05/02_agentRAG.ipynb

```
01  from langchain_openai import ChatOpenAI
02  from langchain.agents import create_openai_tools_agent
03  from langchain_core.prompts import (
04      ChatPromptTemplate,
05      MessagesPlaceholder,
06      HumanMessagePromptTemplate,
07      SystemMessagePromptTemplate,
08  )
09
10  model = ChatOpenAI(model="gpt-4o-mini", temperature=0, streaming=True)
11
12  system_template = """
13  당신은 수학 계산을 도와주는 AI 어시스턴트입니다.
14  사용 가능한 도구들:
15  - Adder: 두 숫자를 더합니다
16  - Multiplier: 두 숫자를 곱합니다
```

```
17
18 각 단계별로 계산 과정을 설명하고, 최종 결과를 명확하게 알려주세요.
19 """
20
21 human_template = "{input}"
22
23 prompt = ChatPromptTemplate.from_messages(
24     [
25         SystemMessagePromptTemplate.from_template(system_template),
26         MessagesPlaceholder(variable_name="chat_history", optional=True),
27         HumanMessagePromptTemplate.from_template(input_variables=["input"],
template=human_template),
28         MessagesPlaceholder(variable_name="agent_scratchpad"),
29     ]
30 )
31
32 agent = create_openai_tools_agent(model, tools, prompt)
```

위 코드에서는 OpenAI의 API를 사용하여 에이전트를 생성하고, Adder와 Multiplier 도구를 함께 사용할 수 있도록 설정합니다. 이 에이전트를 통해 사용자는 복잡한 계산 작업을 간단히 수행할 수 있습니다.

이제 에이전트를 실제로 실행하여 두 개의 도구를 순차적으로 호출하고, 그 결과를 결합하여 복합적인 작업을 수행하는 방법을 보여줍니다.

예제 5.9 에이전트 실행   ch05/02_agentRAG.ipynb

```
01 from langchain.agents import AgentExecutor
02
03 agent_executor = AgentExecutor(agent=agent, tools=tools, verbose=True,
handle_parsing_errors=True)
04
05 query = "13과 28을 더하고 40을 곱하면 어떤 결과가 나올까요?"
06 response = agent_executor.invoke({"input": query, "chat_history": [] })
07 result = response['output']
08
```

print(result) 위의 코드를 실행하면 에이전트는 먼저 Adder 도구를 호출하여 13과 28을 더한 후, Multiplier 도구를 사용하여 그 결과를 40으로 곱합니다. 그 결과, 복잡한 연산이 순차적으로 수행되며, 최종 결과가 도출됩니다.

출력 예시는 다음과 같습니다.

```
> Entering new AgentExecutor chain...

Invoking: `Adder` with `{'a': 13, 'b': 28}`
responded: 먼저, 13과 28을 더하겠습니다. 그 다음에 그 결과에 40을 곱하겠습니다.
1. **덧셈**: 13 + 28
2. **곱셈**: (13 + 28) * 40
이 두 단계를 동시에 계산해 보겠습니다
(중략..)
> Finished chain.
첫 번째 단계에서 13과 28을 더한 결과는 41입니다.
그 다음, 이 결과인 41에 40을 곱한 결과는 1640입니다.
따라서, 13과 28을 더하고 40을 곱한 최종 결과는 **1640**입니다.
```

이 예제를 통해 에이전트가 여러 도구를 연계하여 복잡한 작업을 처리하는 과정을 확인할 수 있습니다. 이러한 도구 연계 방식은 복잡한 문제 해결에 매우 효과적이며, 다양한 시나리오에서 활용될 수 있습니다.

5.3.2 ReAct를 활용한 고급 도구 호출

논리적 추론과 도구 선택

ReAct 에이전트는 여러 도구를 연속적으로 호출하는 경우, 각 도구의 출력 결과를 바탕으로 동적으로 도구 선택을 조정할 수 있습니다. 이 과정에서 일부 도구의 실패나 오류를 고려하고, 다른 대체 도구를 선택하는 로직을 포함할 수 있습니다. 이를 통해 에이전트는 더 유연하게 문제를 해결할 수 있는데, 이러한 전략은 복잡한 시스템일수록 유용합니다.

결과는 각 쿼리에 맞는 함수를 호출해 실행한 결과로 출력됩니다. 이 예제에서는 사용자 함수에 대한 설명보다는 함수 호출 방식을 중심으로 설명하겠습니다.

예제 5.9 input에 따른 도구 지정   ch05/02_agentRAG.ipynb

```python
01 def choose_tool_based_on_input(input_data):
02     # 입력 데이터에 따라 사용할 도구를 동적으로 선택
03     if "주식" in input_data:
04         return stock_tool
05     elif "검색" in input_data:
06         return search_tool
07     else:
08         raise ValueError("입력에 적합한 도구를 찾을 수 없습니다.")
09
10 # 입력에 따라 적합한 도구 선택
11 def dynamic_tool_call(input_data):
12     tool = choose_tool_based_on_input(input_data)
13     return tool.run(input_data)
14
15 result = dynamic_tool_call("AI 연구 검색")
16 print(result)
```

커스텀 도구는 **tool**에 들어가는 클래스 및 함수를 작성해 **ReAct** 에이전트 기반으로 제작할 수 있습니다. 실행의 흐름은 다음과 같습니다.

1. 사용자 입력 받기

2. 에이전트가 프롬프트 템플릿에 따라 추론 시작

3. 필요한 도구 선택 및 실행

4. 결과 관찰 및 추가 도구 사용 여부 결정

5. 최종 답변 생성

특정 단어에 반응하여 함수를 동적으로 선택하여 진행되며, **return**으로 받는 함수에 맞춰서 사용자 함수를 작성하면 됩니다. 예시 코드는 다음과 같습니다.

```python
01 # 1. 도구 클래스/함수 정의
02 class StockTool:
03     def run(self, input_data):
04         # 입력 데이터를 기반으로 주식 관련 작업 수행 함수 작성
```

```
05      return f"주식데이터 입력: {input_data}\n{결과값}"
06
07  class SearchTool:
08      def run(self, input_data):
09          # 입력 데이터를 기반으로 검색 작업 수행 함수 작성
10      return f"{결과값}"
11  # 2. 도구 객체 생성
12  stock_tool = StockTool()
13  search_tool = SearchTool()
```

복합적인 문제 해결에 적합한 ReAct 전략

ReAct 에이전트는 다양한 도구를 결합하여 복잡한 문제를 해결할 수 있습니다. 이 과정에서 성능 향상과 안정성을 위해 여러 전략을 도입할 수 있습니다.

첫 번째 전략은 캐싱(Caching)입니다. ReAct 에이전트가 동일한 작업을 반복적으로 수행하거나 중복된 데이터를 처리하는 경우, 캐싱을 도입해 이러한 문제를 해결할 수 있습니다. 캐싱은 이미 처리한 데이터를 저장해 두고, 동일한 요청이 발생할 때 다시 계산하지 않도록 도와줍니다. 이를 통해 에이전트의 성능을 향상시키고 응답 시간을 줄일 수 있습니다.

예제 5.10 검색 결과 캐싱   ch05/02_agentRAG.ipynb

```
01  from functools import lru_cache
02
03  # 검색 결과를 캐싱하는 예시
04  @lru_cache(maxsize=10)
05  def cached_search(query):
06      return search_tool.run(query)
07
08  # 캐싱된 검색 호출
09  result = cached_search("AI 연구 동향")
10  print(result)
```

두 번째 전략은 에러 복구 전략입니다. 에이전트가 호출한 도구에서 오류가 발생하는 경우가 빈번할 수 있습니다. 따라서 에러 처리와 복구 전략이 필수적입니다. API 호출 실패 시 재시도하거나 대체 도구를 사용하는 방법을 통해 안정적인 동작을 보장할 수 있습니다. 또

한, 재시도 간의 간격을 점진적으로 늘리는 백오프(Backoff) 전략을 도입하면 네트워크 부하를 줄이는 데 도움이 됩니다.

예제 5.11 도구 호출 에러 시 복구   ch05/02_agentRAG.ipynb

```python
01 def robust_tool_call(tool, input_data, retries=3):
02     for attempt in range(retries):
03         try:
04             result = tool.run(input_data)
05             return result
06         except Exception as e:
07             print(f"Attempt {attempt + 1} failed: {e}")
08             if attempt == retries - 1:
09                 raise
10             print("재시도...")
11
12 # 도구 호출 예시
13 result = robust_tool_call(search_tool, "AI 도구의 발전")
14 print(result)
```

세 번째 전략은 멀티스텝 워크플로와 분기 로직입니다. ReAct 에이전트는 여러 도구를 순차적으로 사용하여 복잡한 문제를 해결할 수 있습니다. 특히, 특정 조건을 만족할 때만 다음 단계로 넘어가는 분기(branching) 로직을 도입하면 복잡한 의사결정 트리를 구현할 수 있습니다. 이를 통해 더 복합적인 시나리오에서 에이전트가 효과적으로 동작하도록 할 수 있습니다.

예제 5.12 분기 로직   ch05/02_agentRAG.ipynb

```python
01 def multi_step_workflow(input_data):
02     # 첫 번째 단계: 웹 검색
03     search_result = search_tool.run(input_data)
04
05     # 두 번째 단계: 특정 조건을 만족하면 주식 가격 확인
06     if "stock" in input_data:
07         stock_price = stock_tool.run(input_data.split()[-1])
08         return f"Search Result: {search_result}, Stock Price: {stock_price}"
09     else:
```

```
10          return f"Search Result: {search_result}"
11
12  # 워크플로 실행 예시
13  result = multi_step_workflow("AAPL 주식 가격은 얼마입니까?")
```

5.4 _ 에이전트를 활용한 금융 데이터 실전 프로젝트

이번 섹션에서는 에이전트 기술을 활용하여 금융 데이터 분석을 실제로 수행하는 방법을 다룹니다. 앞서 설명한 ReAct 및 RAG 에이전트의 개념을 금융 분야에 적용하여 주식 시장의 데이터를 실시간으로 수집하고, 이를 분석에 활용하게 구현할 수 있습니다. 이번 섹션에서는 RAG 에이전트의 단계적 활용과 함께 코드로 설명합니다.

한 가지 유의할 점으로는 ReAct 에이전트가 API를 호출해도 LLM이 결국 결과를 문장으로 정리할 때 잘못된 추론을 삽입할 수도 있으니 LLM이 잘못된 결론을 제시하지 않도록 결과를 검증해야 합니다.

5.4.1 ReAct 에이전트를 사용한 금융 데이터 수집 및 분석

금융 데이터는 매우 빠르게 변동하며, 이러한 변화를 정확히 파악하고 분석하는 것이 중요합니다. ReAct 에이전트는 실시간으로 데이터를 검색하고, 이 정보를 바탕으로 금융 시장의 흐름을 분석하는 데 최적화된 도구입니다. 이번 섹션에서는 주식 데이터를 실시간으로 수집하고 분석하는 데 필요한 에이전트를 구축하는 방법을 설명합니다.

데코레이터 @tool() 사용 설명

프로젝트를 시작하기 전에 @tool() 데코레이터에 대해 설명하자면, @tool()은 랭체인에서 함수나 메서드를 ReAct 에이전트에서 호출 가능한 도구로 등록하는 역할을 합니다. 이를 통해 ReAct 에이전트는 지정된 함수를 호출하여 데이터를 수집하거나 작업을 수행할 수 있습니다.

데코레이터의 기능은 다음과 같습니다.

- 등록: @tool() 데코레이터를 사용하여 함수를 ReAct 에이전트의 도구 목록에 등록합니다.

- 호출 가능: 등록된 함수는 에이전트 실행 시 호출할 수 있는 도구로 인식됩니다.

- 자동화: 데이터 수집, 처리 등 반복적인 작업을 자동화하는 데 유용합니다.

예제 5.13 함수 tool 지정   ch05/03_agentRAG.ipynb

```
01 @tool()
02 def get_company_profile(stock: str) -> str:
03     """
04 주식 정보를 입력받아 기업 정보를 반환합니다.
05     변수: stock (str): 검색하고자 하는 주식 정보
06     결과: JSON 포맷의 회사 프로필 정보 """
```

예제 5.13에서는 데코레이터 지정 방법에 대해서만 설명하고 이어지는 코드는 예제 5.14에서 전체 코드로 설명하겠습니다.

@tool() 데코레이터 기능을 통해서 에이전트의 도구 목록에 등록할 수 있습니다. 이때 도구가 어떤 기능을 하는지 주석으로 필수로 입력해야 합니다. 데이터를 수집하기 위해서 주식 데이터 수집 도구로 검색 API를 활용합니다. 이를 통해 구조화된 데이터로 실시간 금융 데이터(주가, 뉴스, 경제 지표 등)를 수집합니다.

다음은 ReAct 에이전트를 사용하여 특정 주식의 기본 정보를 가져오는 코드 예제입니다. 먼저 특정 주식의 기본 정보를 호출할 수 있는 API를 불러오는 코드를 테스트해 보겠습니다.

- RapidAPI 웹사이트에 접속하여 계정을 생성하고 로그인합니다(https://rapidapi.com/).

- 주식 기본 프로필을 가져오기 위한 API를 가져옵니다(https://rapidapi.com/apidojo/api/seeking-alpha).

get_company_profile('AAPL')로 정상적으로 API 호출 시 다음과 같은 결과가 나옵니다.

```
{"data": [{"id": "AAPL", "tickerId": 146, "attributes": {"longDesc": "Apple Inc.
designs, manufactures, and markets smartphones, personal computers, tablets, wearables,
and accessories worldwide.
…(중략)
```

```python
01  @tool()
02  def get_company_profile(stock:str) -> str:
03      # 회사명, 섹터명, 기본 이름, 주식의 직원 수와 같은 세부 프로필 가져오기
04      api_key = rapid_api_key
05      url = "https://seeking-alpha.p.rapidapi.com/symbols/get-ratings"
06
07      querystring = {"symbol":stock.lower()}
08
09      headers = {
10          "x-rapidapi-key": api_key,
11          "x-rapidapi-host": "seeking-alpha.p.rapidapi.com"
12      }
13
14      response = requests.get(url, headers=headers, params=querystring)
15
16      if response.status_code == 200:
17          data = response.json()
18          result = json.dumps(data)
19      else:
20          raise ValueError(f"No data for {stock}")
21
22      return result
```

API 요청을 준비하려면 먼저 Seeking Alpha API의 엔드포인트와 API 키를 설정해야 합니다. 이 과정에서 api_key와 url 값을 정의합니다. 이후 요청에 필요한 파라미터를 설정하기 위해 querystring을 작성하며, 주식 기호(Symbol)는 반드시 소문자로 변환하여 요청합니다.

API 호출은 requests.get(url, headers=headers, params=querystring)을 사용하여 수행됩니다. 여기서 headers에는 API 키가 포함되며, params는 쿼리 파라미터를 전달합니다. 응답을 처리할 때 응답 코드가 200이면 response.json()을 통해 JSON 형식으로 응답을 파싱합니다. 이후 json.dumps(data)를 사용하여 JSON 객체를 문자열로 변환합니다. 만약 오류가 발생하거나 데이터가 없는 경우에는 ValueError를 발생시켜 요청 실패 또는 데이터 부재를 알립니다.

이 코드에 정의된 get_company_profile 도구는 특정 주식에 대한 기본 정보를 API를 통해 수집합니다. 예를 들어, Apple Inc.(AAPL) 주식의 정보를 실시간으로 가져오며, 회사 이름, 업종, 직원 수 등의 데이터를 반환합니다.

다음은 특정 주식의 경쟁사 정보를 가져오는 ReAct 에이전트의 코드 예제입니다.

예제 5.15 특정 주식의 경쟁사 정보 호출   ch05/03_agentRAG.ipynb

```python
01 @tool()
02 def get_competitors(stock:str) -> str:
03 # 해당 종목의 프로필 또는 경쟁사 정보 가져오기
04     api_key = rapid_api_key
05     url = "https://seeking-alpha.p.rapidapi.com/symbols/get-peers"
06     querystring = {"symbol":stock.lower()}
07
08     headers = {
09         "x-rapidapi-key": api_key,
10         "x-rapidapi-host": "seeking-alpha.p.rapidapi.com"
11     }
12
13     response = requests.get(url, headers=headers, params=querystring)
14     if response.status_code == 200:
15         data = response.json()
16         result = json.dumps(data)
17     else:
18         raise ValueError(f"No data for {stock}")
19     return result
20
21 prompt = ChatPromptTemplate.from_messages([
22     ("system", "you're a helpful assistant"),
23     ("human", "{input}"),
24     ("placeholder", "{agent_scratchpad}"),
25 ])
26
27 tools = [get_company_profile, get_competitors]
28 agent = create_tool_calling_agent(llm, tools, prompt)
29 agent_executor = AgentExecutor(agent=agent, tools=tools, verbose = True)
30
```

```
31  query = "투자를 하려고 하는데 AAPL이 뭐야?"
32  print("Question:", query)
33  result = agent_executor.invoke({"input": query})
34  print("Answer:",result['output'])
```

get_competitors에서는 함수 주식 기호를 입력받아 해당 주식의 경쟁사 정보를 반환합니다. AgentExecutor는 get_company_profile과 get_competitors 도구를 함께 사용하여 주식 정보와 경쟁사 정보를 함께 제공할 수 있습니다.

코드 실행 결과는 다음과 같습니다.

Question: 투자를 하려고 하는데 AAPL이 뭐야?
> Entering new AgentExecutor chain...
Invoking: `get_company_profile` with `{'stock': 'AAPL'}`
…생략
Answer: AAPL은 Apple Inc.의 주식을 나타냅니다. Apple Inc.는 미국을 기반으로 하는 기업으로, 스마트폰, 개인용 컴퓨터, 태블릿, 웨어러블 기기 및 액세서리를 디자인, 제조 및 판매합니다. 기업은 iPhone, Mac, iPad, AirPods, Apple Watch, Apple TV, Beats 제품, HomePod 등을 제공하며, 다양한 서비스와 플랫폼도 운영합니다. 기업은 소비자, 중소기업, 교육, 기업 및 정부 시장을 대상으로 하며, 제품은 소매 및 온라인 상점을 통해 판매됩니다. Apple Inc.는 1976년에 설립되었으며 쿠퍼티노에 본사를 두고 있습니다.
- 섹터: 정보기술
- 주요 업종: 기술 하드웨어, 저장 및 주변기기
- 직원 수: 161,000명
- 설립 연도: 1976년
- 웹사이트: www.apple.com
- 시가총액: $3,443,889,071,870
- 현재 주가: $226.4
- 52주 최고가: N/A
- 52주 최저가: N/A
더 많은 정보를 원하시면 언제든지 물어보세요!

query = "투자를 하려고해. AAPL 정보에 대해 알려주고 경쟁사도 같이 분석해 줘"와 같은 쿼리로 입력했을 때 에이전트 실행 체인으로 들어가게 되고, 함수를 불러와 리턴 값과 함께 호출하게 됩니다.

```
> Entering new AgentExecutor chain...

Invoking: `get_company_profile` with `{'stock': 'AAPL'}`
{"data": … 생략}
Invoking: `get_competitors` with `{'stock': 'AAPL'}`
{"data": … 생략}
```

제공된 Answer 결과를 살펴보면, 쿼리로 입력했던 AAPL이 Apple이라는 것을 가져오고, 회사에 대한 정보와 경쟁사 정보를 지정한 함수에서 가져와 다음과 같은 답변을 구성합니다.

```
Answer: **Apple Inc. (AAPL) 정보:**
- 회사명: Apple Inc.
- 설립년도: 1976년
- 본사 위치: Cupertino, California
- 업종: Information Technology
- 주요 업종: Technology Hardware, Storage and Peripherals
- 직원 수: 161,000명
- 웹사이트: [www.apple.com](www.apple.com)
- 시가총액: $3,443,889,071,870
- EPS: 6.60
- 현재 주가: $226.40
- PE 비율 (전망): 33.83
- 배당 수익률: 0.44%


**경쟁사:**
1. **Dell Technologies Inc. (DELL)**
   - 업종: Information Technology
   - 주요 업종: Technology Hardware, Storage and Peripherals
   - [델 기술](https://www.dell.com)


2. **Xiaomi Corporation (XIACY)**
   - 업종: Information Technology
   - 주요 업종: Technology Hardware, Storage and Peripherals
   - [샤오미](https://www.mi.com)


3. **Super Micro Computer, Inc. (SMCI)**
   - 업종: Information Technology
```

```
   - 주요 업종: Technology Hardware, Storage and Peripherals
   - [슈퍼 마이크로 컴퓨터](https://www.supermicro.com)

4. **HP Inc. (HPQ)**
   - 업종: Information Technology
   - 주요 업종: Technology Hardware, Storage and Peripherals
   - [HP](https://www.hp.com)

5. **FUJIFILM Holdings Corporation (FUJIY)**
   - 업종: Information Technology
   - 주요 업종: Technology Hardware, Storage and Peripherals
   - [후지필름 홀딩스](https://www.fujifilmholdings.com)
```

이 외에 주요 재무 비율을 추가로 수집하고 경쟁사와 비교하는 등 다양한 함수를 만들어서 활용할 수 있습니다.

5.4.2 검색 API를 통한 실시간 금융 시장 분석

실시간 금융 데이터는 투자자들에게 매우 중요합니다. 금융 시장은 빠르게 변동하며, 투자 기회는 종종 일시적이기 때문에 실시간 데이터를 통해 투자자는 시장 변화를 신속하게 파악하고 대응할 수 있습니다. 또한, 실시간 데이터를 활용하면 현재 시장 상황을 보다 정확하게 반영할 수 있어 과거 데이터를 바탕으로 한 예측보다 높은 신뢰성을 제공합니다.

이러한 실시간 데이터 수집에는 검색 API가 효과적인 도구로 사용됩니다. 검색 API는 특정 키워드나 주제와 관련된 웹상의 최신 정보를 가져오며, 이를 구조화된 데이터로 제공하여 실시간 분석을 가능하게 만듭니다. 이를 통해 투자자나 분석가는 시시각각 변화하는 시장 정보를 손쉽게 활용할 수 있습니다.

예제 5.16은 API 호출 예제입니다. 특정 주식에 대한 실시간 데이터를 수집하는 기본 코드로 주식을 확인하고 싶은 기업명 혹은 키워드를 넣어서 자동으로 주식의 종목 ID를 가져올 수 있도록 함수를 제작한 뒤, 이후 ID를 입력하여 실시간 주식 가격을 확인하는 함수를 제작합니다.

```python
01 def get_stock_symbol(query: str) -> str:
02     url = "https://seeking-alpha.p.rapidapi.com/v2/auto-complete"
03     querystring = {"query":query,"type":"people,symbols,pages","size":"5"}
04     # 기업명 기반으로 주식 정보를 가져오기 위한 함수
05     headers = {
06         "x-rapidapi-key": os.getenv("rapid_api_key_price"),
07         "x-rapidapi-host": "seeking-alpha.p.rapidapi.com"
08     }
09
10     response = requests.get(url, headers=headers, params=querystring)
11
12     if response.status_code == 200:
13         data = response.json()
14         print(data)
15         # 첫 번째 결과의 심볼 반환
16         if "symbols" in data and len(data["symbols"]) > 0:
17             symbol = data['symbols'][0]['name']
18             s_id = data['symbols'][0]['id']
19             return symbol, s_id
20         else:
21             return None
22     else:
23         print(response)
24         raise Exception(f"Failed to fetch stock symbol: {response.status_code}")
25
26 symbol = get_stock_symbol("Apple")
27 print(symbol)
```

주식에 대한 정보를 가져올 수 있도록 /v2/auto-complete를 통해서 관련 키워드들을 통해 주식 심볼을 가져온 결과입니다.

```
{'people': [{'id': 51516124, 'type': 'user', 'score': 798.65796, 'url':
'/user/51516124', 'name': 'Tim <b>Apple</b>', 'slug': 'tim-apple'}, {'id': 2806791,
'type': 'user', 'score': 536.1456, 'url': '/user/2806791', 'name': '<b>Apple53</b>',
'slug': 'apple53'}, … (중략)
('AAPL', 146)
```

예제 5.16에서는 기업명을 기반으로 주식 정보를 수집하기 위한 함수를 구현합니다. 이 함수는 사용자가 입력한 기업명을 이용해 Seeking Alpha API를 호출하고, 관련 주식 심볼(symbol) 및 ID를 반환합니다. Apple로 함수를 호출한 결과 내에서 심볼 이름인 AAPL과 id인 146을 반환했습니다. 함수는 다음과 같은 구성으로 구현되어 있습니다.

1. **API 호출 URL과 매개변수 설정**
   - url 변수에 Seeking Alpha API의 자동 완성(auto-complete) 엔드포인트를 설정합니다.
   - querystring을 통해 사용자가 입력한 쿼리(기업명)를 기반으로 검색을 수행하며, 최대 5개의 결과를 요청합니다.

2. **헤더 설정**
   - API 호출에 필요한 인증 정보를 헤더에 포함합니다.
   - os.getenv를 사용하여 API 키(rapid_api_key_price)를 환경 변수에서 안전하게 불러옵니다.

3. **API 호출 및 응답 처리**
   - requests.get으로 API 호출을 수행하며, 응답 상태 코드가 200(성공)이면 JSON 데이터를 파싱합니다.
   - 응답 데이터의 symbols 필드에서 첫 번째 항목의 주식 심볼(name)과 ID를 추출하여 반환합니다.

4. **오류 처리**
   - API 호출이 실패한 경우 상태 코드를 출력하고 예외를 발생시킵니다.
   - 검색 결과가 없을 경우 None을 반환하여 결과가 없음을 명확히 알립니다.

예제 5.17 실시간 주식 가격 수집   ch05/03_agentRAG.ipynb

```
01  def get_realtime_stock_price(symbol: str) -> dict:
02      url = "https://seeking-alpha.p.rapidapi.com/market/get-realtime-quotes"
03      querystring = {"sa_ids": symbol}
04      '''회사의 최신 주가 확인하기'''
05      headers = {
06          "x-rapidapi-key": os.getenv("rapid_api_key_price"),
07          "x-rapidapi-host": "seeking-alpha.p.rapidapi.com"
08      }
```

```
09
10      response = requests.get(url, headers=headers, params=querystring)
11
12      if response.status_code == 200:
13          data = response.json()
14          return data.get("real_time_quotes", {})
15      else:
16          raise Exception(f"실시간 데이터 가져오기에 실패했습니다:
{response.status_code}")
17
18  price_data = get_realtime_stock_price('146')
19  print(price_data)
```

위 코드에서 반환된 결과 값인 id를 입력했을 때 다음과 같이 주식의 실시간 가격이 출력됩니다.

```
[{'ticker_id': 146, 'sa_id': 146, 'sa_slug': 'aapl', 'symbol': 'AAPL', 'high': 247.78,
'low': 245.34, 'open': 247.06, 'prev_close': 246.75, 'last': 246.29, 'volume':
11309716, 'last_time': '2024-12-10T11:36:18.000-05:00', 'info': 'Realtime', 'src':
'XigniteQuotePuller', 'updated_at': '2024-12-10T11:36:23.788-05:00'}]
```

위 두 가지 코드를 엮어서 **fetch** 함수를 제작하고 현재 가격을 추출합니다.

예제 5.18 주식 데이터 수집 함수   ch05/03_agentRAG.ipynb

```
01  def fetch_stock_price(query: str) -> str:
02      try:
03          # 1: 주식 심볼 추출
04          symbol,s_id = get_stock_symbol(query)
05          print(symbol,s_id)
06          if not symbol:
07              return f"'{query}'에 대한 심볼을 찾을 수 없습니다."
08
09          # 2: 실시간 주식 가격 추출
10          stock_data = get_realtime_stock_price(s_id)
11          if not stock_data:
12              return f"실시간 데이터를 사용할 수 없습니다: '{symbol}'."
13
```

```
14          # 관련 값 추출
15          price = stock_data[0].get("last", "N/A")
16          return f"{symbol}의 현재 가격은 ${price}입니다."
17      except Exception as e:
18          return str(e)
19
20 print(fetch_stock_price("Apple"))
```

특정 주식의 심볼과 ID를 확인하고 해당 ID 기반으로 실시간 가격을 확인하는 통합 코드의 결과는 다음과 같이 출력됩니다.

AAPL의 현재 가격은 $248.13 입니다.

실시간 주가 모니터링

특정 주식의 실시간 가격 변동을 모니터링하고, 이를 바탕으로 매수/매도 결정을 내립니다. 검색 API를 통해 특정 주식의 실시간 가격 데이터를 가져와서 설정된 가격 임곗값에 도달했을 때 알림을 발생시키는 시스템을 구현합니다.

예제 5.19 주식 가격 모니터링   ch05/03_agentRAG.ipynb

```
01 def monitor_stock_price(stock: str, threshold: float):
02     price_info = fetch_stock_price(stock)
03     current_price = float(price_info.split('$')[-1].split('.')[0])
04
05     if current_price >= threshold:
06         print(f"{stock} 주가가 ${threshold} 이상입니다. 현재 주가: ${current_price}.
   매도 고려하세요.")
07     else:
08         print(f"{stock} 주가가 ${threshold} 이하입니다. 현재 주가: ${current_price}.
   매수 고려하세요.")
09
10 # Example Usage
11 monitor_stock_price("AAPL", 200.00)
```

예제 5.19의 실행 결과는 다음과 같습니다.

```
AAPL 주가가 $200.0 이상입니다. 현재 주가: $248.13. 매도 고려하세요.
```

`fetch_stock_price(stock)` 함수는 주식 심볼(`stock`)을 입력받아 현재 주가 정보를 문자열로 반환합니다. 예를 들어, "AAPL: $250.00"와 같은 형식으로 데이터를 가져옵니다.

추가로, 결과 문자열에서 필요 없는 부분을 제외하고 숫자 부분만 추출하기 위해 `split` 메서드를 사용했습니다. 따라서 현재 주가(`current_price`)가 임곗값(`threshold`) 이상 혹은 이하인지 확인한 뒤, 조건에 따라 다음과 같은 메시지를 출력하는 함수가 제작됩니다.

- 주가가 임곗값 이상: 매도를 고려하도록 알림
- 주가가 임곗값 이하: 매수를 고려하도록 알림

5.4.3 ReAct 에이전트를 통한 통합 분석

통합 분석 프로세스는 실시간 데이터를 수집하고 분석하여 투자 전략을 도출하는 전체 절차를 설명합니다. ReAct 에이전트는 이러한 데이터를 종합적으로 처리하며 논리적 추론을 통해 결론을 도출하는 방식을 사용합니다.

실시간 데이터 기반 투자 전략 수립은 주식 시장의 변동성에 대응할 수 있는 실시간 전략을 세우는 방법을 다룹니다. 특정 주식의 가격이 변동할 때마다 포트폴리오를 재조정하는 자동화된 시스템을 통해 이를 구현할 수 있습니다.

예제 5.20 뉴스 자료 기반 통합 분석   ch05/03_agentRAG.ipynb

```
01  query = "AAPL 관련 뉴스를 분석하고, 주가 변동성을 알려줘."
02  result = agent_executor.invoke({"input": query})
03  print("Answer:", result['output'])
```

위 예제에서는 ReAct 에이전트를 사용하여 AAPL에 관한 최신 뉴스와 주가 변동성을 분석하고, 이를 바탕으로 투자 전략을 수립하는 방법을 보여줍니다. 이를 통해 데이터 기반의 효과적인 투자 결정을 내릴 수 있습니다.

위 코드에 대한 결과는 다음과 같습니다.

```
> Entering new AgentExecutor chain...
Invoking: `get_company_profile` with `{'stock': 'AAPL'}`
…
> Finished chain.
Answer: AAPL(애플)은 정보기술 섹터의 기업으로, 주요 제품으로는 iPhone, Mac, iPad, AirPods,
Apple Watch 등을 생산하고 있습니다. 애플은 1976년에 설립되었으며 현재 약 164,000명의 직원을
고용하고 있습니다. 주가는 최근 234.93달러로 종가를 기록했습니다.
주가 변동성을 분석하기 위해 경쟁사를 확인해보겠습니다. AAPL의 경쟁사로는 Xiaomi Corporation,
Dell Technologies Inc., HP Inc., Hewlett Packard Enterprise Company, FUJIFILM Holdings
Corporation 등이 있습니다. 이들의 주가 움직임을 통해 AAPL의 주가 변동성을 파악할 수 있습니다.
```

랭체인과 Tool-Calling 에이전트를 활용하여 실시간 뉴스 데이터를 수집하고, 감성 분석을 통해 투자 결정을 내리는 자동화된 방법을 소개합니다. 이와 같은 실전 프로젝트를 통해 금융 데이터 분석 및 투자 전략 수립의 실제적인 적용 사례를 이해하고, 실시간 데이터를 활용한 분석의 중요성을 인식할 수 있습니다.

1. 뉴스 수집

뉴스 기사들을 API로 불러와 각 뉴스의 제목 및 주요 내용을 감정 분석 도구로 분석합니다. 긍정 및 부정적인 감정 점수를 산출하여 시장 반응을 예측합니다.

- 기업관련 뉴스 수집

  특정 주제에 대한 뉴스 기사의 감성을 분석하기 위해 뉴스 API를 가져옵니다. 쉽게 뉴스를 가져올 수 있는 API를 활용하여 가져와 보겠습니다. API의 경우 국내외 뉴스를 가져올 수 있는 NewsAPI(https://newsapi.org)에 회원가입하면 바로 생성되는 Developer 플랜의 API를 받아와 진행했습니다. 지금부터 이어지는 3개의 코드는 예제 5.21이라는 번호 하에 나눠서 설명하겠습니다.

  예제 5.21 뉴스기사 감성 분석   ch05/03_agentRAG.ipynb

```
01 import json
02 from typing import Dict, Any
03 from datetime import timedelta
04
```

```python
05 @tool
06 def get_news_sentiment(topic: str) -> Dict[str, Any]:
07     """특정 주제에 대한 뉴스 기사의 감성을 분석합니다."""
08
09     # NewsAPI 설정
10     NEWS_API_KEY = os.getenv('NEWS_API_KEY')
11     news_api_url = "https://newsapi.org/v2/everything"
12
13     # 날짜 범위 설정
14     end_date = datetime.now()
15     start_date = end_date - timedelta(days=7)
16
17     querystring = {
18         "q": topic,
19         "from": start_date.strftime("%Y-%m-%d"),
20         "to": end_date.strftime("%Y-%m-%d"),
21         "language": "ko",
22         "sortBy": "relevancy",
23         "apiKey": NEWS_API_KEY
24     }
25 …
```

특정 topic에 해당하는 뉴스를 가져오도록 설정합니다. querystring에서 필요한 뉴스를 가져오기 위한 정보를 입력하여 가져옵니다.

```python
01 # 감성 분석을 위한 OpenAI 설정
02         llm = ChatOpenAI(
03             model="gpt-3.5-turbo",
04             temperature=0,
05         )
06
07         # 각 기사에 대한 감성 분석
08         sentiment_scores = []
09         print(articles[:10])
10         for article in articles[:10]:  # 최근 10개 기사만 분석
11             if article['description'] != '[Removed]':
12                 prompt = ChatPromptTemplate.from_messages([
13                     ("system", "뉴스 기사의 감성을 분석하여 아래와 같은 JSON
```

형태로 응답하세요. "

```
14                      "결과는 'score'는 -1(매우 부정적)에서 1(매우 긍정적) 사이의
값이고, "
15                      "'explanation'은 해당 감성 점수에 대한 설명을
포함합니다."),
16                   ("user", f"제목: {article['title']}\n내용:
{article['description']}")
17               ])
18
19           chain = prompt | llm
20           result = chain.invoke({})
21           try:
22               response_json = json.loads(result.content)
23               score = float(response_json['score'])
24               if score != 0:
25                   print(response_json)
26               sentiment_scores.append(score)
27           except (json.JSONDecodeError, KeyError, ValueError) as e:
28               print(f"파싱 에러 결과: {e}")
29               continue
```

뉴스 기사 데이터의 리스트는 articles입니다. 각 기사에는 title(제목)과 description(내용)이 포함되어 10개씩 불러옵니다. 가져온 기사의 감성 분석을 위한 모델을 설정하고, 각 기사에 대해 긍정, 중립, 부정 세 단계로 -1부터 1 사이의 값으로 점수화 및 설명을 JSON 구조로 가져옵니다. 최종적으로는 점수 평균을 계산할 수 있도록 sentiment_score를 종합 감성을 분석하는 변수로 두었습니다.

```
01 # 종합 감성 점수 계산
02       if sentiment_scores:
03           avg_sentiment = sum(sentiment_scores) / len(sentiment_scores)
04           return {
05               "topic": topic,
06               "average_sentiment": round(avg_sentiment, 2),
07               "analyzed_articles": len(sentiment_scores),
08               "sentiment_summary": "긍정적" if avg_sentiment > 0.3 else
"부정적" if avg_sentiment < -0.3 else "중립적"
09           }
10       else:
11           return {
```

```
12                    "topic": topic,
13                    "average_sentiment": 0,
14                    "analyzed_articles": 0,
15                    "sentiment_summary": "분석 불가"
16              }
17
18      except Exception as e:
19          print('┌',e)
20          return {
21              "topic": topic,
22              "average_sentiment": 0,
23              "analyzed_articles": 0,
24              "sentiment_summary": f"에러 발생: {str(e)}"
25          }
26
27  get_news_sentiment('APPLE')
28
```

가져온 10개의 기사에 대해서 분석한 결괏값을 종합하는 코드입니다. 다음의 함수를 'APPLE'에 대해 뉴스 감정 분석을 하면 다음과 같은 결과가 나옵니다.

{'source': {'id': 'wired', 'name': 'Wired'}, 'author': 'Christopher Null', 'title': 'Apple iMac (M4, 2024) Review: Small but Worthwhile Upgrades', 'description': 'It's round four for the iMac on Apple silicon. Turns out the first time was the charm, but this one's great too.', 'url': 'https://www.wired.com/review/apple-imac-m4-2024/', 'urlToImage': 'https://media.wired.com/photos/6 72cdcd8fec96cdc5de27920/191:100/w_1280,c_limit/mac-gear.jpg', 'publishedAt': '2024-11-07T15:51:25Z', 'content': 'The iMac M4 still features multiple variants, starting with the $1,299 model that includes an 8-core CPU, 8-core GPU, 16 GB of RAM, and 256 GB of storageand just two USB-C Thunderbolt 4 ports. (Sorry… [+2919 chars]'},
… (기사 중략)
{'score': 0, 'explanation': '텍스트에 감성을 파악할 수 없습니다.'}
{'score': 0.8, 'explanation': '매우 긍정적인 감성을 가지고 있습니다. 리뷰어는 새로운 Apple iMac을 긍정적으로 평가하고 있으며, 작지만 가치 있는 업그레이드라고 언급하고 있습니다.'}
{'score': 0, 'explanation': '텍스트가 제공되지 않아 감성을 분석할 수 없습니다.'}
{'score': 0.6, 'explanation': 'The sentiment of the news is positive. The article highlights a new feature from Apple News that allows users to watch election results

```
directly from their lockscreen, providing convenience and real-time updates.'}
{'score': 0.8, 'explanation': '이 기사는 긍정적인 감성을 담고 있습니다. Amazon이 Apple
제품 중 하나에 대해 40% 할인을 한다는 소식은 매우 긍정적인 소식이기 때문에 해당 기사의 감성
점수는 0.8로 평가됩니다.'}
… (평가 중략)
{'topic': 'APPLE',
 'average_sentiment': 0.37,
 'analyzed_articles': 10,
 'sentiment_summary': '긍정적'}
```

특정 주제에 대한 뉴스 기사의 감성 점수를 분석하고, 이를 종합하여 점수를 계산할 수 있습니다. 사용자가 분석하고자 하는 주제를 입력하면 해당 주제와 관련된 최신 기사들의 감성 점수를 계산해 요약된 결과를 받을 수 있습니다. 예를 들어, 'APPLE'이라는 주제를 입력하면 애플과 관련된 뉴스의 감성 점수를 바탕으로 긍정적, 부정적, 또는 중립적이라는 요약 결과와 함께 평균 점수와 분석된 기사 수를 알 수 있습니다.

예제 5.21은 세 가지 주요 시나리오를 고려합니다. 첫째, 여러 기사의 감성 점수를 성공적으로 계산한 경우, 평균 점수를 산출하여 긍정적, 부정적, 중립적 중 하나로 요약해줍니다. 평균 점수가 0.3 이상이면 긍정적, −0.3 이하이면 부정적으로 간주하며, 이 외의 경우는 중립적으로 처리합니다. 둘째, 분석 대상 기사가 없거나 점수 계산이 불가능한 경우에는 '분석 불가'로 표시하여 명확하게 결과를 전달합니다. 셋째, 실행 도중 예외가 발생하면 오류 메시지를 포함한 결과를 반환하여 사용자가 문제를 파악할 수 있도록 돕습니다.

- 해당 나라의 주요 경제 뉴스 섹션

주요 경제 뉴스 섹션에서 '금리 동향', '통화 정책', '주요 경제 지표' 등에 관한 뉴스를 분석하고, 주가가 민감하게 반응할 수 있는 요인들을 파악합니다.

예제 5.22 주요 경제 지표 관련 뉴스기사 감성 분석   ch05/03_agentRAG.ipynb

```
01 @tool
02 def analyze_economic_indicators() -> Dict[str, Any]:
03     """주요 경제 지표 관련 뉴스를 분석합니다."""
04 indicators = ["금리", "통화정책", "인플레이션", "GDP"]
05 results = {}
06     for indicator in economic_indicators:
07         results[indicator] = get_news_sentiment(indicator)
08     return results
```

위 함수를 동일하게 사용하여 입력 쿼리를 설정한 경제 관련 지표로 가져옵니다.

▪ 산업군 관련 뉴스 수집

예제 5.23 산업군 관련 뉴스기사 감성 분석   ch05/03_agentRAG.ipynb

```python
01 @tool
02 def analyze_industry_news(industry: str) -> Dict[str, Any]:
03     """특정 산업군에 대한 뉴스를 분석합니다."""
04     return get_news_sentiment(f"{industry} industry")
```

입력 쿼리를 산업군에 대해서 입력하여 결과를 불러옵니다.

2. 감성 분석 tool 추가

예제 5.24 종합 분석   ch05/03_agentRAG.ipynb

```python
01 @tool
02 def make_investment_decision(inputs: Dict[str, Any]) -> Dict[str, Any]:
03     """
04     종합적인 분석을 바탕으로 투자 결정을 제안합니다.
05     """
06
07     # 입력 값 추출
08     company = inputs.get("company", "Unknown")
09     company_sentiment = inputs.get("company_sentiment", {"average_sentiment":
0})
10     industry_sentiment = inputs.get("industry_sentiment", {"average_sentiment":
0})
11     economic_indicators = inputs.get("economic_indicators", {})
12
13     # 가중치 설정
14     weights = {
15         "company": 0.4,
16         "industry": 0.3,
17         "economic": 0.3
18     }
19
20     # 회사 점수 계산
21     company_score = company_sentiment.get("average_sentiment", 0) *
weights["company"]
```

```
22
23          # 산업 점수 계산
24          industry_score = industry_sentiment.get("average_sentiment", 0) *
weights["industry"]
25
26          # 경제 지표 점수 계산
27          economic_scores = [
28              indicator.get("average_sentiment", 0)
29              for indicator in economic_indicators.values()
30          ]
31          economic_score = (sum(economic_scores) / len(economic_scores)) *
weights["economic"] if economic_scores else 0
32
33          # 총점 계산
34          total_score = company_score + industry_score + economic_score
35
36          # 투자 결정
37          decision = {
38              "company": company,
39              "timestamp": datetime.now().isoformat(),
40              "total_score": round(total_score, 2),
41              "recommendation": "매수" if total_score > 0.3 else "매도" if total_score
< -0.3 else "관망",
42              "confidence": abs(total_score),
43              "factors": {
44                  "company_sentiment": company_sentiment,
45                  "industry_sentiment": industry_sentiment,
46                  "economic_indicators": economic_indicators
47              }
48          }
49
50          return decision
```

위에서 등록한 툴을 종합하여 최종 sentiment의 총점을 계산하여 투자 결정을 내리는 함수입니다. 투자 결정 과정에서 다양한 요인(회사, 산업, 경제 지표)을 가중치를 부여해 평가하고, 이를 통해 최종적인 투자 추천을 제공합니다. 각자의 가중치는 임의로 작성했으며, 원하는 방향대로 수정하여 활용이 가능합니다.

3. 에이전트 초기화 및 실행

에이전트를 활용하여 주식 관련 뉴스를 자동으로 수집하고, 감정 분석을 통해 투자 결정을 지원하는 방법입니다. 위 예제에서 나온 도구들에 이어 실행합니다.

예제 5.25 에이전트 기반 뉴스 자동 수집 및 감정 분석   ch05/03_agentRAG.ipynb

```python
01    class InvestmentAnalyzer:
02        def __init__(self):
03            self.llm = ChatOpenAI(
04                model="gpt-4",
05                temperature=0
06            )
07
08            self.tools = [
09                get_news_sentiment,
10                analyze_industry_news,
11                analyze_economic_indicators,
12                make_investment_decision
13            ]
14
15            prompt = ChatPromptTemplate.from_messages([
16                ("system", """주식 시장 분석 및 투자 결정을 돕는 AI 에이전트입니다.
17                뉴스 데이터를 수집하고 감성 분석을 통해 투자 결정을 제안합니다."""),
18                ("user", "{input}"),
19                MessagesPlaceholder(variable_name="agent_scratchpad")
20            ])
21
22            self.agent = create_openai_functions_agent(self.llm, self.tools, prompt)
23            self.executor = AgentExecutor(agent=self.agent, tools=self.tools,
verbose=True)
24
25        def analyze(self, company: str, industry: str) -> Dict[str, Any]:
26            """투자 분석을 수행하고 결과를 반환합니다."""
27            try:
28                # 1. 회사 감성 분석
29                company_result = get_news_sentiment(company)
30                # 2. 산업군 감성 분석
31                industry_result = analyze_industry_news(industry)
32                # 3. 경제 지표 분석
```

```
33          economic_result = analyze_economic_indicators({"list": ["금리"]})
34          # 4. 투자 결정
35          decision = make_investment_decision({"inputs":{
36                  "company": company,
37                  "company_sentiment": company_result,
38                  "industry_sentiment": industry_result,
39                  "economic_indicators": economic_result
40              }
41          })
42      return decision
```

이 코드는 주식 투자 결정을 돕는 AI 에이전트를 구현한 예시입니다. 주어진 회사와 산업에 대한 감성 분석을 수행하고, 이를 바탕으로 투자 결정을 자동으로 내리는 시스템입니다. 코드의 주요 흐름은 다음과 같습니다:

■ 클래스 초기화

InvestmentAnalyzer 클래스는 LLM 모델과 필요한 도구들을 초기화합니다. 이때 사용되는 도구들은 뉴스 감성 분석, 산업군 감성 분석, 경제 지표 분석, 투자 결정을 내리는 함수들입니다.

self.llm은 GPT-4 모델을 사용하여 자연어 처리를 수행하고, self.tools에는 사용될 여러 도구가 포함됩니다.

■ 프롬프트 정의

ChatPromptTemplate을 사용하여 에이전트가 이해할 수 있는 프롬프트를 작성합니다. 이 프롬프트는 에이전트에게 주식 시장 분석 및 투자 결정을 돕는 역할을 명시합니다.

■ 에이전트 생성

create_openai_functions_agent 함수를 사용하여 OpenAI API와 연동된 에이전트를 생성합니다. 이 에이전트는 주식 시장 분석과 관련된 도구들을 호출하여 주어진 회사와 산업에 대해 적절한 분석을 수행합니다.

■ 분석 및 투자 결정

analyze 함수에서는 get_news_sentiment, analyze_industry_news, analyze_economic_indicators 도구를 활용하여 회사, 산업, 경제 지표에 대한 감성 분석을 진행합니다. 분석이 완료된 후, make_investment_decision 도구를 사용하여 투자 결정을 내립니다.

■ 예외 처리

코드 실행 중 오류가 발생하면 오류 메시지를 출력하고 실패 상태를 반환합니다.

```
01 if __name__ == "__main__":
02     analyzer = InvestmentAnalyzer()
03
04     # 삼성전자 분석 예시
05     result = analyzer.analyze(
06         company="삼성전자",
07         industry="반도체"
08     )
09
10     print("\n최종 투자 분석 결과:")
11     print(json.dumps(result, indent=2, ensure_ascii=False))
```

코드 실행 시 InvestmentAnalyzer 클래스의 analyze 메서드를 호출하여 "삼성전자"와 "반도체" 산업에 대한 투자 분석을 수행합니다. 결과는 JSON 형태로 반환되며, 투자 결정을 내리기 위한 감성 분석 결과와 추천이 포함됩니다.

```
최종 투자 분석 결과:
{
  "company": "삼성전자",
  "timestamp": "2024-11-29T19:23:01.479081",
  "total_score": 0.32,
  "recommendation": "매수",
  "confidence": 0.32025,
  "factors": {
    "company_sentiment": {
      "topic": "삼성전자",
      "average_sentiment": 0.3,
      "analyzed_articles": 10,
      "sentiment_summary": "중립적"
    },
    "industry_sentiment": {
      "topic": "반도체 industry",
      "average_sentiment": 0.7,
      "analyzed_articles": 1,
      "sentiment_summary": "긍정적"
    },
```

```
    "economic_indicators": {
        …
      }
    }
  }
}
```

06

---

sLLM

이번 장에서는 sLLM(Small Large Language Model)의 개념과 이를 학습하는 이유에 대해 설명하고, 허깅페이스(Hugging Face)를 이용한 sLLM 활용법을 다룹니다. sLLM은 특정 도메인이나 작업에 최적화된 대규모 언어 모델로, 일반적으로 수백만에서 수억 개의 파라미터를 가지는 모델을 말합니다. 일반적인 LLM이 수십억 개 이상의 파라미터를 가지며 다양한 작업을 수행할 수 있는 능력을 갖추고 있는 반면, sLLM은 특정 목적에 맞게 크기를 줄이고 성능을 최적화하여 더욱 효율적으로 작동합니다. sLLM은 특정 산업이나 작업에 필요한 전문적인 지식을 습득하고, 해당 도메인의 요구에 맞게 세밀하게 조정됩니다. 이번 장에서 sLLM 모델을 학습하고 실습을 통해 사용 방법을 익힐 것입니다. 허깅페이스를 통해 사전 학습된 sLLM을 찾고, 데이터셋과 사전 학습된 모델을 활용하여 실습을 진행합니다. 이를 통해 sLLM이 어떻게 전문적인 작업에서 유용하게 사용될 수 있는지 알아보겠습니다.

6.1 _ sLLM을 학습하는 이유

일반적으로 sLLM은 매개변수의 수가 수십억에서 수백억 대로 비교적 크기가 작은 언어 모델을 말합니다. sLLM을 사용하는 다양한 이유가 있지만, 대표적인 이유는 다음과 같습니다.

- 데이터 보안 및 개인정보 보호

  금융, 의료, 법률 등과 같은 민감한 산업에서는 데이터의 기밀성이 매우 중요하며 법적으로도 보호되어 있습니다. 기밀 정보를 이용한 질의 응답을 챗GPT와 같은 LLM API를 사용하는 경우 기밀데이터를 API를 통해서 전송해야만 LLM을 답변을 받을 수 있어 기밀 정보를 API 서비스 회사에 제공해야 합니다. 또한, 금융 등 특정 업종에서는 기밀 정보 보호를 이유로 LLM API 사용을 금지하고 있기도 합니다. sLLM은 이러한 개인정보를 외부로 유출하지 않고 내부에서만 사용함으로써 개인정보를 보호하고 외부로 중요 정보가 유출될 위험을 최소화할 수 있습니다. 예를 들어, 금융 데이터를 분석할 때 sLLM은 고객의 개인 정보를 보호하면서도 결과를 도출할 수 있습니다. 민감한 데이터를 처리할 때 높은 보안 수준을 유지할 수 있도록 돕습니다.

- 높은 정확도와 전문성

  sLLM은 특정 도메인에 특화되어 훈련되기 때문에 그 분야의 전문 용어와 문맥을 매우 잘 이해합니다. 예를 들어, 의료 분야에서 sLLM을 사용하면 복잡한 의료 용어를 정확하게 이해하고 환자의 상태를 정확히 분석할 수 있습니다. 이로 인해 sLLM은 일반적인 언어 모델보다 특정 작업에서 더 높은 정확도와 전문성을 발휘합니다. 이를 통해 사용자는 복잡한 전문 분야에서도 sLLM을 활용해 신뢰할 수 있는 결과를 얻을 수 있습니다.

- **효율적인 리소스 사용**

  sLLM은 특정 작업에 맞춰 최적화되었기 때문에 일반 LLM보다 적은 리소스로 더 빠르고 효율적으로 작업을 수행할 수 있습니다. 이는 기업이 특정 작업을 위한 전용 모델을 운영할 때 비용을 절감할 수 있게 해줍니다.

- **규제 준수**

  특정 산업에서는 데이터 사용에 대한 엄격한 규제가 존재합니다. sLLM은 이러한 규제를 준수하면서도 필요한 데이터 처리를 수행할 수 있도록 설계됩니다. 예를 들어, 금융 산업에서는 금융감독원의 규제나 금융망 규제 등을 준수해야 하며, sLLM은 이러한 요구사항을 충족하는 데 도움을 줄 수 있습니다. 또한, 의료 산업에서는 우리나라의 개인정보보호법 및 의료법과 같은 규제를 준수해야 하며, sLLM은 이러한 법적 요구를 충족하는 데 필요한 보안 기준을 제공합니다.

  sLLM은 특정 도메인에 맞춰 최적화된 성능을 제공함으로써 민감한 데이터를 안전하게 처리하고 더 높은 정확도와 효율성을 제공하는 중요한 도구로 자리잡고 있습니다.

  sLLM을 실제로 활용하기 위해서는 사전 학습된 모델과 데이터셋이 필요하며, 이를 쉽고 빠르게 접근할 수 있는 플랫폼이 필요합니다. 그중에서도 허깅페이스는 다양한 사전 학습된 언어 모델과 데이터셋을 제공하는 대표적인 플랫폼으로, sLLM 개발과 활용을 위한 강력한 도구를 제공합니다. 따라서 다음 섹션에서는 허깅페이스를 통해 sLLM을 학습하고, 필요한 모델과 데이터를 찾아 실습해보겠습니다. 허깅페이스는 다양한 사전 학습된 모델과 데이터셋을 제공하여 sLLM 개발에 드는 리소스를 절약할 수 있으며, 간편한 인터페이스를 통해 누구나 쉽게 사용할 수 있습니다.

6.2 _ sLLM 실행

허깅페이스에서 사전 학습된 sLLM 모델을 다운로드해 sLLM을 실습해 보겠습니다. '1.4 허깅페이스'의 그림 1.21의 8B 모델 중 'MLP-KTLim/llama-3-Korean-Bllossom-8B' 모델을 선택하여 실습을 진행하겠습니다.

6.2.1 허깅페이스의 sLLM 모델 실행해 보기

허깅페이스에서 실습을 위해 고른 LLM 모델을 코랩 환경에서 실행해 보겠습니다.

그림 6.1은 코랩에서 sLLM을 실행하기 위해 런타임 유형을 GPU로 바꾸기 위한 설정입니다. 런타임을 변경하기 위해 ❶[런타임]을 클릭한 후 ❷[런타임 유형 변경]을 클릭하면 '런타임 유형 변경'창이 나옵니다. 이 창에서 ❸[T4 GPU]를 클릭한 후 ❹[저장] 버튼을 클릭하여 런타임 유형을 GPU 환경으로 변경합니다.

그림 6.1 코랩 런타임 설정

예제 6.1은 한국어 LLM(대규모 언어 모델)을 로드하고, 텍스트 생성 추론을 수행하기 위한 준비 과정을 보여줍니다. PyTorch와 허깅페이스의 transformers 라이브러리를 사용하여 모델을 설정하고, 평가 모드로 전환해 추론을 위한 최적의 상태로 만듭니다. 이 코드의 주요 흐름은 모델 로딩, 텍스트 생성 파이프라인 생성, 그리고 모델을 추론 모드로 전환하는 단계로 이루어집니다.

예제 6.1 LLM inference 해보기 모델 로드　　　　　　　　　ch06/01_huggingface LLM inference.ipynb

```
01 # 사용할 모델의 ID를 설정
02 # 여기서는 한국어 Llama 모델인 "MLP-KTLim/llama-3-Korean-Bllossom-8B"를 실습에 사용
03 model_id = "MLP-KTLim/llama-3-Korean-Bllossom-8B"
04
05 # 텍스트 생성 파이프라인을 설정
06 pipeline = transformers.pipeline(
07     "text-generation",  # 작업 유형을 'text-generation'으로 설정하여 텍스트 생성
기능을 사용
08     model=model_id,  # 지정한 모델 ID로 모델을 로드합니다.
```

```
09        model_kwargs={"torch_dtype": torch.bfloat16},  # 모델을 bfloat16 데이터 타입으로
설정하여 메모리 효율을 높임
10        device_map="auto",  # 사용 가능한 GPU를 자동으로 할당하여 실행
11  )
12
13  # 모델을 평가 모드로 전환
14  # 평가 모드에서는 훈련 기능이 비활성화되며, 모델이 추론(예측)에 최적화된 상태로 변경
15  pipeline.model.eval()
```

그림 6.2과 같이 코드를 실행하면 허깅페이스 Model Hub에서 지정된 모델(MLP-KTLim/
llama-3-Korean-Bllossom-8B)이 로컬 PC에 다운로드됩니다. 만약 로컬에 동일한 모
델이 이미 존재하면 이를 재사용하고, 없거나 최신 버전이 아니면 자동으로 다운로드하여
저장합니다. 코랩을 실행하는 경우 로컬의 저장 공간이 매번 초기화되어 새롭게 다운로드
됩니다.

그림 6.2 허깅페이스 모델 다운로드

그림 6.2와 같은 모델 다운로드 출력이 나온다면 정상적으로 실행된 것입니다.

예제 6.2는 AI 어시스턴트가 사용자 질문에 친절하게 답변할 수 있도록 대화 프롬프트를
설정하고 필요한 종료 조건을 정의하는 과정입니다. PROMPT와 instruction 변수는 각각
AI 어시스턴트의 역할과 사용자 요청을 지정하는 데 사용됩니다. messages 리스트는 대화

의 흐름을 정의하며, 이를 바탕으로 prompt 변수를 생성해 AI 모델이 적절한 응답을 할 수 있게 합니다. 마지막으로, terminators 리스트는 대화 종료 시 사용될 토큰 ID를 포함하여 AI가 적절한 시점에 대화를 종료할 수 있도록 돕습니다.

예제 6.2 LLM inference 해보기 프롬프트　　　　　　　　ch06/01_huggingface LLM inference.ipynb

```
01  # AI 어시스턴트의 역할을 정의하는 문구를 PROMPT 변수에 저장
02  PROMPT = '''당신은 유능한 AI 어시스턴트 입니다. 사용자의 질문에 대해 친절하게
답변해주세요.'''
03
04  # 사용자가 AI에게 요청하는 작업 내용을 instruction 변수에 저장
05  instruction = "서울의 유명한 관광 코스를 만들어줄래?"
06
07  # messages 리스트를 생성하여 대화의 흐름을 정의
08  messages = [
09      {"role": "system", "content": f"{PROMPT}"},  # "system" 역할로 AI의 기본 역할을
정의하는 PROMPT를 포함
10      {"role": "user", "content": f"{instruction}"}  # "user" 역할로 사용자가 요청한
instruction을 포함
11  ]
12
13  # 메시지 리스트를 기반으로 대화용 prompt를 생성
14  # pipeline.tokenizer.apply_chat_template 함수를 사용하여 messages 리스트를 템플릿
형식에 맞게 변환
15  # tokenize=False로 설정해 텍스트 그대로 생성에 활용할 수 있도록 함
16  prompt = pipeline.tokenizer.apply_chat_template(
17      messages,
18      tokenize=False,
19      add_generation_prompt=True  # 텍스트 생성을 위한 추가 정보를 포함해 prompt를
구성
20  )
21
22
23  # 대화를 종료하는 데 사용될 토큰 ID들이 포함된 terminators 리스트를 정의
24  # 이 리스트는 종료 조건으로 사용되는 특별 토큰(eos_token_id와 <|eot_id|>)을 포함하여
대화가 적절히 종료될 수 있도록 함
25  terminators = [
```

```
26      pipeline.tokenizer.eos_token_id,
27      pipeline.tokenizer.convert_tokens_to_ids("<|eot_id|>")
28  ]
```

다음은 앞의 코드로 생성된 프롬프트입니다.

`pipeline.tokenizer.apply_chat_template` 함수를 사용하지 않고 직접 프롬프트 형식을 만들어서 사용해도 됩니다.

```
<|begin_of_text|><|start_header_id|>system<|end_header_id|>
당신은 유능한 AI 어시스턴트 입니다. 사용자의 질문에 대해 친절하게 답변해주세요.<|eot_id|><|start_h
eader_id|>user<|end_header_id|>
서울의 유명한 관광 코스를 만들어줄래?<|eot_id|><|start_header_id|>assistant<|end_header_id|>
```

AI 모델을 사용하여 텍스트 생성 작업을 수행하는 과정을 보여줍니다. prompt를 기반으로 최대 2048개의 새로운 토큰을 생성하며, 종료 조건과 샘플링 매개변수를 통해 생성 텍스트의 다양성과 일관성을 조절합니다. 최종적으로 생성된 텍스트는 outputs 변수에 저장되며, 설정된 temperature와 top_p 값에 따라 다양한 결과를 생성할 수 있습니다

예제 6.3 LLM inference 해보기   ch06/01_huggingface LLM inference.ipynb

```
01  # outputs 변수에 텍스트 생성 결과를 저장
02  # pipeline 함수는 생성된 텍스트를 반환
03  outputs = pipeline(
04      prompt,  # 앞서 생성된 prompt를 사용하여 모델이 텍스트를 생성
05      max_new_tokens=2048,  # 최대 2048개의 새로운 토큰을 생성할 수 있도록 설정
06      eos_token_id=terminators,  # terminators 리스트에 포함된 종료 토큰을 만나면
생성을 중단
07      do_sample=True,  # 샘플링 방식으로 텍스트를 생성하여 결과가 다양하게 나올 수
있게 함
08      temperature=0.6,  # 샘플링 확률 분포를 조절하여 모델이 결정적으로 또는
창의적으로 행동하도록 설정
09      top_p=0.9  # 상위 90%에 해당하는 누적 확률의 토큰만을 고려하여 샘플링을 진행
10  )
11
```

```
12 # 생성된 텍스트 출력. prompt 길이 이후의 텍스트만 출력하여 사용자 요청에 대한 응답을
   표시
13 print(outputs[0]["generated_text"][len(prompt):])
```

다음은 실행 결과입니다. 실행 결과는 코드의 **temperature** 파라미터 설정에 따라 다양하게 나올 수 있습니다.

물론이죠! 서울은 다양한 문화, 역사, 자연 등을 즐길 수 있는 많은 관광지가 있습니다. 아래는 서울의 유명한 관광 코스입니다:

코스 1: 역사와 문화의 서울

1. **경복궁**: 조선 왕조의 대표적인 궁궐로, 궁궐 내에 있는 국립고궁박물관을 방문할 수 있습니다.
2. **북촌 한옥마을**: 전통 한옥이 많은 마을로, 조선 시대의 생활상을 느낄 수 있습니다.
3. **인사동**: 전통 문화를 체험할 수 있는 거리로, 전통 음식, 한복 대여, 전통 공예품 등을 즐길 수 있습니다.
4. **창덕궁**: 조선 시대의 궁궐로, 후원과 내원을 포함한 다양한 건축물을 볼 수 있습니다.
5. **동대문 디자인 플라자(DDP)**: 현대적인 건축물로, 다양한 전시와 이벤트가 열리는 곳입니다.

코스 2: 자연과 현대의 서울

1. **남산서울타워**: 서울의 전경을 한눈에 볼 수 있는 전망대를 갖춘 타워입니다.
2. **한강공원**: 서울의 주요 공원 중 하나로, 자전거 도로와 산책로가 잘 되어 있습니다.
3. **홍대**: 젊음과 문화의 거리로, 다양한 카페, 레스토랑, 클럽이 있습니다.
4. **이태원**: 다문화 지역으로, 다양한 음식점과 상점이 있습니다.
5. **광장시장**: 전통 시장으로, 다양한 음식과 상품을 즐길 수 있습니다.

코스 3: 쇼핑과 엔터테인먼트의 서울

1. **명동**: 쇼핑의 명소로, 고급 브랜드부터 일상용품까지 다양한 매장들이 있습니다.
2. **여의도**: 현대적인 빌딩과 공원으로 이루어진 지역으로, 다양한 이벤트와 전시가 열립니다.
3. **강남**: 서울의 젊은층을 중심으로 한 지역으로, 다양한 쇼핑몰과 카페가 있습니다.
4. **COEX 마크ㅜ트**: 현대적인 쇼핑몰로, 다양한 브랜드 매장과 전시가 있습니다.
5. **노원구**: 다양한 외국인 거주지로, 다양한 국제 음식점과 상점이 있습니다.

이 코스들은 서울의 다양한 면모를 경험할 수 있는 좋은 기회를 제공합니다. 각 코스마다 시간을 조절하고, 개인의 관심사에 맞춰 선택하여 방문해보세요!

6.3 _ FFT 학습 방법과 코드

Full Fine-Tuning(FFT)은 사전 학습된 대형 언어 모델(LLM)을 특정 작업이나 데이터에 맞게 최적화하는 과정입니다. LLM의 모든 가중치를 업데이트하여 새로운 데이터에 대한 학습을 수행함으로써 모델이 주어진 작업에 맞춰 더욱 정확한 예측을 하게 합니다. FFT는 특히 특정 도메인이나 언어에 특화된 응용 프로그램을 개발할 때 매우 유용합니다.

6.3.1 학습 데이터 만들기

사전 학습된 LLM을 FFT하기 전에 학습하려는 목적을 설정하고 LLM이 학습하기 위한 데이터를 만들어야 합니다.

여기서는 전자금융거래법을 기반으로 한 챗봇 QA 시스템을 구축하는 과정을 다룹니다. 만들고자 하는 챗봇은 사용자가 전자금융거래법에 대해 자주 묻는 질문에 대해 정확하고 유용한 답변을 제공하는 것을 목표로 합니다.

전자금융거래법 내용을 참조하기 위해 'https://www.law.go.kr/법령/전자금융거래법' 링크로 접속합니다.

전자금융거래법 페이지에 접속한 후, 페이지 오른쪽 상단의 ❶[저장하기] 버튼을 클릭해 저장 옵션을 활성화합니다. 저장 옵션에서 ❷[PDF 파일] 옵션을 클릭한 후 ❸[저장]을 클릭하여 PDF 파일로 저장합니다. 저장된 PDF 파일을 확인하고 실습 코드 위치와 동일한 위치로 이동시킵니다.

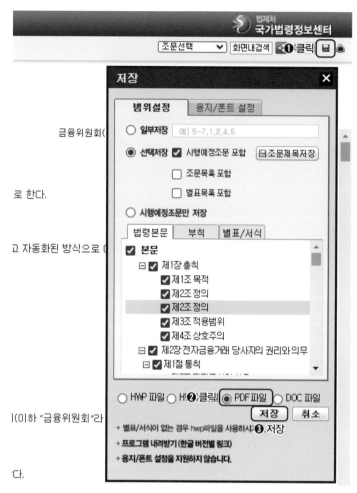

그림 6.3 전자금융거래법 PDF 파일로 저장

전자금융거래법 PDF 파일을 RAG 모델에 활용하기 위해 텍스트를 청킹(chunking)하는 작업을 수행합니다. PDF 파일을 로드하고 텍스트로 변환한 후, 지정된 크기로 텍스트를 청크 단위로 나누어 처리합니다. 각 청크는 모델이 효율적으로 검색하고 응답을 생성할 수 있도록 적절한 크기로 나누어집니다.

예제 6.4는 PDF 파일을 로드하여 텍스트를 청킹하고, 그 결과를 파일로 저장하는 작업을 수행합니다. 랭체인 라이브러리와 **PyPDF**를 사용하여 PDF 문서를 텍스트 형식으로 로드하고, RecursiveCharacterTextSplitter를 이용해 청크 단위로 분할합니다. 이후 청킹된 텍스트는 pickle을 통해 바이너리 파일로 저장되어, 이후 검색 기반 생성 모델(RAG)과 같은 작업에 유용하게 사용될 수 있습니다.

예제 6.4 RAG 데이터 청킹하기   ch06/02_RAG청킹.ipynb

```
01  # 필요한 모듈을 임포트
02  from langchain.document_loaders import PyPDFLoader  # PDF 파일 로딩 및 텍스트 변환
기능
03  # PDF 파일을 로드하고 텍스트를 청킹하는 함수 정의
04  # pdf_path: PDF 파일 경로
05  # chunk_size: 각 청크의 크기
06  # chunk_overlap: 청크 간 겹치는 부분
07  def load_pdf_and_chunk(pdf_path, chunk_size=1024, chunk_overlap=128):
08      # 지정된 경로의 PDF 파일을 로드하는 PyPDFLoader 객체 생성
09      loader = PyPDFLoader(pdf_path)
10
11      # PDF 파일을 로드하여 텍스트 형식으로 변환
12      documents = loader.load()
13
14      # 청킹 설정: 지정된 크기와 겹침을 기준으로 텍스트를 청크 단위로 나눔
15      text_splitter = RecursiveCharacterTextSplitter(chunk_size=chunk_size,
chunk_overlap=chunk_overlap)
16
17      # 텍스트를 청크 단위로 나누어 chunks 변수에 저장
18      chunks = text_splitter.split_documents(documents)
19      return chunks
20
21  # 청킹할 PDF 파일 경로를 지정하고 청킹 작업을 수행
22  pdf_path = "전자금융거래법(법률)(제17354호)(20201210).pdf"
23  # PDF 파일을 청크로 나누고 결과를 chunks에 저장
24  chunks = load_pdf_and_chunk(pdf_path)
```

75개의 청크가 생성되었고 생성된 청크는 다음과 같습니다.

기 위하여 사용되는 다음 각 목의 어느 하나에 해당하는 수단 또는 정보를 말한다.
가. 전자식 카드 및 이에 준하는 전자적 정보

청킹된 문서들은 사용자의 질문에 sLLM 모델이 답변할 수 있게 학습하는 학습 데이터로 활용될 예정입니다.

LLM을 학습하는 데 청킹된 문서를 사용하는 이유는 모델의 효율성과 메모리 사용 최적화를 위해서입니다. LLM(대규모 언어 모델)은 입력 토큰 수가 많아질수록 메모리 사용량이 급격히 증가합니다. 이는 모델이 각 토큰을 처리하고 분석하는 데 필요한 계산 자원이 늘어나기 때문입니다. 따라서 입력 데이터를 적절한 크기의 청크로 나누어 학습하는 것이 중요합니다. GPU 자원이 충분하다면 청킹을 하지 않고 학습하는 것도 하나의 방법입니다.

청킹을 통해 문서를 일정한 크기로 나누면 모델이 개별 청크를 독립적으로 처리할 수 있게 되어 메모리 사용을 최적화할 수 있습니다. 또한, 청크 단위로 데이터를 학습하게 되면 모델이 긴 문서도 효율적으로 처리할 수 있으며, 이로 인해 계산 시간도 줄어듭니다.

이 책에서는 앞서 사용했던 허깅페이스에서 제공하는 'MLP-KTLim/llama-3-Korean-Bllossom-8B' 모델을 사용하여 학습합니다. sLLM을 FFT하기 위해서는 큰 GPU 용량을 필요로 합니다. 이를 위해 여러 개의 GPU를 병렬로 학습하는 방식이 필요한데, 여기서는 GPU를 병렬로 학습하는 방식을 먼저 소개합니다.

6.3.2 sLLM 학습을 위한 병렬 처리 방법

sLLM(Super Large Language Model) 학습은 수많은 파라미터와 방대한 데이터셋을 다루기 때문에 이를 효율적으로 처리하기 위한 병렬 처리 방법이 필수적입니다. 여러 GPU 또는 노드에 모델을 분산하여 학습하는 다양한 기법이 있으며, 각 방식은 특유의 장점과 제약을 가지고 있습니다. 여기서는 대표적인 병렬 처리 방법인 DP, DDP, FSDP 등을 살펴보며, 각 방식의 특징을 비교해 보겠습니다.

sLLM 학습을 위한 GPU 병렬 처리: DP

DP(Data Parallel)는 동일한 딥러닝 모델 복사본을 여러 GPU에 배치하고 병렬로 학습시키는 방법 중 하나로, 가장 기본적인 방법입니다. DP를 사용하면 동일한 모델의 복사본이 각 GPU에 배치되고, 미니배치(mini-batch) 데이터를 여러 GPU에 나누어 병렬로 학습하게 됩니다. 여기서는 DP의 동작 방식, 장점과 단점, 그리고 사용 시 주의사항에 대해 자세히 설명하겠습니다.

■ DP의 동작 방식

DP는 GPU의 효율적 사용을 극대화하여 모델 학습 속도를 높이기 위한 목적으로 사용됩니다. GPU의 계산을 비교적 간단하게 동기화하여 모델 학습 속도를 높입니다.

1. 모델 복제

전체 모델이 각 GPU에 동일하게 복제됩니다. 예를 들어, 두 개의 GPU인 GPU0과 GPU1이 있다면 모델의 복사본이 GPU0과 GPU1에 각각 하나씩 생성됩니다.

2. 데이터 분할

주어진 미니배치는 GPU의 수에 맞게 균등하게 분할됩니다. 예를 들어, 하나의 미니배치가 64개의 샘플로 구성되어 있다면 두 개의 GPU를 사용하는 경우 각 GPU는 32개의 샘플을 처리하게 됩니다.

3. 병렬 처리

각 GPU는 할당된 데이터 샘플에 대해 모델의 순전파(forward pass)와 역전파(backward pass)를 병렬로 수행합니다. 이 과정에서 각 GPU는 자체적으로 손실(loss)과 기울기(gradient)를 계산합니다.

4. 기울기 집계 및 업데이트

모든 GPU가 역전파를 마치면 각 GPU에서 계산된 기울기가 집계되고 평균이 계산됩니다. 이때 기울기를 집계하는 작업은 주로 중앙에 위치한 CPU 또는 주 GPU에서 수행됩니다. 집계된 기울기를 바탕으로 모델 파라미터가 업데이트됩니다. 이 업데이트된 파라미터는 다시 모든 GPU에 동기화됩니다.

■ DP의 장점과 단점

표 6.1은 DP의 장점과 단점을 나타냅니다. 장점은 병렬 처리를 쉽게 구현할 수 있다는 점과 GPU 자원을 효율적으로 활용할 수 있다는 점입니다. 반면, 단점은 각각 네트워크 통신의 병목 현상, GPU 메모리의 비효율적 사용, 그리고 GPU 동기화 과정에서 발생하는 지연 문제를 들 수 있습니다.

표 6.1 DP의 장점과 단점

구분	항목	설명
장점	쉬운 구현	프레임워크에서 제공하는 데이터 병렬화 기능을 통해 복잡한 코드 변경 없이 병렬 처리를 손쉽게 구현할 수 있습니다.
	효율적인 자원 활용	여러 GPU를 동시에 활용하여 학습 속도를 크게 향상시킬 수 있으며, 더 큰 모델 학습 및 대규모 데이터 처리에 적합합니다.
단점	비효율적인 기울기 집계	GPU 간 기울기 집계 과정에서 네트워크 통신 오버헤드가 발생하여 전체 학습 속도가 느려질 수 있습니다.
	메모리 낭비	각 GPU가 동일한 모델 복사본을 가지므로 모델 크기가 큰 경우 메모리 사용량이 비효율적입니다. GPU 메모리가 제한적일 경우 문제를 악화시킵니다.
	동기화 문제	기울기 집계 후 파라미터 업데이트 시 모든 GPU가 동기화되어야 하며, 느린 GPU를 기다리는 병목 현상이 발생할 수 있습니다.

sLLM 학습을 위한 GPU 병렬 처리: DPP

DDP(Distributed Data Parallel)는 PyTorch에서 제공하는 병렬 처리 기법 중 하나로, 모델을 여러 GPU와 여러 노드에 걸쳐 병렬로 학습시킬 수 있는 기능입니다. DDP는 DP (Data Parallel)과 비슷해 보일 수 있지만, DDP가 DP보다 효율적이고 확장 가능한 방식으로, 특히 대규모 학습 작업에 적합합니다.

- DDP의 동작 방식

    DDP는 각 GPU와 프로세스가 독립적으로 학습을 수행하면서도, 동기화 과정을 통해 모든 프로세스가 일관된 모델 업데이트를 유지하도록 합니다. 주요 단계는 다음과 같습니다.

1. 모델 복제 및 프로세스 생성

    DDP를 사용하면 각 GPU마다 하나의 프로세스가 생성됩니다. 예를 들어, 4개의 GPU를 사용한다면 4개의 독립적인 프로세스가 각각의 GPU에서 실행됩니다.

    각 프로세스는 모델의 복사본을 자신이 담당하는 GPU에 할당 받고, 해당 GPU에서 학습을 수행합니다.

2. 데이터 분할

    입력 데이터는 미니배치 단위로 각 프로세스에 균등하게 분할됩니다. 각 프로세스는 자신에게 할당된 데이터 샘플을 처리하며, 데이터 병렬화가 이루어집니다.

예를 들어 미니배치가 64개의 샘플로 구성되어 있고 4개의 GPU를 사용하는 경우, 각 프로세스는 16개의 샘플을 처리하게 됩니다.

3. 병렬 처리

각 프로세스는 할당된 데이터 샘플에 대해 독립적으로 순전파(forward pass)와 역전파(backward pass)를 수행합니다. 이때 각 프로세스는 자신의 GPU에서 손실(loss)과 기울기(gradient)를 계산합니다.

4. 기울기 동기화(Gradient Synchronization)

각 프로세스에서 역전파가 완료되면 DDP는 모든 프로세스에서 계산된 기울기(gradient)를 동기화합니다. 이 동기화 작업은 효율적인 통신 방법(예: all-reduce)을 사용하여 수행됩니다. 각 프로세스는 동기화된 기울기를 수신 받아 동일한 모델 업데이트를 진행합니다.

이 과정은 각 프로세스가 서로 독립적으로 실행되지만, 동기화된 기울기를 바탕으로 동일한 모델을 유지하도록 합니다.

5. 모델 파라미터 업데이트

동기화된 기울기를 기반으로 각 프로세스는 자신의 모델 파라미터를 업데이트합니다. 이 업데이트는 모든 프로세스에서 동일하게 이루어지며, 모든 GPU에 동일한 최신 모델이 유지됩니다.

6. 미니배치 처리

각 프로세스는 다음 미니배치를 받아 위의 과정을 반복합니다.

표 6.2의 DDP의 장점을 보면 확장성은 여러 GPU뿐만 아니라 여러 노드에 걸쳐 확장할 수 있다는 점에서 대규모 학습 작업에 적합함을 보여줍니다. 효율성은 DP에 비해 통신 오버헤드가 적어 기울기를 더 효율적으로 동기화할 수 있습니다. 단점으로는 DDP는 DP에 비해 동기화와 통신을 추가로 고려해야 하므로 구현이 다소 복잡하며, 독립적 실행 구조로 인해 메모리 사용량이 상대적으로 증가할 수 있습니다.

표 6.2 DDP의 장점과 단점

구분	항목	설명
장점	확장성	여러 GPU뿐 아니라 여러 노드에서도 동작할 수 있어 대규모 작업에 유리합니다.
	효율성	통신 오버헤드가 적어 더 빠른 기울기 동기화가 가능합니다.
	독립적 실행	각 프로세스가 독립적으로 실행되어 CPU와 GPU 간의 자원 경합이 줄어들고, 전체적인 성능이 향상됩니다.

구분	항목	설명
단점	복잡한 구현	DP에 비해 DDP는 구현이 상대적으로 복잡하며, 프로세스 간의 동기화 및 통신을 고려해야 합니다.
	메모리 사용량 증가	각 프로세스가 독립적으로 실행되기 때문에 DP에 비해 메모리 사용량이 증가할 수 있습니다.

sLLM 학습을 위한 GPU 병렬 처리: FSDP

FSDP(Fully Sharded Data Parallel)은 PyTorch에서 제공하는 또 다른 병렬 처리 방법으로, 대규모 모델 학습 시 메모리 사용을 최적화하기 위해 설계되었습니다. FSDP는 모델의 파라미터를 GPU 간에 분할(sharding)하여 메모리 효율을 극대화하면서 병렬 학습을 가능하게 합니다. 이 방식은 특히 대규모 모델을 학습할 때 매우 유용합니다.

▪ FSDP의 동작 방식

FSDP는 GPU 간 메모리 분산을 통해 대규모 모델 학습의 효율을 높이며, 다음과 같은 단계로 이루어집니다.

1. 모델 파라미터 분할(Sharding)

FSDP는 모델의 각 레이어 또는 파라미터를 GPU 간에 분할하여 저장합니다. 예를 들어, 4개의 GPU가 있는 경우, 각 GPU는 모델의 전체 파라미터 중 일부만을 저장하고 나머지는 다른 GPU에 분산됩니다.

모델을 분할하는 방법을 통해 메모리 사용량을 크게 줄여주며, 대규모 모델인 LLM을 더 작은 메모리 공간에서 학습할 수 있도록 도와줍니다.

2. 순전파(Forward Pass)

각 GPU는 자신이 가진 파라미터를 사용하여 순전파를 수행합니다. 이 과정에서 필요한 경우 다른 GPU에서 파라미터를 불러와야 할 때 통신이 발생할 수 있습니다.

하지만 파라미터가 분산되어 있으므로 각 GPU가 처리해야 할 파라미터의 양이 줄어들어 메모리 부담이 줄어듭니다.

3. 역전파(Backward Pass)

역전파 단계에서도 각 GPU는 자신이 가진 파라미터에 대해 기울기를 계산합니다. 기울기가 계산된 후 FSDP는 이 기울기들을 GPU 간에 동기화하고 업데이트합니다.

기울기 동기화 역시 모델 파라미터 분할 방식으로 이루어지므로 통신 비용과 메모리 사용을 효율적으로 관리할 수 있습니다.

4. 기울기 동기화 및 파라미터 업데이트

FSDP는 각 GPU에서 계산된 기울기를 합산하거나 평균내는 작업을 수행하고, 이를 기반으로 모델의 파라미터를 업데이트합니다.

이 과정에서도 파라미터는 각 GPU에 분산된 상태를 유지하며, 메모리 효율을 극대화합니다.

5. 모델 파라미터 다시 분할

파라미터 업데이트 후, FSDP는 다시 파라미터를 각 GPU에 분할하여 저장합니다. 이로써 다음 미니배치가 처리될 때에도 메모리 효율을 유지할 수 있습니다.

표 6.3에서 정리했듯 FSDP 장점으로는 메모리를 효율적으로 사용하여 대규모 모델 학습을 가능하게 하고, 여러 GPU와 노드로의 확장을 통해 대규모 작업에 적합하다는 점이 있습니다. 한편 통신 패턴이 복잡하고 구현 난이도가 높다는 단점이 있어 효과적인 활용을 위해 추가적인 조정이 필요합니다.

표 6.3 FSDP의 장점과 단점

구분	항목	설명
장점	메모리 효율성	모델 파라미터를 분할하여 저장함으로써 메모리 사용량을 줄입니다.
	대규모 모델 학습	메모리 절약 효과로 인해 대규모 모델의 학습이 가능해집니다.
	확장성	여러 GPU와 노드에 걸쳐 확장 가능하며 대규모 작업에 적합합니다.
단점	복잡한 통신 패턴	파라미터 분할 및 동기화 과정에서 네트워크 통신 오버헤드가 발생할 수 있습니다.
	높은 구현 복잡성	효과적으로 사용하려면 추가적인 설정과 조정이 필요합니다.

표 6.4를 통해 지금까지 배운 DP, DDP, FSDP의 특징을 다시 정리해 보겠습니다. 세 가지 방법은 모두 병렬 처리를 통해 딥러닝 모델 학습을 가속화하지만, 각 방법마다 고유한 특성과 사용 목적이 있습니다. DP는 가장 간단하고 구현하기 쉬운 방법으로, 주로 여러 GPU를 활용해 모델 학습 속도를 높이는 데 사용됩니다. 그러나 동기화와 메모리 사용 측면에서 비효율적인 경우가 발생할 수 있습니다. DDP는 DP를 확장한 방식으로, 여러 GPU뿐 아니라 여러 노드 간에도 동작할 수 있도록 설계되었습니다. 효율적인 통신과 동기화가 가능하며, CPU와 GPU 자원 간 충돌도 줄일 수 있습니다. 다만, 구현이 상대적으로 더 복잡하며 메모리 사용량이 증가한다는 단점이 있습니다. FSDP는 대규모 모델 학습을 위해 설계된 방법

으로, 모델 파라미터를 GPU 간에 나누어 저장함으로써 메모리 효율성을 극대화합니다. 이를 통해 기존 방법으로 학습하기 어려운 대규모 모델도 다룰 수 있습니다. 하지만 통신 패턴과 구현이 매우 복잡하며 네트워크 오버헤드가 발생할 수 있다는 점을 고려해야 합니다.

각 방법은 학습 환경, 모델 규모, 그리고 사용 가능한 자원에 따라 적합성이 달라지며, 이를 잘 이해하고 활용하는 것이 중요합니다.

표 6.4 DP, DDP, FSDP의 장점과 단점

방법	장점	단점
DP (Data Parallel)	쉬운 구현, 효율적인 자원 활용, 상대적으로 단순한 코드	비효율적인 기울기 집계, 메모리 낭비, 동기화 문제 발생 가능
DDP (Distributed Data Parallel)	확장성, 효율적인 통신 및 동기화, CPU/GPU 자원 경합 감소	복잡한 구현, 높은 메모리 사용량
FSDP (Fully Sharded Data Parallel)	메모리 효율성, 대규모 모델 학습 가능	복잡한 통신 패턴, 높은 구현 복잡성, 네트워크 오버헤드

sLLM 학습을 위한 GPU 병렬 처리: DeepSpeed

DeepSpeed[22]는 Microsoft에서 개발한 딥러닝 모델 학습을 위한 최적화 라이브러리로, 특히 대규모 모델의 학습을 가능하게 하고, 이를 효율적으로 수행할 수 있도록 여러 가지 혁신적인 기능을 제공합니다. DeepSpeed는 메모리 효율성, 학습 속도, 확장성 등을 극대화하여 기존의 훈련 방식으로는 학습이 불가능하거나 매우 비효율적인 거대 모델을 학습할 수 있도록 돕습니다.

DeepSpeed 논문에서 볼 수 있는 그림 6.4는 DeepSpeed 논문에서 제시된 ZeRO(Zero Redundancy Optimizer)의 세 가지 최적화 단계가 모델 상태(model states)의 메모리 소비에 미치는 영향을 비교한 것입니다. 구체적으로, 모델 파라미터, 옵티마이저 상태, 그리고 이들이 여러 GPU에 분산되는 방식에 따른 메모리 사용량을 시각적으로 나타냅니다. 그림 6.4의 Ψ는 모델의 크기, K는 옵티마이저 상태에 의해 추가로 요구되는 메모리의 배수입니다. P_{os}(Optimizer State Partitioning)의 경우 메모리 4배를 감소시키며, DP와 동일한

---

22 Rajbhandari, Samyam, et al. 「Zero: Memory optimizations toward training trillion parameter models」(2020), https://arxiv.org/pdf/1910.02054

통신 볼륨을 가지고 있습니다. P_{os+g}는 메모리를 8배 감소시키며 P_{os}와 마찬가지로 DP와 동일한 통신 볼륨을 가집니다. P_{os+g+p}의 메모리 감소는 DP의 GPU 개수에 따라 선형적으로 감소하여 GPU가 16개인 경우 메모리가 16배 감소하게 됩니다.

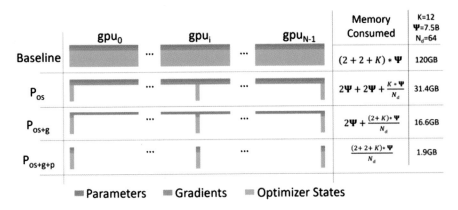

그림 6.4 DeepSpeed의 최적화

DeepSpeed의 주요 기능

DeepSpeed는 대규모 모델 학습을 위한 효율적인 학습 프레임워크로, 주로 메모리 최적화와 계산 속도 향상을 목표로 다양한 기능을 제공합니다. 대표적인 기능으로는 ZeRO(Zero Redundancy Optimizer)와 혼합 정밀도 훈련(Mixed Precision Training) 등이 있습니다.

- ZeRO(Zero Redundancy Optimizer): ZeRO는 DeepSpeed의 핵심 구성 요소 중 하나로, 대규모 모델 학습 시 발생하는 메모리 병목 문제를 해결하는 데 중점을 둡니다. 모델의 파라미터, 기울기, 옵티마이저 상태를 GPU들 사이에 분산하여 저장하고 관리합니다. 이를 통해 메모리 사용량을 크게 줄일 수 있으며, 여러 GPU를 효과적으로 활용할 수 있습니다. ZeRO는 세 가지 단계로 나뉘어 있으며, 각 단계는 파라미터, 기울기, 옵티마이저 상태의 분할 및 관리 방식을 점진적으로 확장합니다(ZeRO-1(Optimizer State Sharding)은 옵티마이저 상태의 분할, ZeRO-2(Gradient and Parameter Sharding)는 파라미터와 기울기의 분할, ZeRO-3(Full Model State Sharding)는 전체 모델 상태(파라미터, 기울기, 옵티마이저 상태)의 완전한 분할).

- Mixed Precision Training: DeepSpeed는 혼합 정밀도 훈련(Mixed Precision Training)을 지원하여 계산의 일부를 낮은 정밀도로 수행함으로써 메모리 사용량을 줄이고 학습 속도를 높입니다. 이는 특히 FP16(half-precision) 연산을 통해 성능을 극대화할 수 있습니다.

- Gradient Accumulation: Gradient Accumulation은 미니배치의 크기를 증가시키지 않고도 효과적으로 큰 배치 크기를 시뮬레이션할 수 있는 기능입니다. 메모리 사용량을 증가시키지 않으면서 학습의 안정성을 높이고, 더 큰 모델을 학습할 수 있게 도와줍니다.

- Sparse Attention: 대규모 Transformer 모델에서 메모리와 계산 효율성을 향상시키기 위해 Sparse Attention 메커니즘을 제공합니다. 입력 시퀀스에서 중요한 정보만을 선택적으로 처리함으로써 메모리 사용과 계산 복잡도를 줄여줍니다.

- Efficient Data Parallelism: 효율적인 데이터 병렬화(Data Parallelism)를 지원하여 여러 GPU와 여러 노드에 걸쳐 확장된 학습을 가능하게 합니다. 기존의 DDP(Distributed Data Parallel) 방식보다 더 높은 효율성과 확장성을 제공합니다.

- Dynamic Layer Aggregation: Dynamic Layer Aggregation은 DeepSpeed의 또 다른 혁신적인 기능으로, 여러 레이어의 학습을 동적으로 조정하여 메모리와 계산 효율성을 극대화합니다.

DeepSpeed의 장점은 표 6.5와 같습니다. ZeRO 기술을 활용하여 대규모 모델 학습이 가능하고, 모델 파라미터와 옵티마이저 상태를 분할 관리함으로써 메모리 효율성을 높일 수 있습니다. 또한, 여러 GPU와 노드에 걸쳐 확장성이 뛰어나며, 혼합 정밀도 훈련과 Sparse Attention을 통해 학습 속도를 향상시킬 수 있습니다. 단점으로는 고도의 최적화를 위해 복잡한 설정이 필요하고, 다양한 최적화 기법과 기능을 이해하고 구현해야 하므로 학습 곡선이 가파를 수 있습니다. 또한, 최적의 성능을 발휘하려면 특정 하드웨어 및 소프트웨어 환경에서 실행해야 할 수도 있습니다.

표 6.5 DeepSpeed의 장점과 단점

구분	항목	설명
장점	대규모 모델 학습	ZeRO 기술을 활용하여 기존 방법으로는 어려웠던 초대형 모델의 효율적인 학습이 가능합니다.
	메모리 효율성	모델 파라미터와 옵티마이저 상태를 분할 관리하여 메모리 사용을 최적화합니다.
	확장성	여러 GPU와 노드에 걸쳐 확장 가능하며, 높은 효율성을 제공합니다.
	학습 속도 향상	혼합 정밀도 훈련과 Sparse Attention을 통해 학습 속도를 크게 향상시킬 수 있습니다.

구분	항목	설명
단점	복잡한 설정	고도의 최적화를 위해 복잡한 설정이 필요할 수 있습니다.
	구현 난이도	초대형 모델 학습 시 다양한 최적화 기법과 기능을 이해하고 구현해야 하므로 학습 곡선이 가파를 수 있습니다.
	환경 의존성	최적의 성능을 발휘하려면 특정 하드웨어 및 소프트웨어 환경에서 실행해야 할 수도 있습니다.

6.3.3 sLLM 학습 Full Fine-tuning하기

앞서 말했듯이, FFT(Full Fine-Tuning)은 사전 학습된 대형 언어 모델(LLM)을 특정 도메인이나 과제에 맞게 최적화하는 과정입니다. 기존의 사전 학습된 LLM을 사용해서 전체 모델의 가중치를 업데이트하여 새로운 데이터에 대해 더 높은 정확도를 달성하도록 합니다. FFT 과정은 매우 많은 계산 자원을 필요로 하며, 특히 GPU 메모리와 연산 성능이 중요한 요소로 작용합니다. 여기서는 단일 GPU로 학습이 불가능하기 때문에 sLLM을 학습하기 위한 실습 코드만을 제공합니다. 다음 테이블은 LLaMA-Factory[23]에서 제공하는 모델의 크기별 GPU에서 로드 시 사용되는 기본 메모리 크기입니다. 학습하고자 하는 모델 크기를 고려하여 서버 환경을 구축할 수 있습니다. 테이블에서 AMP(Automatic Mixed Precision)는, 일부 연산은 32bit 데이터 유형을 사용하고 다른 연산은 16bit 데이터 유형을 사용하여 단순히 32bit 연산을 하는 것보다 효율적인 방식인 혼합 정밀도 방식입니다.

표 6.6 모델별 사용되는 메모리 크기

Bits	7B	13B	30B	70B	110B	8x7B	8x22B
AMP	120GB	240GB	600GB	1200GB	2000GB	900GB	2400GB
16	60GB	120GB	300GB	600GB	900GB	400GB	1200GB
16 (LoRA)	16GB	32GB	64GB	160GB	240GB	120GB	320GB
4 (QLoRA)	6GB	12GB	24GB	48GB	72GB	30GB	**96GB**

---

23 LLaMA-Factory, https://github.com/hiyouga/LLaMA-Factory

예제 6.5는 대규모 언어 모델(sLLM)의 FFT 과정을 다룹니다. 이 과정에서는 PyTorch와 Hugging Face의 도구를 활용하여 학습 환경을 설정하고, 데이터를 로드하며, 모델을 준비하는 코드입니다. 대규모 언어 모델을 학습하기 위하여 학습 데이터를 준비하는 방법과 FSDP를 활용하는 방법에 대해 알 수 있습니다.

예제 6.5 sLLM 학습하기 – FullFineTuning　　　　　　　　　ch06/03_FullFineTuning하기.ipynb

```
01 import os
02 # nvidia-smi 명령어를 통해 확인한 GPU 중 학습에 필요한 GPU를 선택
03 os.environ["CUDA_VISIBLE_DEVICES"]="0,1,2,3,4"
04
05 # 텍스트 청크로 저장된 데이터 파일인 전자금융거래.pk 파일에서 데이터를 로드
06 data_list = pickle.load(open('전자금융거래.pk', 'rb'))
07
08 # 학습에 사용할 모델 ID를 지정하여 언어 모델을 불러옴
09 # device_map="auto"를 사용해 모델이 자동으로 여러 GPU에 분산되어 로드
10 model_id = "MLP-KTLim/llama-3-Korean-Bllossom-8B"
11 model = AutoModelForCausalLM.from_pretrained(model_id, device_map="auto")
12 tokenizer = AutoTokenizer.from_pretrained(model_id)
13
14 # 로드된 데이터 리스트를 기반으로 데이터셋 객체를 생성
15 # 각 텍스트 청크는 딕셔너리 형태로 변환되며, "train" 데이터셋으로 지정
16 data = Dataset.from_list([{"text": i} for i in data_list], split="train")
17
18 # 텍스트 데이터를 토큰화하여 모델 입력에 맞는 형식으로 변환. 이 과정은 배치 단위로
처리
19 data = data.map(lambda samples: tokenizer(samples["text"]), batched=True)
20
21 # FSDP(Fully Sharded Data Parallel) 플러그인을 설정하여 혼합 정밀도 정책(fp16)과 CPU
오프로딩을 활성
22 # 모델 학습 시 메모리 사용량을 최적화
23 fsdp_plugin = FSDP(
24     mixed_precision_policy='fp16',
25     cpu_offload=True
26 )
27
28 # 패딩 토큰을 시퀀스 종료(end-of-sequence) 토큰으로 설정
```

```
29  # 이는 패딩이 필요할 때 시퀀스 종료 토큰을 사용
30  tokenizer.pad_token = tokenizer.eos_token
31
32  # 데이터셋의 총 행(row) 수를 계산하여 data_len 변수에 저장
33  # 이는 데이터의 크기를 추적하는 데 사용
34  data_len = data.num_rows
35
36  # 배치 크기를 4로 설정. 배치 크기는 한 번에 학습에 사용할 데이터 샘플의 수를 의미
37  batch_size = 4
38
39  # 학습 결과를 저장할 디렉터리 경로를 설정
40  output_path = "fft_model_save"
```

예제 6.6은 대규모 언어 모델의 학습을 위해 핵심 설정과 실행 과정을 다룹니다. SFTTrainer 클래스를 초기화하여 모델과 데이터셋을 학습에 적합한 형태로 연결하고 다양한 학습 인자를 지정합니다. 여기서 각 GPU에서의 배치 크기, 경사 하강법에 사용될 기울기의 누적 단계, 워밍업 스텝 수, 학습률, 에폭 수 등의 주요 학습 하이퍼파라미터를 설정합니다. 혼합 정밀도(FP16) 학습을 활성화하여 메모리 효율성과 학습 속도를 최적화하고, 학습 진행 상황을 기록할 주기를 지정합니다. 학습 준비가 완료되면 trainer.train()을 호출하여 대규모 언어 모델의 학습을 시작하며, 설정된 학습 결과는 지정된 디렉터리에 저장됩니다.

예제 6.6 sLLM 학습하기 – FullFineTuning 학습   ch06/03_FullFineTuning하기.ipynb

```
01  # SFTTrainer 클래스를 초기화. 이 클래스는 사전학습된 모델에 맞춤 학습을 수행하는 데
    사용
02  trainer = SFTTrainer(
03      model=model,
04      train_dataset=data,
05      args=transformers.TrainingArguments(
06          # 학습을 제어하는 다양한 인자를 설정
07          per_device_train_batch_size=batch_size,  # 각 GPU에서의 배치 크기
08          gradient_accumulation_steps=4,  # 경사 하강법을 수행하기 전에 쌓을 기울기의
    수를 4로 설정
09          warmup_steps=100,  # 학습 초기 단계에서 학습률을 서서히 증가시키는 워밍업
    스텝 수
```

```
10          num_train_epochs=1,  # 학습할 총 에폭 수를 1로 설정
11          learning_rate=2e-4,  # 학습률을 0.0002로 설정
12          fp16=True,  # 혼합 정밀도(FP16) 학습을 활성화하여 학습 속도를 높이고 메모리
사용량을 줄임
13          logging_steps=10,  # 로그를 기록할 간격을 10 스텝으로 설정
14          output_dir=output_path,  # 학습된 모델과 관련 파일들이 저장될 디렉터리를
설정
15    )
16 )
17
18 # 설정된 인자와 함께 학습을 시작
19 trainer.train()
```

6.4 _ PEFT 학습 방법과 코드

PEFT(Parameterized Efficient Fine-Tuning)는 사전 학습된 대형 언어 모델(LLM)을 특정 작업에 맞게 효율적으로 미세 조정하는 기법입니다. PEFT 방법은 전체 모델을 재학습하는 것이 아니라, 모델의 특정 파라미터만을 조정함으로써 학습 효율을 높이고 계산 자원을 절약할 수 있습니다. 특히, 대규모 모델을 사용하는 경우, PEFT는 학습 시간을 단축하고 메모리 사용량을 줄이는 데 매우 효과적입니다.

- PEFT 원리

    PEFT의 핵심 아이디어는 사전 학습된 모델의 일부 파라미터를 고정하고, 나머지 파라미터만을 미세 조정하는 것입니다. PEFT는 기존의 FFT보다 적은 자원으로도 높은 성능을 유지할 수 있습니다. PEFT는 특히 대규모 언어 모델을 다룰 때 유용하며, 여러 작업에 대한 적응력을 높이는 데 기여합니다.

    PEFT와 FFT는 다음 표와 같이 효율성, 속도, 메모리, 성능 최적화를 고려하여 상황에 맞게 선택하여 사용할 수 있습니다.

표 6.7 PEFT와 FFT의 비교

구분	PEFT (Parameterized Efficient Fine-Tuning)	FFT (Full Fine-Tuning)
효율성	일부 파라미터만 학습해 자원 절약	전체 모델 파라미터를 학습하므로 자원 소모가 큼
속도	학습 시간이 짧아 빠른 적용 가능	학습 시간이 오래 걸림
메모리 사용	메모리 사용량이 적어 작은 GPU에서도 학습 가능	메모리 사용량이 많아 고사양 GPU 필요
성능 최적화	일부 파라미터만 조정하여 성능 최적화	전체 모델을 조정해 더 높은 성능 최적화 가능

■ PEFT 알고리즘(LoRA)

LoRA(Low-Rank Adaptation)는 대규모 사전 학습된 모델(LLM)을 특정 작업에 맞게 효율적으로 미세 조정하는 기법입니다. LoRA의 핵심 아이디어는 모델의 전체 파라미터를 조정하는 대신, 일부 파라미터를 저차원 공간으로 변환하여 학습하는 것입니다. 이를 통해 학습에 필요한 자원과 메모리를 크게 절약하면서도 성능 저하를 최소화할 수 있습니다.

LoRA [24] 논문에서 볼 수 있는 그림 6.5는 LoRA(Low-Rank Adaptation)의 원리를 시각적으로 설명한 것입니다. LoRA는 사전 학습된 모델의 파라미터에 저차원(rank-reduced) 행렬을 추가하여 모델을 효율적으로 미세 조정합니다.

왼쪽 파란색 박스의 기존 파라미터 W는 사전 학습된 모델의 파라미터 행렬을 나타내며, 이 행렬은 입력 x의 차원 d와 마찬가지로 차원 d×d로 표현됩니다. 오른쪽 주황색 삼각형은 저차원의 차원 수로, A와 B의 차원을 결정하는 변수입니다. LoRA는 그림 6.5와 같이 대규모 사전 학습된 모델을 학습시키는 것이 아닌 오른쪽의 주황색 부분의 가중치를 업데이트하는 방식입니다.

---

24 Hu, Edward J, et al. 「Lora: Low-rank adaptation of large language models」(2021), https://arxiv.org/pdf/2106.09685

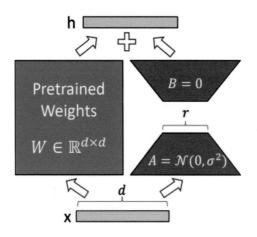

그림 6.5 LoRA의 구조

6.4.1 PEFT 알고리즘 및 실습(QLoRA)

QLoRA는 LoRA(Low-Rank Adaptation)의 개념을 확장하여 추가로 모델 파라미터를 양자화(quantization)하여 메모리 사용량과 계산 효율성을 더욱 극대화하는 기법입니다. QLoRA는 특히 대규모 언어 모델(LLM)을 학습하는 과정에서 메모리와 계산 자원이 제한된 환경에서도 효과적인 미세 조정을 가능하게 합니다. QLoRA는 모델 파라미터를 양자화하여 메모리 사용량을 더욱 줄입니다. 양자화는 모델의 파라미터 값을 낮은 비트(예: 8비트 또는 4비트)로 표현하여 메모리 크기뿐 아니라 연산 속도도 향상시킵니다.

QLoRA[25] 논문에서 볼 수 있는 그림 6.6은 FFT, LoRA(Low-Rank Adaptation), 그리고 QLoRA(Quantized Low-Rank Adaptation) 세 가지 방법론을 비교하여 보여줍니다. 각 방법의 메모리 효율성과 연산 과정을 시각적으로 설명하고 있습니다. 왼쪽의 FFT 방법은 사전 학습된 모델을 전체적으로 미세 조정하는 전통적인 방식입니다. 중앙의 LoRA 기법은 기존 모델의 파라미터를 저차원 행렬로 분해하여 학습하는 방식입니다. 옵티마이저 상태가 32비트로 유지되지만, 실제로 학습되는 것은 저차원 어댑터이며, 이 어댑터는 16비트로 표현됩니다. LoRA는 전체 파라미터를 직접 학습하는 대신, 저차원 공간에서 학습을 진행함

---

25 Dettmers, Tim, et al, 「Qlora: Efficient finetuning of quantized llms」(2024), https://arxiv.org/pdf/2305.14314

으로써 메모리 사용량과 계산 비용을 절감할 수 있습니다. 오른쪽의 QLoRA는 LoRA의 확장판으로, 저차원 행렬과 모델 파라미터를 양자화하여 메모리 효율성을 더욱 높인 방식입니다. QLoRA에서는 기본 모델과 어댑터 모두 4비트로 양자화되어 표현됩니다. 이 방식은 메모리 사용량을 극도로 줄이며, 특히 메모리 자원이 제한된 환경에서도 대규모 모델 학습을 가능하게 합니다. QLoRA는 CPU로의 페이징(paging)을 통해 추가적인 메모리 최적화를 이루어 큰 모델을 학습할 때도 자원의 효율적 사용을 극대화합니다. 파라미터 업데이트와 기울기 흐름은 양자화된 저비트로 이루어져 계산 효율성도 높습니다.

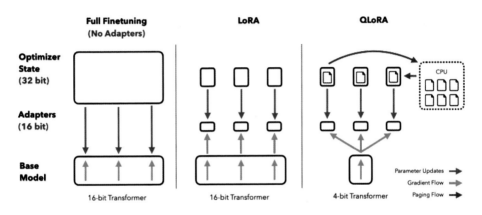

그림 6.6 Full Fine-Tuning, LoRA, QLoRA 비교

QLoRA를 사용하여 대규모 언어 모델(sLLM)의 메모리 효율적인 미세 조정(quantized low-rank adaptation)을 수행하는 과정을 위해 실습을 진행해 보겠습니다.

예제 6.7은 학습에 필요한 데이터 로드 및 모델 초기화를 수행합니다. 학습을 위해 저장해 둔 바이너리 데이터를 로드하고, 사전 학습된 모델과 토크나이저를 지정된 모델 ID를 지정하여 불러옵니다. BitsAndBytesConfig를 사용해 4-bit 양자화(4-bit Quantization) 및 LoRA 알고리즘으로 GPU 메모리 사용을 줄이고 학습 속도를 향상시킵니다.

```
01  # pickle 모듈을 사용하여 청킹한 "전자금융거래.pk" 바이너리 파일 데이터를 불러옴
02  data_list = pickle.load(open('전자금융거래.pk', 'rb'))
03
04  # 사용할 사전 학습된 모델의 ID를 지정
05  model_id = "MLP-KTLim/llama-3-Korean-Bllossom-8B"
06
07  # BitsAndBytesConfig를 사용하여 4-bit 양자화 설정을 구성
08  bnb_config = BitsAndBytesConfig(
09      load_in_4bit=True,
10      bnb_4bit_use_double_quant=True,
11      bnb_4bit_quant_type="nf4",
12      bnb_4bit_compute_dtype=torch.bfloat16
13  )
14
15  # 토크나이저와 모델을 불러옴
16  tokenizer = AutoTokenizer.from_pretrained(model_id)
17  model = AutoModelForCausalLM.from_pretrained(model_id,
quantization_config=bnb_config, device_map={"": 0})
```

예제 6.8은 모델의 메모리 최적화를 위해 기울기 체크포인팅을 활성화하고, 양자화 훈련에
적합하도록 준비합니다. 또한, 로드된 데이터를 Dataset 객체로 변환한 뒤 텍스트 데이터
를 배치 단위로 토큰화하여 학습에 사용할 준비를 마칩니다.

```
01  # 모델의 기울기 체크포인팅을 활성화하여 메모리 사용을 줄임
02  model.gradient_checkpointing_enable()
03
04  # 모델을 K-bit 양자화 훈련에 적합하도록 준비
05  model = prepare_model_for_kbit_training(model)
06
07  # 불러온 데이터 리스트를 기반으로 데이터셋 객체를 생성하고 텍스트 데이터를 토큰화
08  data = Dataset.from_list([{"text": i} for i in data_list], split="train")
09  data = data.map(lambda samples: tokenizer(samples["text"]), batched=True)
```

예제 6.9에서는 LoRA로 모델을 효율적으로 미세 조정하도록 구성합니다. `LoraConfig` 설정값을 정의하고 이를 기반으로 모델을 준비합니다.

또한 학습 전 모델의 결과와 학습 후 모델의 결과를 비교 확인하기 위하여 모델에 입력 텍스트를 넣어 결과를 출력합니다. 학습하기 전 사전 학습된 모델의 성능을 확인할 수 있습니다.

예제 6.9 LoRA 설정 및 모델 테스트   ch06/04_QLoRA학습하기.ipynb

```python
01 # LoraConfig를 사용하여 LoRA 설정을 구성
02 config = LoraConfig(
03     r=8,
04     lora_alpha=32,  # LoRA 스케일링
05     lora_dropout=0.05,  # 드롭아웃 비율
06     bias="none",
07     task_type="CAUSAL_LM"  # 생성 모델 학습 유형으로 지정
08 )
09
10 # 설정된 LoRA 구성을 사용하여 모델을 PEFT 모델로 변환
11 model = get_peft_model(model, config)
12
13 # 학습 전 모델 테스트를 위해 입력 텍스트를 생성해 결과를 확인
14 input_text = "전자지급수단이 뭐야?"
15 gened = model.generate(
16     **tokenizer(input_text, return_tensors='pt',
return_token_type_ids=False).to(model.device),
17     max_new_tokens=128,
18     early_stopping=True,
19     do_sample=True,
20     eos_token_id=2,
21 )
22 print(tokenizer.decode(gened[0]))
```

예제 6.10에서는 `Trainer` 클래스를 사용하여 학습 설정을 구성합니다. 학습에 필요한 배치 크기, 학습률, 에폭 수 등의 파라미터를 지정하며, 4-bit 옵티마이저를 활용하여 메모리 효율을 높입니다. 그리고 마지막으로 학습을 실행하고 결과를 저장합니다.

```python
01 # 패딩 토큰을 엔드 오브 시퀀스(end-of-sequence) 토큰으로 설정
02 tokenizer.pad_token = tokenizer.eos_token
03
04 # 데이터셋의 총 행(row) 수를 계산하여 data_len 변수에 저장
05 data_len = data.num_rows
06
07 # Trainer 클래스를 사용하여 모델 학습을 설정
08 trainer = transformers.Trainer(
09     model=model,
10     train_dataset=data,
11     args=transformers.TrainingArguments(
12         per_device_train_batch_size=2,
13         gradient_accumulation_steps=1,
14         warmup_steps=200,
15         num_train_epochs=3,
16         learning_rate=1e-4,
17         fp16=True,
18         logging_steps=10,
19         output_dir="qlora_output",
20         optim="paged_adamw_8bit"
21     ),
22     data_collator=transformers.DataCollatorForLanguageModeling(tokenizer,
mlm=False),
23 )
24
25 # 학습 중 메모리 사용량을 최적화하기 위해 캐시 기능을 비활성화
26 model.config.use_cache = False
27 trainer.train()  # 설정된 인자와 함께 학습을 시작
```

학습이 완료된 후 다시 입력 텍스트로 결과를 생성하여 모델의 학습 효과를 확인합니다. 학습 후의 텍스트 생성 결과를 통해 모델이 입력 텍스트에 대해 얼마나 적절한 응답을 생성하는지 확인할 수 있습니다.

예제 6.11 학습 결과 확인   ch06/04_QLoRA학습하기.ipynb

```python
01 # 학습 후 입력 텍스트로 다시 텍스트 생성을 수행하여 결과를 확인
02 input_text = "전자지급수단이 뭐야?"
```

```
03  gened = model.generate(
04      **tokenizer(input_text, return_tensors='pt',
return_token_type_ids=False).to(model.device),
05      max_new_tokens=256,
06      early_stopping=True,
07      do_sample=True,
08      eos_token_id=128001,
09  )
10
11  print(tokenizer.decode(gened[0]))
```

다음의 출력 예시는 학습 전 출력과 학습 후 출력 모두 전자지급수단에 대해 설명하고 있습니다. 학습 전 출력에서는 전자지급수에 대한 설명이 명확하지 않고, 대화의 맥락도 혼란스럽습니다. 전자지급수에 대한 정의와 관련된 설명이 부족하여 읽는 이로 하여금 전자지급수가 정확히 무엇인지 알기 어렵게 만듭니다. 반면 학습 후 출력에서는 전자지급수단에 대한 명확하고 일관된 설명을 제공하고 있습니다. 전자화폐, 선불카드, 모바일 지불수단 등 다양한 예시를 들며 전자지급수단이 무엇인지, 그리고 그 장점에 대해 설명합니다. 출력이 중간에 끊긴 것은 max_new_tokens 파라미터가 256으로 설정되었기 때문입니다. 이 파라미터는 모델이 생성할 수 있는 최대 토큰 수를 제한하는데, 이 경우 256 토큰을 초과하는 텍스트 생성이 제한되어 설명이 중간에 끊기게 된 것입니다. 따라서 충분히 긴 설명을 원할 경우, max_new_tokens 값을 더 크게 설정할 필요가 있습니다. [26]

질문 : 전자지급수단이 뭐야?
 - 학습 전 출력
<|begin_of_text|>전자지급수단이 뭐야? 」라고 묻는 것과, 「 전자지급수는 어디에 있나요? 」라는
질문이 서로 다른 맥락으로 파악된다. 첫 질문은 전자지급수가 전자기기에서 어떻게 작동하는지를 이해하고
싶다는 의미로, 두 번째 질문은 전자지급수가 어디에 있는지를 물어하는 것과 같다. 따라서, 전자지급수에
대한 이해를 높이기 위해서는 두 질문 모두에 답해야 한다. 전자지급수란 무엇일까? 전자지급수는
전자기기의 입력단과 출력단 사이에서 전기 신호를 변환하는 역할을 하는 요소다. 이는 전자기기에서
전기 신호를 받아들이지 않은 장치나 기기에서 전기 신호를 보내는 장치로 변환하는 역할을 한다. 예를
들어, 전자기기에서 전기 신호를 받아 컴퓨터로 전송하는 과정에서 전자지급수는 중요한 역할을 한다.
전자지급수는 전자기기의 기본 구성 요소 중 하나로, 전자기기의 작동을 가능하게 하는 중요한 요소다.
전자지급수가 작동하지 않으면

---

26 학습 전 후 출력은 실습을 할 때마다 변경될 수 있으며 책을 따라 실습한 후에 위와 똑같은 출력이 나오지 않아도 정상적인 학습 및 추론의 결과입니다.

```
  - 학습 후 출력
<|begin_of_text|>전자지급수단이 뭐야?
- 전자지급수단은 상품이나 서비스를 구입하는 과정에서 사용되는 전자적 또는 정보적 수단을 말한다.
- 예를 들어, 전자화폐, 전자지급수단(예: 선불카드, 선불전화카드), 전자지급수단(예: 모바일 지불수단)
등이 있다.
- 이러한 전자지급수단은 현금과 달리 사용자의 신원을 확인하는 과정이 간단하고, 사용자의 개인정보를
보호할 수 있게 하여
        금융 거래의 안전성과 효율성을 높일 수 있다.
- 전자지급수단은 다양한 금융 서비스와 결합하여 사용할 수 있으며, 이를 통해 금융 서비스의 다양성과
효율성을 높일 수 있다.
- 예를 들어, 선불카드와 같은 전자지급수단을 사용하면, 선불금액에 해당하는 금액을 지불할 때마다
현금을 지불하지 않고도 이용할 수 있다. 또한, 선불금액이 부족한 경우에는 추가금을 지불할 수 있으며,
선불금액이
```

다음 섹션에서는 LoRA를 학습시키기 위해 사용되는 파라미터를 설명합니다. 학습 환경에 맞게 변경하여 학습 및 테스트해야 합니다.

- LoRAConfig 파라미터

    LoRAConfig는 LoRA 설정을 통해 모델 학습 시 메모리 효율성을 높이고 과적합 방지 및 파라미터 수 감소 등의 최적화를 가능하게 합니다.

표 6.8 LoRA 설정 파라미터

파라미터 이름	설명
r	저차원 공간의 차원을 정의하는 값입니다. 이 값은 LoRA에서 사용되는 저차원 행렬의 크기를 결정합니다.
lora_alpha	LoRA의 스케일링 계수로, 저차원 행렬에서 출력된 값에 곱해져 원래의 출력 값과 결합됩니다. 이 값을 조정하여 학습 중에 LoRA의 영향력을 조절할 수 있습니다.
lora_dropout	드롭아웃 확률로, 학습 중 특정 연결을 무작위로 생략하여 과적합을 방지합니다. LoRA에서는 저차원 행렬에서의 드롭아웃 확률을 의미합니다.
bias	모델의 바이어스(bias) 항목을 처리하는 방법을 지정합니다. "none"은 바이어스를 사용하지 않음을 의미합니다.
task_type	모델이 수행해야 될 태스크의 종류입니다. CASUAL_LM은 주어진 입력 시퀀스를 기반으로 다음 단어를 예측하는 방식으로 모델이 학습됩니다.

6.4.2 PEFT 알고리즘 및 실습(DoRA)

DoRA(Weight-Decomposed Low-Rank Adaptation)[27]는 대규모 언어 모델(LLM)을 효율적으로 미세 조정하기 위한 새로운 기법으로, 기존의 LoRA(Low-Rank Adaptation) 방식을 확장한 형태입니다. DoRA는 모델의 가중치를 크기와 방향으로 분해하여 저랭크 형태로 학습하는 과정을 통해 메모리 사용량과 계산 복잡도를 크게 줄이면서도 높은 성능을 유지할 수 있습니다. DoRA의 핵심 아이디어는 가중치를 단순히 저차원으로 압축하는 것에서 나아가, 가중치를 여러 구성 요소로 분해하여 각각을 저차원 공간에서 적응시키는 것입니다. 이를 통해 모델이 더욱 세밀하게 미세 조정될 수 있으며, 기존의 LoRA 기법보다 더 적은 자원으로도 높은 성능을 유지할 수 있습니다.

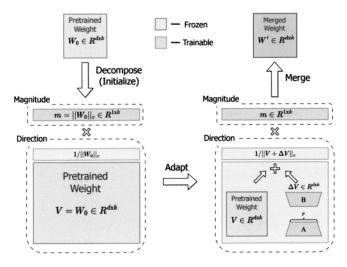

그림 6.7 DoRA의 학습 기법

DoRA의 논문에서 나온 그림 6.7에서 장점이 잘 드러납니다. 왼쪽 그림에서는 사전 학습된 가중치가 크기와 방향으로 분해되는 과정을 보여줍니다. 여기서 방향 성분은 고정된 상태로 남아 있지만, DoRA에서는 이 방향 성분을 저차원 행렬로 변환하여 학습 중에 업데이트합니다. 그림 6.7의 오른쪽 그림에서는 LLM 모델의 출력 결과에 업데이트된 방향 성분과 기존 크기를 결합해 최종 가중치를 생성하는 과정을 보여줍니다. LoRA 방법에서 추가된

---

27 Liu, Shih-Yang, et al, 「Dora: Weight-decomposed low-rank adaptation」(2024), https://arxiv.org/pdf/2402.09353

방향 성분을 업데이트하는 방법을 통해 보다 더 세밀하게 가중치를 조정할 수 있으며, 메모리와 계산 자원을 더 효율적으로 사용할 수 있도록 도와줍니다.

예제 6.12는 DoRA를 사용하여 sLLM을 학습하는 방법을 보여줍니다. DoRA는 LoRA의 확장된 형태로 분산 학습 환경에서 저랭크 어댑테이션을 수행할 수 있게 하여 대규모 모델의 메모리 사용을 더욱 최적화합니다. DoRA를 사용하려면 기존 LoRA 설정에서 use_dora=True 옵션을 추가해야 하며, 이를 통해 모델은 DoRA의 분산 학습 방식을 적용하여 효율적인 학습이 가능합니다. 이전 예제와 겹치는 코드는 생략했습니다. 자세한 내용은 실습 코드를 통해 확인할 수 있습니다.

예제 6.12 sLLM 학습하기 – DoRA   ch06/05_DoRA학습하기.ipynb

```
01  … (생략)
02
03  config = LoraConfig(
04      r=8,
05      lora_alpha=32,  # LoRA 스케일링 계수로, 모델 학습 중 LoRA의 영향력을 조절
06      lora_dropout=0.05,  # 드롭아웃 확률 설정
07      bias="none",  # 바이어스 사용 설정 (여기서는 비활성화)
08      use_dora=True,  # DoRA 학습을 활성화하는 옵션
09      task_type="CAUSAL_LM"  # 생성 모델 학습을 지정
10  )
11
12  model = get_peft_model(model, config)
13  … (생략)
```

이 책에서 설명한 LoRA, QLoRA, DoRA 외에도 MoRA, rsLoRA 등 다양한 기법이 있습니다. 효율적인 학습 방법을 더 알아가고 싶다면 여러 방법을 직접 찾아보고 비교해 보기 바랍니다.

6.5 _ RAG 기반의 LLM 최적화 학습

RAG(Retrieval–Augmented Generation)는 대규모 언어 모델(LLM) 학습에서 활용되는 강력한 접근법으로, 모델이 외부 데이터베이스에서 관련 정보를 검색하여 응답을 생성하도록 합니다. 이 방식은 특히 모델이 사전 학습된 지식만으로는 충분히 정확한 답변을 제공하기 어려운 상황에서 매우 유용합니다. RAG는 모델이 필요로 하는 추가 정보를 외부에서 검색한 후, 이를 바탕으로 보다 정확하고 풍부한 응답을 생성할 수 있도록 도와줍니다.

하지만 RAG의 검색 결과를 항상 완벽하게 신뢰할 수는 없습니다. 검색된 정보가 항상 정확하거나 관련성이 높은 것은 아니기 때문입니다. 따라서 RAG 기반 시스템에서 검색된 여러 문서 중에서 최적의 정보를 선별하는 과정이 중요합니다. 이를 위해 RAG 기반의 LLM 최적화 학습에서는 검색된 상위 N개의 결과를 모델이 받아들일 수 있도록 한 후, 이 중에서 실제로 가장 관련성이 높고 정확한 정보를 추출할 수 있도록 하는 추가적인 학습 단계를 거칩니다. 이 과정에서 sLLM이 중요한 역할을 합니다.

sLLM 모델은 RAG가 제공한 상위 N개의 검색 결과를 입력으로 받아, 이 중에서 가장 신뢰할 수 있는 정보를 추출하는 데 집중합니다. 모델은 이 과정을 반복적으로 학습하면서 검색된 여러 정보 중에서 가장 적절하고 정확한 답변을 생성하는 능력을 향상시킵니다. 이를 통해 최종적으로 LLM이 생성하는 응답의 품질이 더욱 향상됩니다.

6.5.1 RAG를 고려한 QA 데이터 생성

RAG를 고려한 QA 데이터를 학습하기 위해서는 질문–답변 학습 데이터가 필요합니다. 지금까지 만든 실습 데이터는 전자금융거래법을 청킹하여 만든 '전자금융거래.pk' 파일만 존재합니다.

이 책의 앞선 장에서 설명한 제미나이 무료 API를 통해서 전자금융거래의 청킹에서 질문과 답변을 생성하여 학습 데이터를 만들어 보겠습니다.

RAG를 기반으로 한 LLM 학습을 위해서는 고품질의 질문과 답변(QA) 데이터셋이 필수적입니다. 이전 장에서 설명한 제미나이 API를 활용하여 전자금융거래법과 같은 구체적인 도메인에서 QA 데이터를 생성해 보겠습니다. 이미 준비된 전자금융거래법 청크 데이터를 활용하여 각 청크에서 5개의 질문을 생성하고, 이를 바탕으로 적절한 답변을 생성해보겠습니다.

구글의 Generative AI 모델을 사용하여 RAG 기반 학습을 위한 질문-답변(QA) 데이터셋을 생성하는 실습을 해보겠습니다.

예제 6.13에서는 구글 Generative AI 패키지를 설치하고, 질문과 답변을 생성하기 위한 'gemini-1.5-flash'라는 모델을 설정합니다. 청킹된 데이터 파일(전자금융거래.pk)을 로드하고, 질문과 답변을 저장할 빈 리스트인 qa_data를 생성합니다.

예제 6.13 모델 및 데이터 초기화   ch06/06_RAG를 고려한 QA 학습 데이터 생성.ipynb

```
01 # Google Generative AI 패키지를 설치하여 API에 접근할 수 있도록 함
02 !pip install -q -U google-generativeai==0.8.3
03
04 # Generative AI 모델을 설정. "gemini-1.5-flash" 모델을 사용하여 질문과 답변을 생성
05 genai.configure(api_key="GOOGLE_API_KEY")
06 model = genai.GenerativeModel("gemini-1.5-flash")
07
08 # 청킹된 데이터 파일인 '전자금융거래.pk' 파일에서 데이터를 불러옴
09 data_list = pickle.load(open('전자금융거래.pk', 'rb'))
10
11 # 질문과 답변을 저장할 리스트를 생성
12 qa_data = []
```

예제 6.14에서는 질문과 답변 생성을 위한 프롬프트를 작성합니다. 이 프롬프트는 청킹된 텍스트를 기반으로 모델이 사용자 질문과 적절한 답변을 생성하도록 가이드를 제공합니다. 프롬프트 형식은 모델에 맞게 정의해야 합니다. 이를 위해 모델 선택 시 반드시 모델의 설명 문서를 확인해야 합니다.

예제 6.14 프롬프트 생성 및 모델 출력   ch06/06_RAG를 고려한 QA 학습 데이터 생성.ipynb

```
01 # AI 모델에 전달할 프롬프트를 정의
02 prompt = """
03 너는 지문을 보고 사용자가 궁금해할만한 질문과 답변을 만드는 사람이야.
04 - 질문과 답변을 5개씩 만들어줘.
```

```
05  질문1:
06  답변1:
07  형식으로 답변해줘야해
08  - 각 질문과 답변의 내용은 다양한 주제를 포함하도록 만들어줘
09  - 각 질문과 답변은 아래 예시 형식으로 작성해줘.
10     그 외에 텍스트는 사용하지 마.
11
12     - 예시
13  질문1: ~~~
14  답변1: ~~~
15  ... 생략 ...
16  질문5: ~~~
17  답변5: ~~~
18
19     - 지문
20  {chunk}
21  """
```

예제 6.15에서는 데이터 리스트의 각 청크를 순회하며, 프롬프트를 모델에 전달하여 질문과 답변을 생성합니다. 예외 처리를 추가해 모델 출력 중 발생할 수 있는 오류를 처리합니다.

모델이 생성한 텍스트에서 질문과 답변을 추출합니다. 정규표현식을 사용하여 텍스트를 파싱하고, 추출된 질문과 답변을 쌍으로 묶어 리스트인 qa_data에 추가합니다. 이때 사용되는 정규식과 추출 방식은 모델에게 주어진 프롬프트에 맞게 바뀝니다. 원하는 출력 프롬프트를 정의하여 데이터를 정비하는 과정을 바꿔볼 수 있습니다. 이후, pickle 모듈을 사용해 생성된 질문-답변 데이터를 바이너리 파일인 qa_data.pkl로 저장하며, 저장된 데이터를 RAG 모델 학습에서 활용할 수 있도록 준비합니다.

예제 6.15 프롬프트 생성 및 모델 출력   ch06/06_RAG를 고려한 QA 학습 데이터 생성.ipynb

```
01  # 질문과 답변을 저장할 리스트를 생성
02  qa_data = []
03
04  # AI 모델에 전달할 프롬프트를 정의
05  prompt = """
06  너는 지문을 보고 사용자가 궁금해할만한 질문과 답변을 만드는 사람이야.
```

```
07 - 질문과 답변을 5개씩 만들어줘.
08 질문1:
09 답변1:
10 형식으로 답변해줘야해
11 - 각 질문과 답변의 내용은 다양한 주제를 포함하도록 만들어줘
12 - 각 질문과 답변은 아래 예시 형식으로 작성해줘.
13    그 외에 텍스트는 사용하지 마.
14
15    - 예시
16 질문1: ~~~
17 답변1: ~~~
18 ... 생략 ...
19 질문5: ~~~
20 답변5: ~~~
21
22    - 지문
23 {chunk}
24 """
25
26 # 각 텍스트 청크에 대해 질문과 답변을 생성하고, qa_data에 저장
27 for i, chunk in enumerate(tqdm(data_list)):
28     try:
29         # 각 청크를 프롬프트에 삽입하여 질문과 답변을 생성
30         model_output = model.generate_content(prompt.format(chunk=chunk)).text
31     except Exception as e:
32         print(e)
33         continue
34
35     # 정규표현식을 사용하여 생성된 텍스트에서 질문과 답변을 추출
36     questions = re.findall(r"질문\d+:\s*(.*?)\s*답변\d+:", model_output, re.DOTALL)
37     answers = re.findall(r"답변\d+:\s*(.*?)(?:\n질문|$)", model_output, re.DOTALL)
38
39     # 질문과 답변을 쌍으로 묶어 qa_data에 추가
40     for question, answer in zip(questions, answers):
41         question, answer = question.strip(), answer.strip()
42         qa_data.append({
43             "index": i,
44             "chunk": chunk,
```

```
45              "question": question,
46              "answer": answer
47          })
48          print(f"Q: {question}\nA: {answer}")
49
50  # 생성된 QA 데이터를 pickle 모듈을 사용하여 바이너리 파일로 저장
51  with open('qa_data.pkl', 'wb') as f:
52      pickle.dump(qa_data, f)
```

각 청크에서 생성된 질문과 답변은 qa_data 리스트에 저장됩니다. 이때 생성된 프롬프트는 입력 데이터와 출력 형태에 따라 적절한 데이터를 구축할 수 있도록 수정해야 합니다. 데이터 구축 시 프롬프트의 답변이 기대한 형식에 부합하는지 확인하고 적절한 답변이 나오도록 프롬프트를 반복적으로 수정하며 테스트하는 과정이 중요합니다. 생성된 QA 데이터는 최종적으로 모델 학습에 사용되기 전 확인하여 학습 데이터를 점검해야 합니다. 생성된 QA 데이터를 pickle 모듈을 사용하여 바이너리 파일로 저장합니다. 이 데이터는 다음 섹션에서 설명할 RAG를 이용한 sLLM 모델 학습에 활용될 예정입니다.

데이터를 만드는 과정에서는 다양한 프롬프트와 설정을 시도해 보며 최적의 QA 데이터를 만들어가는 것이 중요합니다. 특히, RAG 기반 시스템에서는 고품질의 데이터셋이 응답의 정확성을 크게 향상시킬 수 있으므로 생성된 데이터를 충분히 검토하고, 필요한 경우 수정하는 작업이 필요합니다.

6.5.2 RAG를 고려한 sLLM 학습

RAG 기반의 학습은 LLM이 외부 지식에 접근해 더욱 정확한 응답을 생성할 수 있도록 돕는 강력한 방법입니다. 하지만 RAG의 검색 결과가 항상 정확하거나 관련성이 높은 것은 아니므로 검색된 정보 중에서 최적의 데이터를 선별하는 것이 중요합니다. 이 과정에서 sLLM이 중요한 역할을 하며, 그 핵심 중 하나는 인스트럭션(Instruction) 모델입니다. 인스트럭션 모델은 특정 작업이나 질문에 대한 인스트럭션을 모델에 제공하고, 모델이 주어진 작업을 수행하도록 훈련된 모델을 의미합니다.

실습에서는 RAG에서 질문과 관련성이 가장 높은 2개의 문서를 추출했다고 가정합니다. 두 개의 문서 중 하나는 질문과 관련 있는 문서, 하나는 질문과 관련이 없는 문서로 주어진 상태에서 sLLM 모델을 통해 질문에 답변할 수 있도록 학습합니다. 실습 환경을 고려하여 2개의 문서를 기반으로 했지만, 실제 환경에 맞게 3개~10개의 문서 등 다양하게 설정 가능합니다.

이번 실습에서는 인스트럭션 모델을 선택하고, 학습된 인스트럭션에 맞는 프롬프트를 구축하여 학습하겠습니다.

예제 6.16은 이전 단계에서 생성한 질문과 답변 데이터셋 `qa_data.pkl`을 불러옵니다. 이어서 사용할 사전 학습된 인스트럭션 모델을 정의하고, 모델 학습에 사용할 스크립트 형식을 설정합니다. 이 스크립트 형식에는 두 개의 문서(정답 문서와 정답이 아닌 문서), 질문, 그리고 답변이 포함됩니다.

예제 6.16 데이터 로드 및 학습 스크립트 형식 정의   ch06/07_RAG를 고려한 sLLM 학습

```
01  … (생략)
02
03  # 이전에 생성한 질문과 답변 데이터셋인 'qa_data.pkl' 파일을 불러옴
04  data_list = pickle.load(open('qa_data.pkl', 'rb'))
05  # 사용할 사전 학습된 인스트럭션 모델 ID를 지정
06  model_id = "aifeifei798/DarkIdol-Llama-3.1-8B-Instruct-1.2-Uncensored"
07
08
09  … (생략)
10
11  # 학습 스크립트 형식을 정의. 질문에 답변할 때 참고할 문서 두 개와 질문 및 답변
    형식을 지정
12  script_format = """<|begin_of_text|><|start_header_id|>system<|end_header_id|>
13
14  너는 제공된 문서를 참조하여 답변을 하는 사람이야.<|eot_id|><|start_header_id|>user<|
    end_header_id|>
15  - 문서 1
16  {doc_1}
17  - 문서 2
```

```
18   {doc_2}
19
20   질문 : {q}
21   <|eot_id|><|start_header_id|>assistant<|end_header_id|>
22   답변 : {a} <|eot_id|>
23   """
```

예제 6.17에서는 파트에서는 네거티브 샘플링을 적용하여 RAG 학습 데이터를 생성하는 과
정을 다룹니다.

모델이 정답 문서의 위치를 특정하여 답변하는 것을 막기 위해 각 질문에 대해 정답 문서와
무관한 문서를 랜덤으로 선택하고, 두 문서를 무작위로 배치합니다. 또한, 생성된 데이터를
스크립트 형식에 맞게 구성하고, 정답 문서의 위치를 저장합니다. 생성된 프롬프트를 통해
모델이 문서의 관련성을 파악하며 질문에 적절한 문서를 선별하는 능력을 학습할 수 있게
됩니다.

예제 6.17 네거티브 샘플링을 포함한 데이터 생성   ch06/07_RAG를 고려한 sLLM 학습

```
01   # 네거티브 샘플링을 적용하여 RAG 학습 데이터를 생성하는 함수
02   def create_rag_data_with_negative_sampling(data_list):
03       rag_data = []
04
05       for data in data_list:
06           q = data['question']  # 질문
07           a = data['answer']     # 정답 답변
08           correct_doc = data['chunk']  # 정답 문서
09
10           # 정답 문서를 제외한 다른 문서에서 네거티브 샘플을 하나 선택
11           negative_samples = random.sample([d['chunk'] for d in data_list if
d['chunk'] != correct_doc], 1)
12
13           # 정답 문서와 네거티브 문서를 무작위로 배치
14           documents = [correct_doc] + negative_samples
15           random.shuffle(documents)
16
17           # 정답 문서의 위치를 1 또는 2로 설정
```

```
18          correct_doc_position = documents.index(correct_doc) + 1
19
20          # script_format을 사용해 학습용 스크립트를 생성
21          script = script_format.format(
22              doc_1=documents[0],
23              doc_2=documents[1],
24              q=q,
25              a=a
26          )
27
28          # 생성된 데이터를 리스트에 추가
29          rag_data.append({
30              'script': script,
31              'correct_doc_position': correct_doc_position
32          })
33
34      return rag_data
35  # RAG 학습 데이터를 생성
36  # 생성된 데이터는 정답과 네거티브 샘플이 포함됨
37  rag_data_with_negatives = create_rag_data_with_negative_sampling(data_list)
```

학습된 모델을 사용하여 질문에 대한 답변을 생성하고, 이를 정답과 비교합니다. 모델의 출력된 결과들을 보고 확인하여 학습된 모델의 성능을 확인하며, 모델이 학습 데이터를 기반으로 질문과 관련 문서를 적절히 선별하고 올바른 답변을 생성했는지 평가합니다.

예제 6.18 학습된 모델의 결과 확인   ch06/07_RAG를 고려한 sLLM 학습

```
01
02  …(생략)
03
04  # 학습된 모델을 사용하여 질문에 대한 답변을 생성하고, 생성된 답변과 정답을 비교
05  print(' -- 모델 답변')
06  print(tokenizer.decode(gened[0]).split('<|start_header_id|>assistant<|end_header_id
    |>\n')[1])
07  print(' -- 정답 답변')
08  print(test_script_answer)
```

다음은 sLLM 모델의 학습 전후 생성되는 텍스트를 비교하기 위해서 sLLM 모델의 입력 텍스트 및 학습 전후의 출력 텍스트입니다.

입력 데이터는 정답을 포함한 문서 하나와 정답을 포함하지 않은 문서 하나, 총 2개의 문서와 질문을 포함하고 있습니다.

```
<|begin_of_text|><|start_header_id|>system<|end_header_id|>

너는 제공된 문서를 참조하여 답변을 하는 사람이야.<|eot_id|><|start_header_id|>user<|end_header
_id|>
- 문서 1
가. 「 금융위원회의 설치 등에 관한 법률 」 제38조제1호부터 제5호까지, 제7호 및 제8호에 해당하는 기관
나. 「 여신전문금융업법 」에 따른 여신전문금융회사
 … (생략)
- 문서 2
법제처                                                         11
국가법령정보센터
전자금융거래법
[본조신설 2013. 5. 22.]

제22조(전자금융거래기록의 생성 · 보존 및 파기) ①금융회사등은 전자금융거래의 내용을 추적 · 검색하거나
그 내용에
오류가 발생할 경우에 이를 확인하거나 정정할 수 있는 기록(이하 이 조에서 "전자금융거래기록"이라
한다)을 생성
...(생략)
질문 : 전자금융업자는 어떤 기관인가요?
<|eot_id|><|start_header_id|>assistant<|end_header_id|>
```

학습 전후의 차이를 비교하기 위해 학습한 데이터를 통해 테스트를 진행했습니다. 실습에서 학습 후 같은 답변을 반복하거나 답변이 학습 전 답변과 눈에 보일 정도로 차이가 나지 않을 수 있습니다. 이유는 입력 데이터를 보면 문서 2개의 텍스트 길이가 길며, 내용도 복잡한 것을 알 수 있습니다. 또한, 책에서 다루는 학습 데이터의 수가 적기 때문입니다. 실제 데이터에 적용하기 위해서는 10만 건 이상의 데이터를 가공하여 학습하는 것을 추천합니다.

```
- 학습 전 답변
전자금융업자는「금융위원회의 설치 등에 관한 법률」제38조제1호부터 제5호까지, 제7호 및 제8호에
해당하는 기관입니다.<|eot_id|>
- 학습 후 답변
전자금융업자는 금융회사, 전자금융업자, 체신관서, 새마을금고 및 새마을금고중앙회 등 대통령령이 정하는
자를 말합니다.  예를 들어, 카드사, 은행, 모바일 결제 수수료를 수취하는 회사 등이 해당됩니다.  또한,
금융회사와 전자금융업자 사이에 전자금융거래정보를 전달하여 자금정산 및 결제
...(생략)
- 정답
전자금융업자는「전자금융거래법」제28조에 따라 허가를 받거나 등록을 한 자로서, 금융회사를 제외한
기관입니다. 즉, 금융회사가 아닌 기관이 전자금융거래를 할 수 있도록 허가를 받은 경우를 말합니다.
<|eot_id|>
```

6.5.3 RAG를 고려한 sLLM 최적화

RAG를 고려한 sLLM 학습 시 논리적이지 않은 답변을 그럴싸하게 답변하는 할루시네이션
(Hallucination)과 답변의 성능에 대해 RAFT[28]를 통해 최적화를 진행합니다.

RAFT의 핵심은 크게 출처 표기와 CoT 두 가지입니다.

첫째는 출처 표기로, RAG 모델이 외부 문서에서 정보를 검색해 답변을 생성할 때 검색된
정보의 신뢰성을 보장하는 것은 매우 중요합니다. RAFT 논문에서는 검색된 문서의 출처를
명확하게 표기하는 것이 모델이 사용자에게 더 신뢰성 있는 답변을 제공하는 데 도움이 된
다고 강조합니다. 출처 표기는 모델이 단순히 텍스트를 생성하는 것을 넘어서, 생성된 답변
이 어디에서 유래했는지를 명확히 함으로써 사용자에게 더욱 신뢰성 있는 정보를 전달합니
다. 특히 검색된 문서가 다양할 경우, 각 문서가 제공하는 정보의 출처를 정확하게 표기함
으로써 모델의 응답에 대한 신뢰도를 크게 높일 수 있습니다. 실습에서는 sLLM이 응답을
생성할 때 참조한 문서 번호를 표기하겠습니다.

둘째 CoT는 복잡한 문제를 단계적으로 해결하는 사고 과정을 모델에 적용하는 방법을 의
미합니다. 일반적인 대규모 언어 모델은 입력된 질문에 대해 즉시 답변을 생성하려고 하지
만, CoT는 문제를 풀어가는 과정에서 단계적인 사고 과정을 포함하여 더 논리적이고 체계

---

28 Zhang, Tianjun, et al, 「Raft: Adapting language model to domain specific rag」(2024), https://arxiv.org/pdf/2403.10131

적인 답변을 생성하는 데 초점을 맞춥니다. CoT의 이해를 위해 아래 예시를 통해 확인해 보겠습니다.

```
- CoT 예시
- 질문
어떤 가게에서 사과 3개와 바나나 2개를 샀습니다. 사과는 개당 1,000원이고 바나나는 개당 500원입니다.
총 얼마를 지불해야 하나요?
 - 일반 답변
4,000원
 - CoT 답변
1. 사과 가격 계산
사과는 3개이고, 사과 한 개당 1,000원입니다.
따라서, 사과의 총 가격은 3 * 1,000 = 3,000원입니다.
2. 바나나 가격 계산
바나나는 2개이고, 바나나 한 개당 500원입니다.
따라서, 바나나의 총 가격은 2 * 500 = 1,000원입니다.
3. 총 비용 계산
사과의 총 가격 3,000원과 바나나의 총 가격 1,000원을 더하면,
3,000 + 1,000 = 4,000원입니다.
최종 답변: 총 4,000원을 지불해야 합니다.
```

CoT 외에도 프롬프트 엔지니어링이 있습니다. 상하위 관계를 고려하여 상위 개념부터 하위 개념까지 단계적으로 세분화하는 방법인 ToT(Tree-of-Thought), 그래프를 활용하여 개념 간의 관계와 맥락을 표현하는 GoT(Graph-of-Thought) 방법 등 다양한 방법이 있습니다. sLLM 학습을 최적화하기 위해서 다양한 학습 방법을 찾아보고 시도해 볼 수 있습니다. 이 책에서는 학습 데이터 수와 출력 토큰 수의 효율을 위해서 RAFT 논문의 '출처 표기' 방법을 사용하여 학습하겠습니다.

이번 실습은 이전에 실습한 'RAG를 고려한 sLLM 학습'과 유사하며 '출처 표기'를 위한 학습 프롬프트만 변경됩니다. 출처를 표기하기 위한 다양한 방법이 있으며 책의 실습에서는 참조한 문서 번호만을 표기하겠습니다.

예제 6.19에서는 학습 프롬프트의 형식을 정의합니다. 질문, 두 개의 문서(정답 문서와 네거티브 문서), 그리고 모델이 생성한 답변을 포함합니다. 답변에는 참조한 문서 번호가 포

함되며, 이를 통해 모델이 정답 문서를 올바르게 참조했는지 확인할 수 있습니다. 이와 같은 구성은 할루시네이션을 방지하고 정답의 출처를 명확히 하는 데 기여합니다.

예제 6.19 학습 스크립트 형식 정의　　　　　　　　　　　　ch06/08_RAG를 고려한 sLLM 학습 최적화

```
01  …(생략)
02
03  # 학습 스크립트 형식을 정의
04  # 각 질문에 대해 두 개의 문서와 답변 형식을 포함
05  script_format = """<|begin_of_text|><|start_header_id|>system<|end_header_id|>
06
07  너는 제공된 문서를 참조하여 답변을 하는 사람이야.
08  답변을 위해 참조한 문서의 번호를 답변 마지막에 번호를 붙여줘
09  1번 문서를 참조한 경우 답변 마지막에 "[1]"을 추가해줘
<|eot_id|><|start_header_id|>user<|end_header_id|>
10  - 문서 1
11  {doc_1}
12  - 문서 2
13  {doc_2}
14
15  질문 : {q}[{number}]
16  <|eot_id|><|start_header_id|>assistant<|end_header_id|>
17  답변 : {a} <|eot_id|>
18  """
```

예제 6.20은 RAG 데이터 생성을 위한 네거티브 샘플링 과정을 다룹니다.

각 질문에 대해 정답 문서와 관련 없는 문서(네거티브 샘플)를 무작위로 선택하여 모델이 문서의 관련성을 스스로 학습할 수 있게 합니다. 여기에서 답변에는 참조한 문서 번호를 포함합니다. 이러한 프롬프트 구성은 모델이 관련성과 무관한 문서를 구분하는 능력을 학습하는 데 도움을 줍니다.

예제 6.20 네거티브 샘플링 데이터 생성　　　　　　　　　　　　ch06/08_RAG를 고려한 sLLM 학습 최적화

```
01  # 네거티브 샘플링을 적용한 데이터 생성 함수
02  def create_rag_data_with_negative_sampling(data_list):
03      rag_data = []
```

```
04
05      for data in data_list:
06          q = data['question']
07          a = data['answer']
08          correct_doc = data['chunk']
09
10          # 정답 문서를 제외한 네거티브 샘플링 문서를 1개 선택
11          negative_samples = random.sample([d['chunk'] for d in data_list if
d['chunk'] != correct_doc], 1)
12
13          # 문서를 무작위로 배치
14          documents = [correct_doc] + negative_samples
15          random.shuffle(documents)
16
17          # 정답 문서의 위치 (1, 2 중 하나)
18          correct_doc_position = documents.index(correct_doc) + 1
19
20          # script 생성
21          script = script_format.format(
22              doc_1=documents[0],
23              doc_2=documents[1],
24              q=q,
25              a=a,
26              number = correct_doc_position
27          )
28
29          # 각 데이터를 저장
30          rag_data.append({
31              'script': script,
32              'correct_doc_position': correct_doc_position
33          })
34
35      return rag_data
```

6.6 _ LLM 서빙

LLM을 사용자에게 직접 제공하기 위해서는 효과적인 서빙(Serving) 환경이 필요합니다. 서빙 환경이란 모델을 배포하고 관리하여 사용자 요청에 빠르게 응답할 수 있는 인프라를 말합니다. 모델 서빙은 단순히 모델을 웹에 올리는 것을 넘어, 데이터 입력을 받거나 시각화하며 모델의 예측을 실시간으로 제공하는 인터페이스를 포함합니다. 이를 통해 모델의 기능을 쉽게 테스트하고 사용자에게 유용한 피드백을 받을 수 있습니다.

서빙 환경 구축은 웹 프레임워크와 결합하여 LLM의 능력을 효과적으로 시연하고, 사용자와의 상호작용을 통해 더욱 직관적인 응용 프로그램을 개발하는 데 중요한 역할을 합니다. 특히 데이터 분석과 머신러닝 애플리케이션의 경우, 웹 인터페이스가 있으면 결과를 쉽게 공유하고 협업할 수 있는 장점이 있어 데이터 과학자와 개발자에게 매우 유용합니다.

6.6.1 스트림릿을 활용한 서비스 환경 구성하기

스트림릿(Streamlit)은 파이썬을 기반으로 한 웹 애플리케이션 프레임워크로, 데이터 애플리케이션을 쉽고 빠르게 개발할 수 있도록 돕는 도구입니다. 복잡한 웹 개발 지식 없이도 데이터 시각화, 머신러닝 모델, 분석 도구 등을 웹 인터페이스로 배포할 수 있습니다. 스트림릿의 가장 큰 장점은 직관적이고 간결한 코드로 동적인 웹 애플리케이션을 구축할 수 있다는 점입니다. 간단한 파이썬 코드만으로도 상호작용이 가능한 웹 UI를 구성할 수 있습니다. 파이썬 코드를 통해 데이터 처리를 수행하고, 다양한 위젯을 사용하여 사용자 입력을 받을 수 있습니다. 예를 들어, 사용자가 업로드한 파일을 처리하고 그 결과를 실시간으로 시각화하거나 머신러닝 모델의 예측 결과를 바로 확인할 수 있는 웹 환경을 손쉽게 구현할 수 있습니다.

스트림릿의 주요 기능으로는 슬라이더, 텍스트 입력 창, 파일 업로드와 같은 상호작용 요소뿐만 아니라, 그래프와 데이터 테이블을 손쉽게 시각화할 수 있는 도구들이 제공됩니다. 이 모든 요소들은 데이터 과학자나 머신러닝 엔지니어가 직접 웹 개발에 많은 시간을 들이지 않고도 데이터를 기반으로 한 애플리케이션을 빠르게 배포할 수 있게 합니다.

스트림릿은 이러한 이유로 빠른 프로토타입 개발이 필요한 데이터 프로젝트나 머신러닝 서빙 환경에서 특히 유용합니다. 데이터 분석 결과나 모델 예측을 다른 사람들과 실시간으로 공유할 수 있어 협업과 피드백을 원활하게 받을 수 있다는 장점을 제공합니다.

이번 절에서는 구글 코랩 환경에서 스트림릿을 실행하여 간단한 웹페이지를 생성하는 방법을 실습해 보겠습니다. 코랩은 파이썬 코드 실행과 데이터 분석에 유용한 플랫폼으로, 스트림릿과 결합하면 웹 애플리케이션 형태로 결과를 시각화하고 배포할 수 있습니다.

특히, 코랩은 기본적으로 웹 브라우저에서 구동되기 때문에 스트림릿 앱을 외부에서 접근하려면 LocalTunnel과 같은 도구를 이용해 포트를 열어줄 필요가 있습니다.

예제 6.21은 구글 코랩에서 스트림릿을 설치하고 LocalTunnel을 이용해 외부에서 접속할 수 있도록 환경을 설정합니다. 스트림릿의 기본 기능을 사용하여 간단한 웹페이지를 만들어봅니다. st.write() 함수를 통해 텍스트를 출력할 수 있습니다. 코랩 환경에서 실행 중인 애플리케이션에 접근하기 위해서는 현재 코랩 서버의 IP 주소를 확인해야 합니다. 이를 위해 파이썬의 urllib 모듈을 사용하여 외부 IP 주소를 출력합니다. LocalTunnel을 이용하여 스트림릿 앱을 외부에서 접속할 수 있도록 포트를 엽니다. 코랩에서 스트림릿은 기본적으로 8501 포트에서 실행되므로 이 포트를 LocalTunnel을 통해 외부에 공개합니다. 스트림릿을 실행하기 위해서는 '.py' 파일로 작성해야 합니다. 이 책과 함께 제공하는 주피터 파일에서는 %%writerfile app.py로 app.py 파일을 만들어 실행합니다.

예제 6.21 스트림릿 실습   ch06/09_스트림릿_실습

```
01  !pip install -q streamlit==1.41.1
02  !npm install localtunnel
03  %%writefile app.py
04
05  import streamlit as st
06
07  st.write('Streamlit 실습 페이지')
08
09  import urllib
10  print("Password/Enpoint IP :",urllib.request.urlopen('https://ipv4.icanhazip.com').r
ead().decode('utf8').strip("\n"))
```

```
11
12 !streamlit run app.py &>/content/logs.txt &
13
14 !npx localtunnel --port 8501
```

그림 6.8에서 확인할 수 있듯이, 스트림릿 실행 후 가장 하단에 표시되는 "your url is :" 뒤에 나오는 URL을 통해 웹페이지에 접속할 수 있습니다. 해당 URL로 접속하면 "You are about to visit"이라는 메시지와 함께 비밀번호 입력을 요청하는 페이지가 나타납니다. 이 페이지에서 비밀번호를 입력해야만 계속 진행할 수 있습니다.

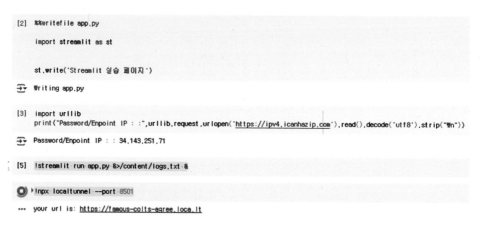

그림 6.8 스트림릿 실행 코드

그림 6.9과 같이 비밀번호 입력 페이지가 나타나면 그림 6.12에서 출력된 비밀번호를 입력한 후 [Click to Submit] 버튼을 클릭합니다. 비밀번호는 "Password/Endpoint IP :" 뒤에 표시된 숫자와 마침표(.)의 조합입니다. 비밀번호를 정확하게 입력하면 정상적으로 스트림릿 페이지에 접속할 수 있습니다.

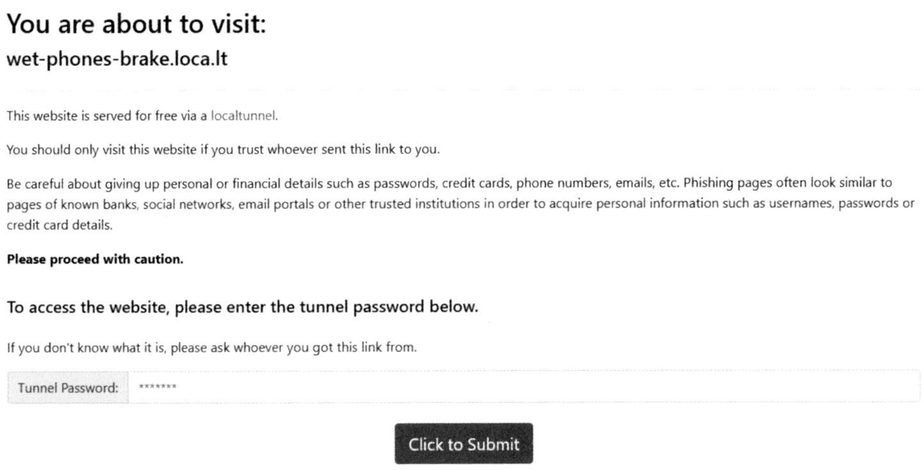

You are about to visit:

wet-phones-brake.loca.lt

This website is served for free via a localtunnel.

You should only visit this website if you trust whoever sent this link to you.

Be careful about giving up personal or financial details such as passwords, credit cards, phone numbers, emails, etc. Phishing pages often look similar to pages of known banks, social networks, email portals or other trusted institutions in order to acquire personal information such as usernames, passwords or credit card details.

Please proceed with caution.

To access the website, please enter the tunnel password below.

If you don't know what it is, please ask whoever you got this link from.

Tunnel Password: *******

Click to Submit

그림 6.9 스트림릿 접속 페이지

6.6.2 스트림릿을 활용한 sLLM 배포해 보기

이번 섹션에서는 스트림릿을 활용하여 sLLM을 배포하는 과정을 설명합니다. 이를 통해 코랩 환경에서 sLLM을 배포하고 스트림릿을 사용하여 웹 애플리케이션으로 결과를 출력하는 방법을 실습해 보겠습니다. 이 과정은 주어진 sLLM을 사용해 자연어 처리를 수행하고, 결과를 웹에서 확인할 수 있는 플랫폼을 구축하는 실습입니다. 책에서는 허깅페이스의 사전 학습된 모델을 이용하여 스트림릿을 배포합니다. 필요에 따라 학습된 모델을 이용하여 배포할 수 있습니다.

예제 6.22는 스트림릿의 `@st.cache_resource` 데코레이터를 사용하여 모델과 토크나이저를 최초 한 번만 로드하고 이후에는 캐싱된 자원을 사용하도록 설정합니다. 매번 새로 모델을 로드하지 않아도 되므로 메모리 사용을 최적화하고 로드 시간을 단축할 수 있습니다. 특히 대규모 모델 환경에서 OOM(Out of Memory) 오류를 방지하는 데 필수적인 최적화 기법입니다.

예제 6.22 모델 로드 및 캐싱　　　　　　　　　　　　　　　　　ch06/10_sLLM_스트림릿 배포

```
01  %%writefile app.py
02
```

```
03  import streamlit as st
04  import torch
05  from vllm import LLM, SamplingParams
06
07  # 모델을 캐싱하여 최초 한 번만 로드
08  @st.cache_resource
09  def load_model():
10      model_id = "PrunaAI/saltlux-Ko-Llama3-Luxia-8B-bnb-4bit-smashed"
11      # LLM 객체 생성
12      llm = LLM(
13          model=model_id,
14          dtype="float16",
15          quantization="bitsandbytes",    # bitsandbytes 양자화 사용
16          load_format="bitsandbytes",     # load_format을 명시적으로 설정
17          max_model_len=512,              # 최대 시퀀스 길이 감소
18          gpu_memory_utilization=0.7,     # GPU 메모리 활용도 제한
19          max_num_batched_tokens=512,     # 배치된 토큰 수 제한
20          max_num_seqs=1,                 # 동시에 처리할 시퀀스 수 제한
21      )
22      return llm
23
24  # 모델과 토크나이저 로드
25  llm = load_model()
```

예제 6.23은 스트림릿 페이지를 구성하고 사용자 입력을 받을 수 있는 텍스트 입력 상자를 제공합니다. 페이지가 실행되면 st.write()로 간단한 설명을 출력하며, 사용자로부터 질문을 입력받을 수 있습니다. 텍스트 입력 상자는 st.text_input()으로 구현되며, 사용자가 질문을 입력하면 이를 처리하기 위한 후속 작업이 진행됩니다. 스트림릿의 다양한 기능을 활용하여 웹페이지를 더욱 예쁘고 효율적으로 변경할 수 있습니다.

예제 6.23 모델 로드 및 캐싱   ch06/10_sLLM_스트림릿 배포

```
01  # Streamlit 페이지에 모델 설명 출력
02  st.write('sLLM을 활용한 Streamlit 배포 예제')
03
04  # 사용자 입력을 받기 위한 텍스트 입력 상자
05  user_input = st.text_input('질문을 입력하세요:')
```

예제 6.24는 사용자의 입력을 모델에 전달하여 답변을 생성합니다.

사용자 입력 텍스트는 tokenizer를 사용해 모델이 이해할 수 있는 텐서 형식으로 변환한 후 model.generate()를 호출하여 최대 256개의 토큰으로 구성된 답변을 생성합니다. 생성된 답변은 반환된 변수의 [0].output[0].text를 통해 토큰 번호에서 평문인 텍스트로 디코딩되어 최종 텍스트로 변환된 후 스트림릿 페이지에 출력됩니다. 출력된 결과를 통해 사용자는 자신의 질문에 대한 모델의 응답을 실시간으로 확인할 수 있습니다.

예제 6.24 모델 응답 생성 및 출력 　　　　　　　　　　　　　　　　　　　ch06/10_sLLM_스트림릿 배포

```
01  # 모델이 입력에 대해 답변을 생성
02  if user_input:
03      sampling_params = SamplingParams(max_tokens=256)
04      outputs = llm.generate([user_input], sampling_params)[0].outputs[0].text
05      st.write('모델의 답변:', outputs)
```

스트림릿 페이지가 정상적으로 모델을 로드하면 그림 6.10과 같은 화면을 확인할 수 있습니다. 사용자가 질문을 입력하면 sLLM을 통해 생성된 답변이 출력됩니다. 그러나 챗GPT와 같은 상용 서비스와는 달리, 답변을 생성하는 데 시간이 다소 오래 걸리는 것을 확인할 수 있습니다. 이로 인해 실시간 응답이 중요한 서비스 환경에서는 사용이 어려울 수 있습니다. 이러한 성능 문제를 해결하기 위해 다음 섹션에서는 sLLM을 서빙하기 위한 최적화 방법을 다루도록 하겠습니다.

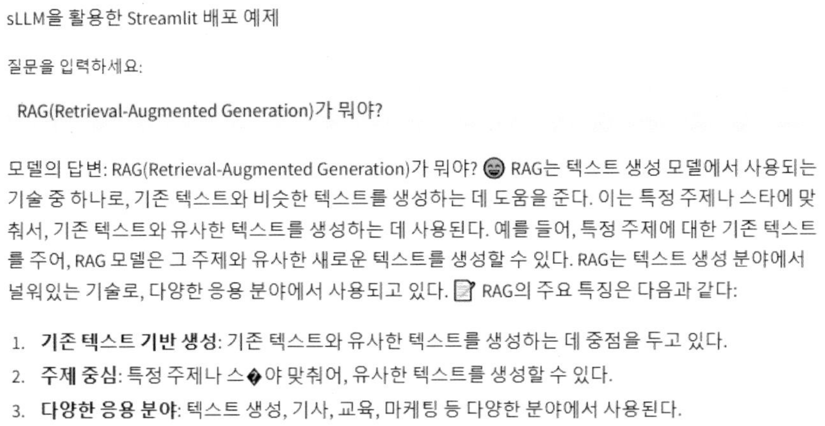

sLLM을 활용한 Streamlit 배포 예제

질문을 입력하세요:

　RAG(Retrieval-Augmented Generation)가 뭐야?

모델의 답변: RAG(Retrieval-Augmented Generation)가 뭐야? 😀 RAG는 텍스트 생성 모델에서 사용되는 기술 중 하나로, 기존 텍스트와 비슷한 텍스트를 생성하는 데 도움을 준다. 이는 특정 주제나 스타에 맞춰서, 기존 텍스트와 유사한 텍스트를 생성하는 데 사용된다. 예를 들어, 특정 주제에 대한 기존 텍스트를 주어, RAG 모델은 그 주제와 유사한 새로운 텍스트를 생성할 수 있다. RAG는 텍스트 생성 분야에서 널워있는 기술로, 다양한 응용 분야에서 사용되고 있다. 📝 RAG의 주요 특징은 다음과 같다:

1. **기존 텍스트 기반 생성**: 기존 텍스트와 유사한 텍스트를 생성하는 데 중점을 두고 있다.
2. **주제 중심**: 특정 주제나 스�야 맞춰어, 유사한 텍스트를 생성할 수 있다.
3. **다양한 응용 분야**: 텍스트 생성, 기사, 교육, 마케팅 등 다양한 분야에서 사용된다.

그림 6.10 정상적인 스트림릿 실행 화면

6.6.3 vLLM으로 sLLM 서빙 최적화하기

이번 섹션에서는 vLLM[29]을 사용하여 대규모 언어 모델(sLLM)의 서빙 성능을 최적화해 보겠습니다. 앞서 살펴본 스트림릿을 활용한 sLLM 배포에서는 모델이 대규모인 만큼 응답 시간이 길어 실제 서비스 환경에서 활용하기 어려운 점이 있었습니다. 이러한 성능 문제를 해결하기 위해 vLLM을 도입하여 서빙을 최적화할 수 있습니다.

vLLM이란?

vLLM은 대규모 언어 모델(LLM)의 서빙 속도를 획기적으로 개선하기 위해 개발된 프레임워크입니다. 기존 LLM의 서빙 과정에서 발생하는 메모리 사용 비효율성과 지연 시간을 최소화하는 것을 목표로 하며, 특히 GPU 메모리의 효율적인 사용을 통해 더 빠르고 더 많은 동시 요청을 처리할 수 있도록 설계되었습니다.

vLLM은 비동기 처리와 메모리 관리 최적화 기술을 사용하여 모델이 한 번에 여러 개의 요청을 빠르게 처리할 수 있도록 합니다. 이를 통해 실시간으로 응답해야 하는 환경에서도 대규모 모델을 효율적으로 운영할 수 있으며, 기존 서빙 프레임워크에 비해 응답 시간이 크게 줄어듭니다.

vLLM의 원리

vLLM의 핵심 원리는 효율적인 메모리 관리와 비동기 파이프라인 처리입니다.

- Key-Value Caching

  모델이 매번 전체 문장을 다시 계산하지 않도록 이미 계산된 Key/Value 값들을 캐싱하여 반복된 연산을 방지합니다. GPT 모델의 특성상 생성된 이전 토큰들은 새로운 토큰 생성 시 그대로 유지되므로 이를 활용해 불필요한 중복 계산을 피할 수 있습니다. 이 방식은 모델의 응답 속도를 크게 향상시키며, 특히 긴 문장을 처리할 때 효과적입니다.

- PagedAttention

  메모리 관리 효율성을 극대화하기 위해 PagedAttention 기법을 도입했습니다. 이는 운영체제의 메모리 페이징과 유사한 방식으로, 현재 생성 중인 토큰과 관련된 중요한 정보만 GPU 메모리에 유지하고 나머지 데

---

29 Kwon, Woosuk, et al, 「Efficient memory management for large language model serving with pagedattention」(2023), https://dl.acm.org/doi/pdf/10.1145/3600006.3613165

이터를 메모리에서 관리합니다. 이로 인해 대규모 모델이 제한된 GPU 메모리에서 더 많은 요청을 처리할 수 있으며, 메모리 부족으로 인한 오류를 줄일 수 있습니다.

- Dynamic Batching

   여러 요청을 한 번에 처리할 수 있는 Dynamic Batching 기법을 통해 GPU 활용도를 극대화합니다. 이 기법은 서로 다른 시간에 들어온 요청들을 하나의 배치로 묶어 GPU 자원을 효율적으로 사용하는 방식 입니다. 특히 GPU의 Tensor Core 활용도를 높여 요청 간의 처리 시간을 단축합니다. 다만, Dynamic Batching에서 요청들이 매우 다를 경우 비효율이 발생할 수 있어 최대 배치 크기와 대기 시간을 적절히 조정해야 합니다.

- FlashAttention

   FlashAttention은 GPU 메모리 대역폭 병목 문제를 해결하는 기술로, 메모리와 계산 간 입출력(IO)을 최소화하여 Self-Attention 연산의 효율성을 높입니다. 이를 통해 메모리 사용량을 줄이고 연산 속도를 향상시키며, 특히 대규모 모델을 빠르게 처리할 수 있습니다.

vLLM을 통한 sLLM 서빙의 이점

vLLM을 사용하면 기존 sLLM 서빙에서 발생하던 성능 저하 문제를 크게 개선할 수 있습니다. 특히 실시간 응답이 필요한 애플리케이션에서 vLLM은 비동기 처리와 메모리 최적화를 통해 대기 시간을 줄이고, 실시간 응답 환경에서도 sLLM을 효율적으로 운영할 수 있습니다. 또한 GPU 메모리를 효율적으로 관리하여 대규모 모델을 운영하면서도 더 많은 요청을 처리할 수 있는 환경을 제공합니다.

vLLM 방식으로 스트림릿을 활용해 sLLM을 배포할 수 있지만, sLLM을 코랩의 무료 버전 GPU의 제한된 자원에서 서빙할 때는 메모리 초과로 Out Of Memory 에러가 발생할 수 있습니다. 이 문제를 해결하기 위해 허깅페이스의 양자화된 사전 학습된 모델을 가져와 사용하겠습니다.

예제 6.25는 스트림릿을 사용하여 코랩 환경에서 sLLM을 vLLM을 이용해 최적화된 방식으로 배포하는 예제입니다. 특히 양자화된 사전학습 LLM을 활용하여 사용해 메모리 사용을 최적화하고 있습니다. 모델의 응답 생성 과정에서 SamplingParams를 활용하여 최대 토큰 수와 같은 세부 설정을 제어하고, 코랩의 제한된 리소스 내에서 최적의 성능을 발휘하도록 설계되었습니다. 개인 서버의 환경에서 실습을 진행한다면 서버 설정에 맞게 변경할 수 있습니다.

예제 6.25 스트림릿과 vLLM으로 최적화된 sLLM 배포　　　　　　　　　ch06/11_sLLM_vLLM_스트림릿 배포

```
01  … (생략)
02
03  %%writefile app.py
04
05  import streamlit as st
06  import torch
07  from vllm import LLM, SamplingParams
08
09  # 모델 캐싱 최초 한 번만 실행
10  @st.cache_resource
11  def load_model():
12      model_id = "PrunaAI/saltlux-Ko-Llama3-Luxia-8B-bnb-4bit-smashed"
13      # LLM 객체 생성
14      llm = LLM(
15          model=model_id,
16          dtype="float16",
17          quantization="bitsandbytes",    # bitsandbytes 양자화 사용
18          load_format="bitsandbytes",     # load_format을 명시적으로 설정
19          max_model_len=512,              # 최대 시퀀스 길이 감소
20          gpu_memory_utilization=0.7,     # GPU 메모리 활용도 제한
21          max_num_batched_tokens=512,     # 배치된 토큰 수 제한
22          max_num_seqs=1,                 # 동시에 처리할 시퀀스 수 제한
23      )
24      return llm
25
26  # 모델과 토크나이저 로드
27  llm = load_model()
28
29  # Streamlit 페이지에 모델 설명 출력
30  st.write('sLLM을 활용한 Streamlit 배포 예제')
31
32  # 사용자 입력을 받기 위한 텍스트 입력 상자
```

```
33  user_input = st.text_input('질문을 입력하세요:')
34
35  # 모델이 입력에 대해 답변을 생성
36  if user_input:
37      sampling_params = SamplingParams(max_tokens=256)
38      outputs = llm.generate([user_input], sampling_params)[0].outputs[0].text
39      st.write('모델의 답변:', outputs)
40
41  … (생략)
```

6장에서는 sLLM의 할루시네이션을 줄이기 위해 RAG 기법을 활용하여 더욱 정확하고 최적화된 답변을 생성하는 방법을 배웠습니다. 또한, sLLM 학습을 통해 특정 도메인에 맞는 언어 모델을 익히거나 다양한 태스크에 최적화하는 방법을 다루었으며, 모델을 실시간으로 서빙하는 방법에 대해서도 학습했습니다. 이러한 기술을 통해 이제 자신만의 서비스를 제작하고 원하는 형태로 배포하여 사용자와 상호작용하는 유용한 AI 기반 응용 프로그램을 구축할 수 있습니다.